新时代大学生素质教育系列教材

大学生创新创业能力培养与实践教程

郑成华 主编

西安交通大学出版社
XI'AN JIAOTONG UNIVERSITY PRESS

国家一级出版社
全国百佳图书出版单位

内容简介

本书以培养具有创新创业基本素质的开创性人才为目标编写而成。全书共 15 章,主要介绍了创新创业基本理论、创业者素质和能力、创业机会识别与评估、创业资源与创业融资、商业模式设计、创业风险防范、创业企业管理、创业商业计划书写作、社会调查报告写作、学术论文写作、科技发明和科技成果转化等相关内容。本书还收集了大量国际国内有影响力的大学生创新创业竞赛的获奖作品作为实践教学案例,以激发学生的认同感和学习兴趣。

本书可作为高等院校本科、专科创新创业教育的通用教材,也可作为企业继续教育的培训教材,还可以作为拓宽视野、增长知识的自学用书。

图书在版编目(CIP)数据

大学生创新创业能力培养与实践教程 / 郑成华主编. — 西安:
西安交通大学出版社,2021.1
ISBN 978 - 7 - 5605 - 9443 - 9

Ⅰ. ① 大… Ⅱ. ① 郑… Ⅲ. ① 大学生-创业-高等学校-教材
Ⅳ. ① G647.38

中国版本图书馆 CIP 数据核字(2020)第 191583 号

书　　名	大学生创新创业能力培养与实践教程
主　　编	郑成华
责任编辑	祝翠华
责任校对	王建洪

出版发行	西安交通大学出版社
	(西安市兴庆南路 1 号　邮政编码 710048)
网　　址	http://www.xjtupress.com
电　　话	(029)82668357　82667874(发行中心)
	(029)82668315(总编办)
传　　真	(029)82668280
印　　刷	陕西金德佳印务有限公司

开　　本	787mm×1092mm　1/16　　印张 12.75　　字数 318 千字
版次印次	2021 年 1 月第 1 版　　2021 年 1 月第 1 次印刷
书　　号	ISBN 978 - 7 - 5605 - 9443 - 9
定　　价	36.80 元

如发现印装质量问题,请与本社发行中心联系、调换。
订购热线:(029)82665248　(029)82665249
投稿热线:(029)82664840
读者信箱:xj_rwjg@126.com

前言

　　青年人才朝气蓬勃、思想解放、富有改革创新精神，是推动经济社会发展、科技创新的主力军和突击队。我国正处于转型发展的关键时期，需要建立一支规模宏大、厚积薄发的青年人才大军。为此，要积极营造优质的人才环境，完善机制体制，加速青年人才培养，鼓励支持青年人才创新创业。

　　随着我国经济步入新常态，经济增长从高速转为中高速，从规模速度型粗放增长转向质量效率型增长，从要素投资驱动转向创新驱动。2014 年 9 月 10 日，在夏季达沃斯论坛上，李克强总理第一次提出"大众创业、万众创新"，强调要借改革创新的"东风"在 960 万平方公里土地上掀起"大众创业""草根创业"的新浪潮，形成"万众创新""人人创新"的新势态。此后，他在首届世界互联网大会、国务院常务会议和 2015 年《政府工作报告》等场合中频频阐释这一关键词。每到一地考察，他几乎都要与当地年轻的"创客"会面，希望激发民族的创业精神和创新基因。在"大众创业、万众创新"的国家战略中，大学生作为一个特殊群体，有知识，富有创造力，必然是主要参与者。

　　在 2014 年这个时间节点提出"大众创业、万众创新"的倡导，不只是一个经济现象，更是一种思想解放、一次价值取向的改变。对于现在的青年创业者，他们带有很深的价值情怀，不单单是为了解决养家糊口的问题，他们把创新创业作为一种生活方式，作为实现自身价值的一种表现方式，这种创业的动力持续性会更强、更加阳光。

　　当前中国经济下行压力较大，其中一个原因就是传统经济发展放缓。要克服当下经济下行压力就要创造新的经济增长点，创新创业是解决下行困难很好的"方法学"。政府高度重视高校创新创业教育活动的开展，坚持"强基础、搭平台、重引导"的原则,打造良好的创新创业教育环境,优化创新创业的制度和服务环境,营造鼓励创新创业的校园文化环境,着力构建全覆盖、分层次、有体系的高校创新创业教育体系。围绕大学生就业创业,多地推出了一系列政策措施,促进高校毕业生就业创业。推动"大众创业、万众创新"这一重大举措给中国带来了无限正能量是毋庸置疑的。

创新创业教育是以培养具有创新创业基本素质的开创性人才为目标。创新创业教育,一方面是以培育在校学生的创业意识、创新精神、创新创业能力为主的教育,另一方面要面向全社会,针对那些打算创业、已经创业、成功创业的创业群体,进行创新思维培养和创业能力锻炼的教育。

教育部在《关于大力推进高等学校创新创业教育和大学生自主创业工作的意见》(教办〔2010〕3 号)中指出:"在高等学校开展创新创业教育,积极鼓励高校学生自主创业,是教育系统深入学习实践科学发展观,服务于创新型国家建设的重大战略举措;是深化高等教育教学改革,培养学生创新精神和实践能力的重要途径;是落实以创业带动就业,促进高校毕业生充分就业的重要措施。"

本书根据教育部《关于大力推进高等学校创新创业教育和大学生自主创业工作的意见》,结合大学生创新创业特点,以培养具有创新创业基本素质的开创性人才为目标编写而成,总结了编写团队成员多年的教育教学和科学研究成果与经验。在教学过程中,编者坚持理论与实践相结合、课堂学习与课外学习相结合、创新与创业相结合的原则和方法,重点培育在校学生的创业意识、创新精神、创新创业能力。本书选编了最新的大学生创新创业成功案例,以增强教材的针对性和可读性。

本书受到 2018 年度陕西高校创新创业教育课程建设项目《环境类大学生创新创业能力培养与实践》的资助;受到教育部第二批新工科研究与实践项目《"竞教融合"的新工科绿色创新创业实践平台构建与探索》的支持,该项目由清华大学、同济大学、西安建筑科技大学、华中科技大学、天津大学五所学校的环境学院联合发起。

全书共 15 章,由西安建筑科技大学郑成华担任主编并统稿,西安建筑科技大学周猛、辛欣、刘倩、刘剑华、郝天天、潘登、冯永宁、王韶笛、魏旖旎、李力、薛福举、卢友锋、李恺弘参与编写,具体分工如下:第 1 章由周猛编写,第 2 章由辛欣编写,

第 3 章由刘倩、刘剑华编写,第 4、5、6、7、11 章由郑成华编写,第 8 章由郝天天编写,第 9 章由潘登编写,第 10 章由冯永宁编写,第 12 章由郑成华、王韶笛编写,第 13 章由魏旖旎编写,第 14 章由李力编写,第 15 章由薛福举、卢友锋编写。本书还将"互联网+""挑战杯"等相关赛事的获奖名单作为附录,由薛福举、李恺弘整理编写。最后,本书还提供了课程教学大纲。

西安建筑科技大学建筑学院、土木工程学院、环境与市政工程学院、建筑设备科学与工程学院、艺术学院、马克思主义学院、创新创业教育办公室、校团委等部门为本书的编写提供了大量案例素材。任建国、段燕华、刘思伟、杨才兴、周郴保等老师为本书的编写提出了宝贵的意见和建议。环境与市政工程学院杨仕吉、吴艾薇、刘昀鑫、牛月、潘秭睿、王懿佳、刘毓晨、周星睿、罗宸恺等同学为本书的出版做了许多有益的工作。在此一并表示感谢。

在本书编写过程中,编者参阅引用了许多相关资料,在此对其作者表示衷心的感谢。

由于编者水平有限,错误和不足之处在所难免,恳请各位读者多提宝贵意见。

编　者
2020 年 9 月

目录

1

第1章
高校创新创业教育概况

学习要点及目标

1.了解国外高校创新创业教育概况
2.掌握高校开展创新创业教育的必要性
3.了解国内高校创新创业教育概况

导读

大力推进高校创新创业教育

习近平总书记强调:"创新是社会进步的灵魂,创业是推动经济社会发展、改善民生的重要途径。青年学生富有想象力和创造力,是创新创业的有生力量。"加强创新创业教育,是推进高等教育综合改革、提高人才培养质量的重要举措。近年来,高校不断加强创新创业教育,对提高高等教育质量、促进学生全面发展、推动毕业生创业就业、服务经济社会发展发挥了重要作用。新形势下,高校必须着眼长远、聚焦聚力,下大力气解决存在的问题,进一步加强创新创业教育。

当前,高校创新创业教育已经从尝试探索阶段发展到细化分层、多元发展的新阶段,但在发展中也面临一些亟待解决的问题。比如,在产教融合方面存在"政府热、社会冷"的现象,在校企合作方面存在"学校热、企业冷"的状况。再如,认识理解上的狭隘导致创新创业教育出现学科化倾向。面向未来,我国创新创业教育要实现高水平发展,必须走出"就业教育"的初级阶段,把创新创业教育融入高校人才培养全过程。具体而言,在纵向上将创新创业教育贯穿大学生在校学习全过程,而不是变成大学生毕业前的"临门一脚"教育;在横向上加强政府、企业、高校三者之间的合作,培养具有国际视野、创新精神、创业能力和社会责任感的优秀大学生。当前,高校进一步加强创新创业教育,需要找准突破口,把握以下几个方面。

教育对象从"小众"向"大众"转变。开展创新创业教育是为了推进素质教育、提高人才培养质量、促进高等教育与经济社会发展紧密结合,加快培养规模宏大、富有创新精神、勇于投身实践的创新创业人才队伍。目前,一些高校将创新创业教育视为对少数具有创新意愿、创业理想学生的培养工作,没有将创新创业教育融入整个高校人才培养体系之中。高校创新创业教育应面向全体学生,实现从"小众"到"大众"转变,以培养学生的创新精神、创业所需要的能力素质等为重点,让更多学生接受创新创业教育,更好激发学生的创新精神和创业意识,提高学生的创新创业能力。

促进创新创业教育与专业教育融合。专业教育是人才培养的基本途径,创新创业教育是人才培养的延伸途径、专业教育的重要补充。只有推动创新创业教育与专业教育更加紧密结合,让学生在创新创业中巩固专业知识,在专业教育中提高创新创业能力,才能为经济社会发展培养大批能创新会创业的高素质人才。这就要求高校推进教育目标融合,将创新精神、创业能力的培养纳入专业教育目标体系,作为专业人才培养的评价标准之一;实现教育课程体系的有机融合,尤其是对专业课程体系进行升级改造,在专业课程中融入创新创业最新的理论、技术以及实践等内容。此外,还要注重教学方式融合。比如,丰富实践教学方法,支持学生以科技创新成果、创业项目等形式申请学分。

搭建创新创业教育开放协同平台。创新创业教育是一项校内外多部门协同、跨专业融合、社会多元主体参与的系统工程。习近平总书记强调:"全社会都要重视和支持青年创新创业,提供更有利的条件,搭建更广阔的舞台"。推动创新创业教育高水平发展,需要搭建开放协同平台,鼓励多方参与,吸引社会资源和国外优质教育资源参与创新创业人才培养。比如,进一步深化产教融合,鼓励企业以兼职师资、资金、市场、技术等资源参与高校创新创业教育,实现校企协同育人、联合创新;利用国际合作网络,积极参与联合建立创新创业实验室、国际创新创业竞赛和活动等,强化创新创业教育的国际交流与合作,不断提升创新创业教育国际化水平。

资料来源:吕京,张海东.大力推进高校创新创业教育[N].人民日报,2020 - 04 - 16(09).

1.1 国外高校创新创业教育概况

1947年,美国哈佛大学商学院的迈尔斯·梅斯教授首次开设了一门"新企业管理"课程。这被视为是创新创业教育在大学的开端。随后,各国纷纷在高校开展创新创业教育。在创新创业教育的理念目标上,发达国家始终认为创新创业教育是一个终身学习的过程。创新创业教育不仅是就业教育,更重要的是学生创业意识与创业精神的培养,是一种素质教育,是着眼学生的长远发展与人生理想的实现。同时,发达国家给予创新创业教育很多便利的政策和充足的资金,这极大地推动了发达国家创新创业教育的发展。

1.1.1 美国高校的创新创业教育

美国是世界上第一个兴起高校创新创业教育的国家。继1947年9月哈佛商学院开设了"新企业管理"这门创业学课程之后,斯坦福大学和麻省理工学院以及其他高校相继开设了类似的创新创业教育课程。曾一度被视为边缘化的创新创业教育在20世纪七八十年代走向了规范化的道路。进入21世纪,美国颁布了一系列人力开发与培训的相关法令、法规,使得创新创业教育拥有了一定的法律基础,高校的课程设置也更趋向于完善,师资力量逐步强大。创业课程从原来仅面向经济管理类学生发展到面向所有学生,课程内容更加全面,从思维意识到知识技能都囊括其中。美国高校主要从以下三个层面开展创新创业教育。

1.设计实施创新创业教育课程

美国创新创业课程体系一般由创业基础理论课程、与专业结合的创业课程、创业实践课程三个部分组成。以斯坦福大学为例,创业基础理论课程主要由商学院及其下设的创业研究中心开设,主要包括创业基础类课程、金融类选修课程、市场与运营类选修课等类型;与专业结合的创业课程主要由相关院系开设,其中工学院课程开设较为成熟,实施了技术创业计划,聚焦某一学科领域或在交叉学科领域开展高科技创业的教学与指导;在创业实践课程方面,斯坦福大学设立了创业工作室,给学生提供创业实践的平台,并为学生提供到新创企业的实习机会,使学生得到更直接生动的创业体验。其他高校在创业实践课程的设置方面各具特色,如马里兰大学帕克分校史密斯商学院丁曼创业中心,每周会组织活动,由学生向企业家、投资人、有创业经历的专家等介绍自己的创新想法。丁曼创业中心还推出暑期实践项目,学生到创业公司实习,以获取灵感和创意。

2.策划组织创新创业竞赛

1983年美国奥斯汀德州大学举办首届大学生创业计划竞赛,鼓励大学生就某一项新产品或新服务撰写商业计划书,向投资人介绍,争取投资并创办公司。麻省理工学院、斯坦福大学等高校也相继举办创业竞赛,并形成长效机制。从1990年开始,麻省理工学院每年都有多家新创企业从创业计划大赛中诞生,并有相当数量的项目发展为优秀的高新技术公司。高校创新创业竞赛,搭建起了学生项目与产业界、投资界沟通的桥梁,帮助学生提升创业实践能力并使学生的初创企业可以获取更多支持。

3.为学生创新创业项目提供孵化指导服务

很多大学已经建立了多样化的孵化机构,包括大学内部的技术转化办公室、科技园、孵化器、创客中心等,为学生创新创业实践提供了空间、实验设备和专业指导。

延伸阅读

斯坦福大学的创新创业教育

斯坦福大学(Stanford University),全名小利兰·斯坦福大学(Leland Stanford Junior University),简称斯坦福(Stanford),位于美国加州旧金山湾区,临近世界著名高科技园区硅谷,是世界著名私立研究型大学。斯坦福大学培养了众多高科技产品的领导者及富有创业精神的人才,这其中就包括惠普、谷歌、雅虎、耐克、罗技、特斯拉汽车、Firefox、艺电、太阳微系统、NVIDIA、思科、硅谷图形及eBay等公司的创办人,校友涵盖30名富豪企业家及17名NASA太空员,也是培养最多美国国会成员的院校之一。

1.学校——创造宽松的创新创业环境

斯坦福大学注重营造宽容失败、推崇创新、鼓励冒险创业的宽松、自由的环境,鼓励师生创新创业,校园内形成了浓郁的创新创业文化氛围,激发了师生的创新精神和创业欲望。与一般高校不同,每个斯坦福大学人都以开创自己的企业、创办自己的公司作为自己的奋斗目标,所以,斯坦福大学把培养师生的创新创业精神作为其重要的使命之一。斯坦福大学通过多种途径支持师生创业,学校制定了灵活的政策鼓励师生创业,给师生创新创业营造了宽松的环境,为他们在硅谷创业提供了巨大的前进动力。学校允许教师每周有一天到企业从事开发和经营等兼职工作,允许教师脱岗1～2年到硅谷创办科技公司或兼职,允许教师将自己在学校获得的科技成果向企业转移,允许参与创业的学生在两年时间内不论成功与否均可回校继续学业。学校还设置专门机构,服务师生参与创新创业活动;学校设立了研究激励基金、缺口基金等孵化资金,为创业者提供资金支持。斯坦福大学的这些做法,在很大程度上方便了师生创新创业活动的顺利开展。

2.教师——积极参与、带动学生参与创新创业

在斯坦福大学的创新创业教育中,教师处于主导地位。为了更好地推行创新创业教育,斯坦福大学选拔了世界上一流的教师指导学生创新创业。斯坦福大学的许多教授通过参与创业

企业的咨询服务来帮助企业发展,由此他们自己也更全面、深刻地了解了创业企业。在教授的积极引导下,很多毕业生和在校学生乐于参与硅谷的创业活动。硅谷成了斯坦福大学创新创业的摇篮,成为学生良好的实习和研发基地。按照斯坦福大学的相关规定,教授可以在硅谷拥有自办企业,或在各个企业内兼职,学生可以在各个企业实习和就业,教授和学生的研究成果很容易在硅谷迅速转化为技术成果或产品。例如,与硅谷联系最密切的电气工程系的大部分教授都以不同的方式参与企业活动,有数以千计的教授和学生同时在硅谷工作。

3.学生——创新创业的勇敢开拓者

斯坦福大学的学生多数是创新创业的勇敢开拓者。在老师的指导下,学生发起并运作了斯坦福大学创业计划大赛。商学院 MBA 俱乐部每个学期都有详细的活动安排,每年举办一次创业者大会。创业者大会主要由学生发起和具体运作,商学院创业研究中心负责指导,并能够邀请到世界范围内业界的高层人士参加。斯坦福大学积极支持学生把自己的发明推向市场,倡导和支持毕业生开办自己的企业,有很多斯坦福大学学生在上学期间就建立了自己的企业。良好的人际关系是斯坦福学生重要的资本,在学习期间学生们紧密结合成一个集体,形成了丰富的人脉资源。

4.课程——学科交融培养创新创业人才

斯坦福大学单独开设的创业课程有 20 多门,课程涵盖了创建一个企业应涉及的方方面面,包括如何融资、组织资源、招聘员工等。商学院创业研究中心开发了创业管理、创业机会评价、创业和创业投资、投资管理和创业财务、管理成长型企业等热门创业课程,倍受学生青睐。有 91% 以上的 MBA 同学至少选修了一门创业课程,每年有 2000 多名学生参加斯坦福技术创业项目课程。所有创业课程的课堂互动性很强,学生参与的积极性很高。斯坦福大学的创新创业教育教学还形成了完善的实践体系。学校注重学生科研能力和职业技能的培养,组织学生每周参加学校安排的各类研究讲座,其中部分讲座可以登记学分;学校鼓励学生参加科研活动,允许学生参加校外的协作项目。

资料来源:斯坦福大学:高校创新创业教育的典范![EB/OL].(2017 - 03 - 02)[2020 - 12 - 9].http://www.sohu.com/a/1294277291_355090.

1.1.2 英国高校的创新创业教育

2018 年由全球创业发展研究院发布的全球创业指数报告显示,英国排名第四,美国、瑞士和加拿大分别位列前三。英国创新创业成果的取得与其良好的创新创业教育环境密不可分。从 20 世纪 80 年代开始,英国便持续实施营造良好的创业文化氛围、在不同的学段开设创新创业教育课程、倡导系列创业实践等举措。英国政府对创新创业教育给予大力支持、引导和规范,从而不断推动其发展,这对创业教育的繁荣及英国经济的发展起到了重要的作用。

1.政府支持与社会参与

英国政府意识到英国经济的发展与增长在很大程度上取决于国家对创新与创业的认识及其实力。因此,英国政府一直强调创新创业教育的重要性,通过各类政策及联合多种组织机构的力量共同推动,形成了一种创新创业文化,同时提升创新创业技能与知识。英国高等教育质量保障署在 2018 年 1 月发布了创新创业教育标准文件,强调创新创业教育对学生创造力的积极影响。由于国家在政策层面对创新创业教育的引导和重视,英国社会形成了各类组织的合力以共同支持创新创业教育。多种创新创业协会、中心、科技园、企业孵化中心的参与为创新创业教育提供了灵活而广阔的空间。例如,英国创新创业教育者协会覆盖全英 100 余家高等教育机构,拥有约 1400 名教育工作者和从业人员。再如,区域发展局以协调者的身份帮助政府促进大学与企业关系的发展,建立合作机制;同时,对促进各地方的中小型企业的发展,特别在提升其创新技术能力方面起到了关键作用。

2.推动创新创业教育标准化

在英国,创新创业教育不仅培养学生成为企业家的能力,它更是一种品质教育,让人拥有积极的生活态度。英国 2012 年发布的《国家创业教育标准》规定,创新创业教育不限于任何特定年龄段,应存在于各种各样的创新创业活动中。最好的创新创业教育将以学生为中心,以活动为基础,鼓励学生享受活动,让青年人自己做决策和解决问题,并越来越关注个人、学习和思考技能。英国全国大学生创业委员会从 2004 年成立以来一直致力于推动高校创业教育的发展。英国高等教育质量保障署相关文件指出,高等教育领域的创新创业教育要重点关注三个方面:一是学习关于创新创业的内容(learn about),二是为创新创业做准备的学习(learn for),三是在做中学(learn through)。同时从构建学生创新创业思维、创新创业意识、创新创业技能、创新创业有效性四个维度提出人才培养体系,并指出英国大学阶段创新创业教育课程构建的行动标准。

3.重视师资与教学实践

英国高校的创新创业教育师资以高校任职教师为主体,同时聘用各行业精英对学生进行指导。例如,剑桥大学作为欧洲最具活力的高科技集群中心,积极参与创新创业教育,通过教授团队转化技术成果,进行创业系列课程指导,帮助学生成功创办企业。帝国理工大学拥有专门的创新与创业部门,重点研究创新型企业组织以及组织内的实践过程和行为。该部门的教授、研究人员既是教学导师,也是创业导师,他们与全球知名企业、初创企业、社区和研究机构合作,同时也参与其他领域(如工程、自然科学、医学)项目,为学生提供从研究到实践教育等多种锻炼和学习的机会。英国高校创新创业教育的教学方法灵活多样,如慕课、在线讲座、翻转课堂等。他们还借助社交媒体,将常规的创新创业课程与新媒体技术相结合,不断吸引风险投资。英国创新创业教育在教学上以学生为主体,为学生提供展示和发展的平台,同时也重视过程性评估,为学生的就业和创业做充分的准备。

▮▮ 延伸阅读

谢菲尔德大学的学生创业能力培养

英国谢菲尔德大学认为:"重视培养学生的'创业能力',无论他们将来选择哪种职业道路都对其成功非常有必要。'创业能力'并非指创业学或商业技能,而是指学生急需的一系列成熟并起作用的技巧,能够帮助大学毕业生成为更具创新能力的求职者,使他们在当今全球经济中选择领域并能成为领域内出色的领导者。"谢菲尔德大学还表示,在创新创业教育实施过程中,一定不能走入的误区是让教师和学生有狭隘的理解:只有创业才是成功,或是只有成功的创业才是成功。

谢菲尔德大学有数万名学生,并非每个学生都有在课外参与创业的机会,但每个学生都可以学习与创业有关的课程。因为谢菲尔德大学要求所有学生都要学习创业教育课程,所以每个学生都有提升创业能力的机会。该校的创业教育分为课内与课外,课内的创业教育会在特定学科学习中把能力发展进行情景化模拟,使学生获得创业能力的锻炼,而课外的创业教育则主要是通过"USE"(University of Sheffield Enterprise,谢菲尔德企业大学)为学生提供更多创业实践的机会,加强学生的创业能力与技巧。"USE"从学生创业计划制订到创业资金的支持,再到围绕创业能力提升而开展的模拟创业活动,均包括在内。甚至为进一步培养学生的创业能力,"USE"还含有创业能力强化训练的相关游戏。

1.团体性商业辅导

该辅导是学校对学生创业能力培养的第一步,旨在鼓励学生参与到这个平台中,和专职辅导员交流自己目前已制订的创业计划。如果学生期待能为自己的创业计划筹到资金并参与到后期一对一的商业辅导中去,就必须先要参加这个团体性的商业辅导研讨会。在该研讨会上,大家会交流彼此的创业计划以及未来发展路线,为未来合作提供可能性。

2.想创业,先拿够 20 个学分!

"实现你的想法"是面对所有大二或大三已拿够20个学分的学生开设的项目(因为项目后期需要学生投入较大精力)。这不仅能够让学生走进创业世界了解创新创业精神,而且让学生运用已有知识去挑战,解决现实生活中的难题。该项目每周的小组会议不是让学生背负起公开演讲的负担,而是对创业案例的探讨和线上创业资源的共享。此项目需要学生组成团队,展示各自的模拟商业计划和议案,并对彼此的模拟创业计划进行评估。由于该项目对所有学科开放,这意味着加入的学生有机会和来自不同专业的学生进行交流,并能互相学习、共事。

3.社会创新实验室

社会创新实验室内会有 4 场晚间交流研讨会,给学生创造机会认识和结交来自不同专业的同学,并与之共事,分享交流创新创业经验。通过这 4 场研讨会,学校的商业顾问团队会一直帮助学生把初始概念变成商业计划,并且完成一系列的挑战。在第一场研讨会上,学生将会被随机分组进行想法讨论,其中带着创业想法的学生可分享各自的创业理念和他们希望获取的资源或帮助。随着项目的进展,学生将分组对已选择的创业项目进行讨论,并制订创业文案。在最后的研讨会上,学生将在一个有趣的欢庆会上互相展示最终的创业成果。值得注意的是,学生不必一定带着自己的创业想法加入该实验室。在第一场研讨会上,即使学生没有想法,也会被分到和有想法的学生一组,在余下的项目进程中与他们一起共事。对有可行性创业想法的学生,实验室将与这些学生共同努力,尽力把已经成熟的商业计划搬到孵化器,让计划成真。

4.资金

学生创业时,创业资金总是众多关注事项中最棘手的一项。"USE"可向该校学生提供1000 英镑的资金支持,来帮助他们缓解创业资金短缺的问题。该项资金不仅在校生可以获得,毕业 5 年内的毕业生也可能获得该项资金的支持。但学生不能用这些资金来购买硬件设备,只可以用来进行专利或商标申请、开展促销活动、购买软件和参加商业指导培训等事项。

5.现成的创业游戏

在"USE"的图书馆内有现成的游戏,可以用来帮助学生发展不同方面的创业能力。例如侧重于团队合作的游戏"决定! 决定!",在这个游戏中,小组成员必须假设自己在一家旅游公司工作,并且权衡两种目标,即控制花费并维持利润、取悦不满意的顾客。这个游戏可以帮助小组成员提高他们的团队合作、谈判、冒险能力以及有前瞻性决定的能力。游戏"领导能力大挑战",可以帮助学生理解和体验有效领导能力。一个小组成员必须担任一个领导角色以便帮助团队达成既定目标。无论小组活动成功与否,他们都有机会来反思如何才能成为一个好的领导并且团队成员如何对领导的决策做出有效反应。

资料来源:麦可思研究.英国高校怎样做创新创业教育[EB/OL].(2015-12-16)[2020-12-09].https://edu.qq.com/a/20151216/058964.htm.

1.1.3　日本高校的创新创业教育

日本的创业教育开始于20世纪60年代,早期出现在日本的专科学校中。后来,日本于20世纪80年代推行了"科教立国"的战略思想,国家由此更加注重创业教育的创新。目前日本高校的创业教育水平在世界首屈一指,究其原因,日本的创业教育在师资队伍、创业实践实习、创业教育讲座、创业计划竞赛、国际创业交流等方面实现了质的飞跃。日本高校创业教育的师资队伍由两部分组成:一是校外师资,主要包括在创业或就业方面比较成功的历年毕业生、校企合作的企业经营顾问等,这些师资主要为学生开展专题讲座、培训会、实地考察等形式的创业教育实践活动;二是校内师资,一般由校内创业教育部的老师组成,一小部分由学院的教授兼任,主要向学生讲授的是创业专业理论知识,包括经济学、市场营销、管理学、企业策划等。日本高校会对一些专业较强的创业教育师资进行定期的培训,确保教师在授课的过程中能够做到教学理论和岗位实践相结合。

在20世纪60年代至90年代期间,日本高校逐渐增加了创业教育课程的内容,逐步将大学生职业规划教育和大学生创业教育纳入必修课程范畴当中。这些创业教育的教学注重学生的管理、经营、营销等能力培养。学校开设的科目也越来越广泛,如MBA、市场营销、经济学、金融学、工商管理等多门学科。并且学校与企业、其他经营单位等达成了很好的校企合作关系,为实现产学结合提供了实践的机会和场合。日本十分注重对高校创业教育途径的创新,早在20世纪80年起,日本就开始了创业教育讲座的开展,现在创业教育讲座不仅在数量上实现了突破,并且在形式和内容上也实现了创新。另外,日本高校对创业设计竞赛活动也非常重视,并将其纳入了教学体制,经常性地举办多样化的创业计划大赛,以此作为学校创业教育效果的检测标准,为有创业想法的学生提供了施展的平台,激发了学生的创业热情,助力创业者实现创业梦想。

延伸阅读

广岛修道大学的创新创业教育

广岛修道大学的创业教育课程并不突出专业性,而是培养学生在商业社会所应具备的基本涵养。该校自2007年起开设涵盖本科一至三年级的"创业:事业创造课程"。其中第一年讲授簿记和经营等基础理论,第二年设置"创业家精神养成讲座""商业计划制订"等若干选修课,第三年设置"商务及模拟"和"营销及调查"等实践性科目。课程结束后颁发"课程已修证书",以便学生在大四应聘时将其作为准技能证书提供给用人单位,从而增加就业可能性。此外,该校每年举办两次商业计划大赛,外校大学生甚至高中生亦可申请参加,评委由广岛银行等当地金融机构融资主管担任,优胜者将获得由广岛风险投资育成基金提供的创业资金资助。这既贯彻了该校服务地方、为地方培养人才的办学宗旨,也说明其在对待学生实际创业的态度上,将支援事宜交给社会上的相关专业机构,克制学校的过多参与,显示出"企业家精神涵养"的侧重与分寸。

资料来源:谭皓.日本创业教育的启示[N].光明日报,2017-06-24(07).

1.2 国内高校创新创业教育概况

我国已将创新创业教育纳入了现代高等教育体系,当前我国教育理论研究者和教育实践工作者已经认识到了创新创业教育的必要性,对大学生创业教育的相关问题研究也逐渐展开。开展大学生创新创业教育是学生全面发展的内在要求,是为国家培养复合型创新人才的重要举措,是高等教育深化改革的必然趋势,是经济发展和社会进步的必然要求,是建设社会主义和谐社会的需要,是贯彻科学发展观和服务创新型国家建设的要求。1998年,"清华大学创业计划大赛"正式拉开了我国大学生创新创业教育的序幕,如今我国的大学生创新创业教育已走过20多个年头。2008年以来,国内高校的创业教育逐步发展、完善,日益呈现出科学性、全面性、多层次性等特点。

1.2.1 我国培养大学生创新创业能力的意义

1.有助于缓解大学生就业压力

随着我国高等教育由"精英教育"到"大众教育"的转变,高校一定时期内都在扩招,自然而然高校毕业生数量也呈现出逐年递增的趋势,空缺岗位数量远远低于毕业生数量,因此大学生面临的就业形势也就越来越严峻。在此形势下,解决大学生就业困难问题的有效手段之一便是加强对大学生创业能力的培养。提高大学生的创业能力不仅能缓解就业压力,还能通过创业增加就业岗位,在解决大学生自己就业问题的同时,带动其他学生或是社会闲散人员就业。

2.有助于大学生自我价值的实现

初入社会的大学生,很容易遭受就业期望过高而现实却很"骨感"的尴尬境地。工作待遇不如人意的现实,迫使很多大学生另辟蹊径,找寻提升自身价值的机会。自主创业便是他们追寻的可选机会之一,经济利益的流动性和社会地位的快速提升性,使得很多大学生放弃就业而投向创业。创业既是一种挑战,也是获得极大发展空间的机遇。创业空间的自由无约束,锤炼了大学生在解决创业过程中遇到复杂问题及艰难险阻时的各种创业能力,同时也对创业者完善自我人格大有裨益。

3.有利于大学生自身素质的提高

我国高校扩招以后,伴随着就业压力,大学生素质与高等教育的水平也受到影响。在提高大学教育管理水平与大学生素质的各类探索实践中,大学生创业无疑是最经济、最有效的办法之一。通过创新创业实践,大学生可以充分调动自己的主观能动性,改变自身就业心态,自主学习,独立思考,并学会自我调节与控制。也只有这样,大学生创业才能成功。对于一个能自我学习,懂得如何管理时间与财务,善于拓展人脉关系,并能够主动调适工作心态,积极适应社会的大学生,其自身素质也容易得到普遍认可。

4.有利于培养大学生的创新精神

创新是一个民族的灵魂,是一个国家兴旺发达的不竭动力。大学生是最有活力的一个群体,正处于创新创造力焕发的旺盛期。而与西方发达国家相比,我国对大学生的创业能力教育严重缺失。联合国教科文组织在1999年发表的《21世纪的高等教育:展望与行动世界宣言》中提出,必须将创业技能和创业精神作为高等教育的基础目标。国际教育界甚至预测,21世纪全世界将会有一半的大学生走向自主创业的道路。因此,我国也需要加速转变教育观念,培养大学生的创新精神、创业才能。

1.2.2 我国大学生创新创业教育的发展阶段

自 1997 年清华大学举办首届"挑战杯"大学生创业计划大赛,拉开我国高校开展创新创业教育的序幕以来,创新创业教育在我国已经有 20 余年的历史。我国创新创业教育的发展历程大致可以划分为五个阶段:萌芽期(1999—2002 年)、试点期(2002—2008 年)、创业推进期(2008—2020 年)、迅猛生长期(2011—2013 年)和科学发展期(2014—2020 年)。

1.萌芽期(1999—2002 年)

为了应对世界高等教育发展趋势及满足我国高等教育的发展需要,在 20 世纪末,我国先后颁布《面向 21 世纪教育振兴行动计划》和《中共中央国务院关于深化教育改革全面推进素质教育的决定》,标志我国将创业教育纳入国家发展战略考虑之中。但在这一阶段,国家没有出台专门针对创新创业教育的教育政策,创新创业教育实践尚未起步。

2.试点期(2002—2008 年)

2002 年教育部高教司发布《创业教育试点工作座谈会纪要》,确定了清华大学在内的 9 所高校作为"创业教育试点",由此拉开了创新创业教育在高校试点的实践序幕。在这一阶段,国家将创新创业与建设创新型国家、就业民生大事紧密联系在一起,显示出国家对创新创业的高度重视。创新创业教育在高校中从理论走向更大范围的实践。

3.创业推进期(2008—2010 年)

2008—2010 年我国大学生创新创业教育的成果主要体现在三个方面,分别是蒸蒸日上的创业市场、创业能力培养与指导以及创业实践。在 2008—2010 年期间,在创新市场这只无形的手推动下,高校创新创业教育注重培养大学生的创业能力,指导大学生的创业实践。在新兴产业市场推动下,以创业指导与实践为重点成为这一时期大学生创新创业教育的主要模式。

这一时期高校外围的创业环境助力高校创业教育发展。2008 年,苹果公司推出了iPhone3G 智能手机,互联网时代开始进入移动互联时代。美团、大众点评、滴滴、高德地图、饿了么等移动终端大量兴起,"拇指经济"时代到来。2009 年,在"KAB(know about business)创业教育(中国)项目年会"上,国际劳工组织 KAB 项目全球协调人克劳斯·哈弗腾顿教授强调了中国创业市场的广袤:"目前,全球任何一个地方都不像中国那样有这么多的创业机会。"良好的创业环境和大量的创业机会促使众多大学生瞄准中国市场"蓝海",这也加速推进了大学生创业教育。

另外,通过分析这一时期创业教育的阶段特点可知,2008—2010 年,中国高校创新创业教育还比较单一,大学生主要通过第一课堂学习创业理论知识以及通过第二课堂进行创业实践活动。由于创业的主要目的是为了促进就业,其落脚点在于创业本身。

4.迅猛生长期(2011—2013 年)

2011—2013 年我国大学生创新创业教育的成果主要体现在三个方面,分别是创业政策、创业服务以及创业平台。2011—2013 年这一时期的创新创业教育主要特点是以创业平台与创业服务为抓手,辅之以健全的创业政策,全面引领创业大众化的浪潮。

国家的创业机制和政策日趋健全,推动大学生创业教育的日趋成熟。自 2010 年 4 月教育部发布《关于大力推进高等学校创新创业教育和大学生自主创业工作的意见》和 2010 年 5 月人社部发布《关于实施大学生创业引领计划的通知》以来，国家相继颁布出台了很多政策，鼓励大学生创新创业。例如 2011 年，高校实行高校毕业生自主创业证制度，创业学生享受税收优惠政策；2012 年，教育部又印发了《普通本科学校创业教育教学基本要求(试行)》的通知。

与此同时，高校科技园、创业园、创业基地等创业平台在这一时期大量兴起。据不完全统计，截至 2012 年，我国高校成立的创业教育学院和创业教育研究中心等创业教育机构已达到22 家。根据科技网站资料查询显示，自 2001 年在清华大学等 22 所高校首批设置国家大学科技园以来，截至 2013 年 1 月，共有 94 所高校被认定为国家大学科技园依托高校。各类创业教育平台，通过线上与线下、课堂与实训、院校教师与行业专家相结合的教育模式，为大学生提供创意和援助。除此之外，这一时期，高校利用校友、科创导师等资源，为大学生提供便捷的创业服务，助力学生项目完成初期孵化。

综合来看，政府优惠的创业政策，高校与科研机构各类创业平台、便捷的创业服务，让大学生的创新创业不像以前那么困难，创业的基础条件相对较完善，大学生的创意被极大激发，创业信心高涨。

5.科学发展期(2014—2020 年)

2014—2020 年我国大学生创新创业教育的成果主要体现在六个方面，分别是创业新环境、创业教育改革、创业实践、产学研创业合作、创业文化以及创业教育考核评估。这一时期，我国大学生创新创业教育重中之重在于创业新环境和创业教育改革。

随着科技创新的发展，创业环境发生前所未有的新变化。近年来，"中国制造"正向"中国智造"转变，高铁、共享单车、淘宝以及支付宝成为中国的"新四大发明"。新形势下我们既需要有创新能力的专业人才，又需要有社会责任感的"儒商"。

2015 年，国务院《关于深化高等学校创新创业教育改革的实施意见》出台。该文件指出，深化高等学校创新创业教育改革，是国家实施创新驱动发展战略、促进经济提质增效升级的迫切需要，是推进高等教育综合改革、促进高校毕业生更高质量创业就业的重要举措。

2017 年，国务院颁布《关于做好当前和今后一段时期就业创业工作的意见》。该文件提出，坚持实施就业优先战略，支持新就业形态发展，促进以创业带动就业，抓好重点群体就业创业以及强化教育培训和就业创业服务等五个方面的政策措施。

2018 年，国务院印发《关于推动创新创业高质量发展打造"双创"升级版的意见》。该文件指出，要以习近平新时代中国特色社会主义思想为指导，全面贯彻党的十九大和十九届二中、三中全会精神，按照高质量发展要求，深入实施创新驱动发展战略，通过打造"双创"升级版，进一步优化创新创业环境，大幅降低创新创业成本，提升创业带动就业能力，增强科技创新引领作用，提升支撑平台服务能力，推动形成线上线下结合、产学研用协同、大中小企业融合的创新创业格局，为加快培育发展新动能、实现更充分就业和经济高质量发展提供坚实保障。

2020 年，为深入贯彻落实《国务院办公厅关于深化高等学校创新创业教育改革的实施意见》(国办发〔2015〕36 号)要求，激励示范校梳理建设成果、总结建设经验、发挥示范效应，为带动全国高校创新创业教育改革向纵深迈进、谋划"十四五"创新创业教育改革新思路、构建世界水平中国特色的创新创业教育体系奠定理论与实践基础，教育部办公厅下发了《关于做好深化创新创业教育改革示范高校阶段性总结工作的通知》。

这一时期的创新创业教育和最初阶段已大不一样，不再拘泥于通过灌输和教授学生各种创新创业知识来达到创业成功的目的,而是通过创业教育改革达到创业教育课程体系化、方式科学化、目标去功利化的目的。值得一提的是创新学分是创业教育课程改革中创新的典型。创业教育改革中很重要的一部分是创业文化的熏陶,现在高校所强调的创业文化,是一种创业精神、创业意识和社会责任感,可以潜移默化地在校园创新创业文化氛围中让学生规避创业教育认识误区,并认识到创业教育不是单纯教授如何创办企业,不单指引导和激发学生开办公司,也不单指进行第二课堂教育。创业教育改革中另一重要的部分是创业教育考核评估,创新创业教育质量评价体系的建设可以判别高校创业教育的短板和优势以及改革的方向,培养把想法变成行动能力的团队或个体,包括创新能力、挑战冒险精神、识别机会、整合资源、承担风险的能力以及解决实际生活问题的能力等。

综合来看,这一时期的创业教育更加科学、全面、讲究创业文化和创业精神,创业教育改革成为主基调,以创业大赛为核心的创业实践重新回归大众视线。各类创业实践活动、比赛接踵而至,新形势下,以比赛、活动、实践为契机的产学研创业合作逐渐深化、融合,创业实践项目也开始走向市场。

思考题

1.大学开展创新创业教育的意义有哪些?

2.当前大学生创业中的机遇和挑战有哪些?

第2章
创新与创业

学习要点及目标

1. 了解创新、创业的内涵和相互关系
2. 掌握创新思维和创新方法
3. 掌握创业要素和创业过程

导读

西安建筑科技大学马娟同学创办的扶贫产品体验馆揭牌开馆

2019年9月29日,在甘肃省兰州市"庆祝中华人民共和国成立70周年,弘扬传统美食文化"——首届柏树巷子美食文化节上,西安建筑科技大学艺术学院学子马娟创办的扶贫产品体验馆正式揭牌开馆(见图2-1)。同时,临洮珍好农特馆和陇材云兰州牛肉拉面全产业链展示与集散中心开业。马娟扶贫产品体验馆是以马娟创办的甘肃伊禾城商贸有限责任公司为支撑,以陇材云平台为依托,以扶贫开发战略思想为指导,以产业扶贫助力国家脱贫攻坚事业为愿景,以服务贫困群众和建档立卡贫困户为重点,在政府和社会各界大力支持下,建立扶贫产品线下体验营销基地,是推动扶贫产品上行,促进商品流通,不断提升贫困人口就业创业,拓宽贫困地区特色产品销售渠道和贫困人口增收脱贫之道的平台。

图2-1 开馆仪式现场

马娟,女,东乡族,全国巾帼建功标兵,西安建筑科技大学艺术学院风景园林专业硕士研究生。2017年为响应国家双创与扶贫的号召,返乡创业,成立甘肃伊禾城商贸有限责任公司。

通过建立巾帼扶贫车间,发展"东乡花馃馃"产业,解决当地贫困群众就业和增收问题,助力精准扶贫和乡村振兴。截至目前,马娟的"花馃馃"帮助贫困人口收入增长近8倍,带动当地305户贫困人口就业,间接带动周边相关产业发展及2000余人就业致富。她既有扎实的专业基础,亦有勇于开拓的创业精神,更有心怀家乡建设的社会责任感。马娟的事迹先后受到人民日报、央视《焦点访谈》《致富经》以及多个卫视等媒体的广泛报道,其个人先后获得学校第三届"身边的榜样"、临夏州"脱贫攻坚先进事迹巡回报告先进个人"、甘肃省"巾帼扶贫车间"带头人、中国"农村电商致富带头人"等荣誉称号。2019年3月6日,马娟在三八国际妇女节纪念及表彰大会上,作为"全国巾帼建功标兵"代表在人民大会堂发言。

资料来源:西安建筑科技大学艺术学院马娟同学创办的扶贫产品体验馆揭牌开馆[EB/OL].(2019-10-01)[2020-12-10].http://ysxy.xauat.edu.cn/info/1006/1393.htm.

2.1 创新与创新思维

2.1.1 创新概述

创新是人类特有的认识能力和实践能力,是人类主观能动性的高级表现,是推动民族进步和社会发展的不竭动力。一个民族要想走在时代前列,就一刻也不能没有创新思维,一刻也不能停止各种创新。

1.创新的概念

"创新"在《现代汉语字典》(第7版)中有两种解释:一种是动词,指抛开旧的,创造新的;另一种是名词,指创造性,新意。

关于"创新"的相关定义,美籍奥地利经济学家熊彼特认为,"创新"就是把一种从来没有过的关于"生产要素的新组合"引入生产体系。美国加州大学伯克利分校哈斯商学院教授亨利·切萨布鲁夫认为:"创新意味着进行发明创造,然后将其市场化。"

本书对创新定义为:为满足个体和社会合理需求,在现有的知识、物质和环境条件下,改进或创造新的事物、技术、方法、元素等,并能获得一定有益效果的行为。

党的十八大以来,习近平总书记把"创新"摆在国家发展全局的核心位置,提出一系列新思想、新论断、新要求,涵盖了科技、军事、人才、文艺、制度等方方面面。习近平总书记给第三届中国"互联网+"大学生创新创业大赛"青年红色筑梦之旅"的大学生的回信,在广大青年学子中引起了强烈反响,学生们纷纷表示,要按照习近平总书记的指示和嘱托,为祖国、为人民奉献青春。要在今后的人生历程中,学习和发扬革命前辈的精神品格,学习延安精神,坚定理想信念,锤炼意志品质,把激昂的青春梦融入伟大的中国梦,在亿万人民为实现中国梦而进行的伟大奋斗中实现人生价值,用青春书写无愧于时代、无愧于历史的华彩篇章。

延伸阅读

习近平总书记给第三届中国"互联网+"大学生创新创业大赛"青年红色筑梦之旅"的大学生的回信

第三届中国"互联网+"大学生创新创业大赛"青年红色筑梦之旅"的同学们:

来信收悉。得知全国150万大学生参加本届大赛,其中上百支大学生创新创业团队参加了走进延安、服务革命老区的"青年红色筑梦之旅"活动,帮助老区人民脱贫致富奔小康,既取得了积极成效,又受到了思想洗礼,我感到十分高兴。

延安是革命圣地,你们奔赴延安,追寻革命前辈伟大而艰辛的历史足迹,学习延安精神,坚定理想信念,锤炼意志品质,把激昂的青春梦融入伟大的中国梦,体现了当代中国青年奋发有为的精神风貌。

实现全面建成小康社会奋斗目标,实现社会主义现代化,实现中华民族伟大复兴,需要一批又一批德才兼备的有为人才为之奋斗。艰难困苦,玉汝于成。今天,我们比历史上任何时期都更接近实现中华民族伟大复兴的光辉目标。祖国的青年一代有理想、有追求、有担当,实现中华民族伟大复兴就有源源不断的青春力量。希望你们扎根中国大地了解国情民情,在创新创业中增长智慧才干,在艰苦奋斗中锤炼意志品质,在亿万人民为实现中国梦而进行的伟大奋斗中实现人生价值,用青春书写无愧于时代、无愧于历史的华彩篇章。

习近平

2017 年 8 月 15 日

资料来源:习近平总书记给第三届中国"互联网+"大学生创新创业大赛"青年红色筑梦之旅"的大学生的回信[EB/OL].(2017 - 08 - 15)[2020 - 12 - 09]http://www.xinhuanet.com//politics/2017 - 08/15/c_1121487775.htm.

党的十八大以来,我国创新活力迸发,创新成果不断涌现,全球创新指数排名显著提升。国产大型客机 C919 飞向蓝天,蛟龙号曾一度打破了世界下潜最深的纪录,"新四大发明"——高铁、扫码支付、共享单车和网购领跑全球,被誉为"中国天眼"的 500 米口径球面射电望远镜(FAST)落成并投入使用,嫦娥四号探测器实现人类探测器首次月背软着陆。一系列具有自主知识产权的新发明、新创造的出现,让我们更加坚定信心,将推动中国制造向中国创造转变、中国速度向中国质量转变、中国产品向中国品牌转变。

2.创新的特征

(1)目的性。人类的创新活动是一种有特定目的的生产实践。例如,科学家进行纳米材料的研究,其目的在于发现纳米世界的奥秘,提高认识纳米材料性能的能力,促进材料工业的发展,提高人类改造自然的能力。

(2)突破性。以新知识、新技术为基础的创新往往具有划时代意义,能给人类发展带来重大突破。最近一段时间,我国科技创新捷报频传。先是嫦娥五号探测器顺利升空,开启了我国首次地外天体采样返回之旅;紧接着,"奋斗者"号全海深载人潜水器成功完成万米海试并胜利返航,标志着我国具有了进入世界海洋最深处开展科学探索和研究的能力,我国在海洋高技术领域的综合实力再上台阶。上天下海、珠辉玉映,为坚定不移走自主创新道路写下了有力注脚。

(3)新颖性。新颖性,简单理解就是"前所未有"。创新的产品或思想无一例外是新的环境条件下的新的成果,是人们以往没有经历体验过、没有得到使用过、没有贯彻实施过的东西。创新创业的本质就是求异求新。

(4)普遍性。创新具有普遍性,人人都有创新的可能。当前中国正在从工业大国向工业强国转变,这就给中国的未来发展提出了更高的要求,需要各行各业的开拓创新。

(5)超前性。超前意味着超越当前正常的条件。创新以求新为灵魂,创新的超前是从实际出发、实事求是的超前。创新既要基于现实,又要超越一般标准。

(6)艰巨性。在创新的征程中,坎坷与风险总是相伴相随。"创新从来都是九死一生",这是习近平总书记在2018年的两院院士大会开幕会上对创新面临的巨大风险性和不确定性作出的论断。由于外部环境的不确定性、创新本身的复杂性以及科学家自身的局限性,科技创新的道路上难免会遇到未知的风险,探索的路上也绝不可能一帆风顺。

(7)价值性。创新就是运用知识与技术获得更大的绩效,创造更高的价值与满足感。创新的目的性使创新活动必然有自己的价值取向。价值是客体满足主体需要的属性,是主体根据自身需要对客体所作的评价。

3.创新的类型

创新作为一种基本的企业行为,其具体的表现形式是多种多样的,涉及企业活动的所有方面。根据不同的依据,创新也可划分为不同的类型。

(1)根据应用领域的不同,创新可分为产品创新、技术创新、市场创新、服务创新和管理创新。

①产品创新。产品创新是指创造某种新产品或对老产品的功能进行新开发,以满足顾客的新需求或开辟新的市场。产品创新又可分为全新产品创新和改进产品创新。全新产品创新是指产品的用途及其原理有了显著的变化。改进产品创新是指在技术原理没有重大变化的情况下,基于市场需要对现有产品所作的功能上的扩展和技术上的改进。全新产品创新的动力机制既有技术推进型,也有需求拉引型。改进产品创新的动力机制一般是需求拉引型。

②技术创新。技术创新是以创造新技术为目的的创新或以科学技术知识及其创造的资源为基础的创新,会产生新的生产方法、新技术、新材料、新工艺。一方面,技术创新可能并不会带来产品的改变,而仅仅带来成本的降低、效率的提高,例如改善生产工艺、优化作业过程从而减少资源消费、能源消耗、人工耗费或者提高作业速度。另一方面,新技术的诞生往往可以带来全新的产品,技术研发往往会推动产品创新,而新的产品构想往往需要新的技术才能实现。

③市场创新。人们一般把开辟一个新的市场和控制原材料的新供应来源归纳为市场创新。事实上,市场创新,完整地说是指企业从微观的角度促进市场构成的变动和市场机制的创造,以及伴随新产品的开发对新市场的开拓、占领,从而满足新需求的行为。市场创新包含两个方面的内容:一是开拓新市场,二是创造市场"新组合"。

④服务创新。服务创新就是使潜在用户感受到不同于从前的崭新内容,是指新的设想、新的技术手段转变成为新的或者改进的服务方式。从经济角度看,服务创新是指通过非物质制造手段所进行的增加有形或无形"产品"之附加价值的经济活动。从技术角度看,服务创新是以满足人类需求为目的的软技术的创新活动。从社会角度看,服务创新是创造和开发人类自身价值,提高和完善生存量,改善社会生态环境的活动。从方法论角度看,服务创新是指开发一切有利于创造附加价值的新方法、新途径的活动。

⑤管理创新。管理创新是指组织形成一种新的创造性思想并将其转换为有用的产品、服务或作业方法的过程。也即,富有创造力的组织能够不断地将创造性思想转变为某种有用的结果。当管理者说到要将组织变革为更富有创造性的组织时,他们通常指的就是要激发创新。管理创新是在特定的时空条件下,通过计划、组织、指挥、协调、控制、反馈等手段,对系统所拥有的生物、非生物、资本、信息、能量等资源要素进行再优化配置,并实现人们新诉求的生物流、非生物流、资本流、信息流、能量流目标的活动。

(2)根据创新的层次不同,创新可以分为原始创新和改进型创新。

①原始创新。原始创新是指前所未有的重大科学发现、技术发明、原理性主导技术等创新成果。原始创新意味着在研究开发方面,特别是在基础研究和高技术研究领域取得独有的发现或发明。原始创新是最根本的创新,是最能体现智慧的创新,是一个民族对人类文明进步作出贡献的重要体现。

②改进型创新。改进型创新又称渐进型创新,是指对现有技术的改进引起的渐进的、间断的创新。虽然单个创新所带来的变化是小的,但它的重要性不可低估。因为,一是许多大创新需要与它相关的若干创新辅助才能发挥作用;二是小创新的渐进积累效果常常促进创新发生连锁反应,导致大的创新出现。

(3)根据创新成果的自主性不同,创新可分为自主创新和模仿创新。

①自主创新。自主创新是以人为主体积极、主动、独立发现、发明、创造的活动。自主创新以内容来划分包括自主科学创新与自主技术创新,以主体来划分包括个人自主创新、企业自主创新、国家自主创新、民族自主创新。自主创新是主体性的最高表现形式,是民族独立、国家发展的根本动力。创新精神是民族的灵魂。对于发展中国家而言,自主创新是实行赶超战略、后来居上、超越发展的根本途径。数字经济为发展中国家通过自主创新实现赶超提供了现实基础。自主创新的成果一般体现为新的科学发现以及拥有自主知识产权的技术、产品、品牌等。

②模仿创新。模仿创新即通过模仿而进行的创新活动,一般包括完全模仿创新、模仿后再创新两种模式,另外模仿创新还有积极跟随性等特点。模仿创新的优势在于可节约大量研发及市场培育方面的费用,降低投资风险,也回避了市场成长初期的不稳定性,降低了市场开发的风险。但是同时实施模仿创新难免在技术上受制于人,而且新技术也并不总是能够轻易被模仿的。

2.1.2　思维的内涵及类型

1.思维的概念

思维最初是人脑借助于语言对事物的概括和间接的反应过程。思维以感知为基础又超越感知的界限。通常意义上的思维,涉及所有的认知或智力活动。它探索与发现事物的内部本质联系和规律性,是认识过程的高级阶段。故将思维定义为人脑对客观现实间接的、概括的反映,是认识的高级形式。它和感觉、知觉一样,都是人脑对客观现实的反映。

思维主要由以下三个基本要素构成:①智力,主要表现为观察力、注意力和记忆力;②知识,主要指所掌握的科学文化知识和社会经验等;③才能,主要指天赋和后天技能的培养。

2.思维的类型

(1)发散思维和收敛思维。

发散思维与收敛思维是人类思维的两种重要类型。

发散思维即根据已有知识或已知事实,以某一问题为中心,从不同角度、不同方向、不同层次思考,寻找问题多种答案的一种展开性思维方式,是一种以已有思维成果为基础,同时又不满足这种成果,向新的方面、领域探索和开拓的开放性思维活动。

与发散思维相对应,收敛思维是依据一定知识和事实求得某一问题最佳或最正确答案的聚合性思维方式。与已有的思维形成连续性,使多样化的发散过程形成某种统一性而沿着一个方向达到确定的结果,这是收敛思维的基本要求。

在实际思维活动中,发散思维与收敛思维二者互为前提,彼此沟通,相互促进,相互转化。发散思维要以收敛思维的已有成果为基础,并依赖收敛思维形成一个集中的思维指向和思维力量而获得具体思维成果。收敛思维则以发散思维为前提,否则就会成为无对象的收敛或造成思维的保守、封闭与停滞。在不同思维活动中,二者各有侧重。一般说,创造性思维偏重于发散思维,批判性思维偏重于收敛思维。

趣味阅读

新龟兔赛跑

乌龟和兔子赛跑,第一次兔子因为在路上睡觉,最后输了比赛,兔子不服,要求赛第二次。第二次龟兔赛跑,兔子吸取经验,不睡觉了,一口气跑到终点,所以第二次龟兔赛跑是兔子赢了。乌龟输了,乌龟不服气要求再赛第三次。乌龟说:"前两次都是你指定路线跑的,现在得由我指定路线跑。"兔子想:"反正我跑得比你快。"于是同意乌龟指定路线。结果兔子又跑到前面,快到终点了,一条河把路挡住了,兔子干着急过不了河,乌龟却慢慢爬到了河边,游过了河。第三次龟兔赛跑是乌龟赢了。那第四次呢?我们可以继续发散思维,用当下流行的理念——共赢设计故事,结果是乌龟背着兔子一起过了河。

资料来源:何菁,包玮玮.厉以宁讲新"龟兔赛跑"强调两岸优势互补共创双赢[EB/OL].(2004-07-30)[2020-12-10].http://www.huaxia.com/xw/dl/00227110.html.

(2)综合思维。

综合有两种含义:一种是与分析相对,把分析过的对象或现象的各个部分、各个属性联合成一个统一的整体;二是不同种类、不同性质的事物组合在一起。作为一种思维方式,综合思维是把某一事物的某些要素分离出来,组接到另一事物或事物的某些要素上的创造性、创新性思维的过程。我们所说的综合思维中的"综合",不是与分析相对的,不是分析基础上认识第二阶段的综合,而是掌握系统、整体及其结构层次上的综合,有着更高层次的认识基点。在综合基础上的分析,即从综合到综合分析,才是认识的制高点。因此,综合思维把相关事物的整体作为认识的前提和起点,对事物的整体进行分析以达到对事物整体的把握。综合思维中的分析是综合的分析,以综合为认识的起点,并以综合作为认识的归属,是"综合—综合分析—新的综合"的思维逻辑。

(3)侧向思维。

侧向思维亦称"横向思维",与"纵向思维"对称。以总体模式和问题要素之间关系为重点,使用非逻辑的方法,设法发现问题要素之间新的结合模式并以此为基础寻找问题的各种解决办法,特别是新办法。在这种思维形式中,理智控制着逻辑。在技术创新构想产生过程的前阶段常采用这种思维方式。

世界万物是彼此联系的,从其他的领域寻求启发,可以突破本领域常有的思维定式,打破专业障碍,对问题作出新的解释。两百多年前,奥地利的医生奥恩布鲁格,想解决怎样检查出人的胸腔积水这个问题,他想来想去,突然想到了自己父亲。他的父亲是卖酒的商人,在经营酒业时,只要用手敲一敲酒桶,凭叩击声,就能知道桶内有多少酒。奥恩布鲁格想:人的胸腔和酒桶相似,如果用手敲一敲胸腔,凭声音,不也能诊断出胸腔中积水的病情吗?"叩诊"的方法就此诞生。历史上甚至有这样的现象,一些人在自己所学的领域内未取得突出成就,而在其他领域却成绩斐然。例如美国画家萨缪尔·摩尔斯发明了电报,美国自行车修理工莱特兄弟发明了飞机,学医的鲁迅、郭沫若却成为文学、史学领域的大家。

延伸阅读

周恩来总理巧答外国记者提问

侧向思维富有浪漫色彩,看似问题在此,其实"钥匙"在彼。周恩来总理由于工作原因,经常出国访问,参加重要会议,不免会经常接见外国记者。在那个动荡的年代,中国在世界舞台的位置不像现在这样坚实重要,难免会受到外国各路人士的质疑。周恩来总理经常受到外国记者不怀好意的冷嘲热讽,但是,周恩来总理凭借自己的博学和语言功底,把各路外国记者怼得哑口无言。20世纪50年代,在一次中外记者招待会上,一个外国记者问了周总理一个问题:"请问,中国人民银行有多少资金?"周恩来总理听后,马上意识到这为记者来者不善,这样的问题无非就是像让周恩来总理当众出丑,嘲讽中国国库空虚。面对这样一个问题,周恩来总理该怎么回答呢?周恩来总理婉转地说:"中国人民银行的货币资金嘛?有18元8角8分。"说罢,全场人不解,周恩来总理又说:"中国人民银行发行的面额为10元、5元、2元、1元、5角、2角、1角、5分、2分、1分的10种主辅人民币,合计为18元8角8分。"在场的人听了周恩来总理的回答,都佩服不已。

资料来源:外国记者问周总理:中国银行一共有多少钱?周总理的回答堪称经典[EB/OL].(2018-06-25)[2020-12-10].https://www.sohu.com/a/237598786_531642.

(4)逆向思维。

逆向思维,也称求异思维,它是对司空见惯的、似乎已成定论的事物或观点反过来思考的一种思维方式。敢于"反其道而思之",让思维向对立面的方向发展,从问题的相反面深入地进行探索,树立新思想,创立新形象。

当大家都朝着一个固定的思维方向思考问题时,而你却独自朝相反的方向思索,这样的思维方式就叫逆向思维。人们习惯于沿着事物发展的正方向去思考问题并寻求解决办法。其实,对于某些问题,尤其是一些特殊问题,从结论往回推,倒过来思考,从求解回到已知条件,反过去想或许会使问题简单化。司马光砸缸的故事就是逆向思维的例子:有人落水,常规的思维模式是"救人离水",而司马光面对紧急险情,运用了逆向思维,果断地用石头把缸砸破,救了小伙伴的性命。

(5)联想思维。

联想思维是指在人脑记忆表象系统中,由于某种诱因导致不同表象之间发生联系的一种没有固定思维方向的自由思维活动。联想思维的主要思维形式包括幻想、空想、玄想。其中,幻想尤其是科学幻想,在人们的创造活动中具有重要的作用。联想思维又可以分为以下五种类型。

①相似联想,是指由一种事物外部构造、形状或某种状态与另一种事物的类同、近似而引发的想象延伸和连接。

②相关联想,是指联想物和触发物之间存在一种或多种相同而又具有极为明显属性的联想。例如看到鸟想到飞机。

③对比联想,是指联想物和触发物之间具有相反性质的联想。例如,看到白色想到黑色。

④因果联想,是指源于人们对事物发展变化结果的经验性判断和想象,触发物和联想物之

间存在一定因果关系。例如看到蚕蛹就想到飞蛾,看到鸡蛋就想到小鸡。

⑤接近联想,是指联想物和触发物之间存在很大关联或关系极为密切的联想。例如看到学生想到教室、实验室及课本等相关事物。

(6)形象思维。

形象思维是指人们在认识世界的过程中,对事物表象进行取舍时形成的,只运用直观形象的表象来解决问题的思维方法。形象思维是在对形象信息传递的客观形象体系进行感受、储存的基础上,结合主观的认识和情感进行识别(包括审美判断和科学判断等),并用一定的形式、手段和工具(包括文学语言、绘画线条色彩、音响节奏旋律及操作工具等)创造和描述形象(包括艺术形象和科学形象)的一种基本的思维形式。

形象思维并不仅仅属于艺术家,它也是科学家进行科学发现和创造的一种重要的思维形式。例如,物理学中的形象模型,像汤姆孙模型或卢瑟福(原子)模型,都是物理学家抽象思维和形象思维结合的产物。

2.1.3 创新思维的概念及特征

1.创新思维的概念

创新思维是以新颖独创的方法解决问题的思维过程,通过这种思维能突破常规思维的界限,以超常规甚至反常规的方法、视角去思考问题,提出与众不同的解决方案,从而产生新颖的、独到的、有社会意义的思维成果。创新思维的本质在于用新的角度、新的思考方法来解决现有的问题。

延伸阅读

你需要一把剪刀

据说篮球运动刚诞生的时候,篮板上钉的是真正的篮子。每当球投进的时候,就有一个专门的人踩在梯子上把球拿出来。为此,比赛不得不断断续续地进行,缺少激烈紧张的气氛。为了让比赛更顺畅地进行,人们想了很多取球方法,都不太理想。有位发明家甚至制造了一种机器,在下面一拉就能把球弹出来,不过这种方法仍没能让篮球比赛紧张激烈起来。

终于有一天,一位父亲带着他的儿子来看球赛。小男孩看到大人们一次次不辞劳苦地取球,不由大感不解:为什么不把篮筐的底去掉呢? 一语惊醒梦中人,大人们如梦初醒,于是才有了今天我们看到的篮网样式。去掉篮筐的底,就这么简单,但那么多有识之士都没有想到。听来让人费解,然而这个简单的难题困扰了人们多年。可见,无形的思维定式就像那个结实的篮子禁锢了我们的头脑,使得我们的思维就像篮球被囚禁在了篮筐里。于是,我们盲目地去搬梯子、去制造机器。生活中许多时候,我们就需要这样一把"剪刀",去剪掉那些缠绕我们的篮筐,生活原本并没有那么复杂。

资料来源:你需要一把剪刀[EB/OL].(2018-07-11)[2020-12-10].http://m.rensheng5.com/renshengganwu/td-165119.html.

2.创新思维的特征

(1)多向性。

创新思维不受传统的单一的思想观念限制。思考时若思路开阔,可以从全方位提出问题,能提出很多的设想和方案。思路若受阻，遇有难题，能灵活变换某种因素，从新的角度去思考，调整思路，善于巧妙地转变思维方向，则有可能会产生新办法。

（2）独创性。

这是创新思维的基本特点。创新性思维活动是新颖的、独特的思维过程，它打破了传统和习惯，向陈规戒律挑战，对常规事物怀疑，否定原有的框框。在创新思维过程中，人的思维积极活跃，能从与众不同的新角度提出问题，探索开拓别人没认识到或者没完全认识的新领域，以独到的见解分析问题，用新的途径、方法解决问题，善于提出新的假说，善于设想出新的形象。

（3）综合性。

创新思维能把大量的观察材料、事实和概念综合在一起进行概括、整理，形成科学的概念和体系。运用创新性思维能对已有的材料加以深入分析，把握其个性特点，再从中归纳出事物规律。

（4）联动性。

创新思维具有由此及彼的联动性，是创新性思维所具有的重要思维特征。联动方向有三个：一是看到一种事物或现象，就向纵深思考，探究其产生原因；二是逆向思考，发现一种现象，则想到它的反面；三是横向思考，看到一种事物或现象能联想到与其相似或相关的事物或现象。总之，创新思维的联动性表现为由浅入深，由小及大，触类旁通，举一反三，从而获得新的观点、新的发现。

（5）跨越性。

创新思维的思维进程带有很大的跨越性，省略了思维步骤，具有明显的跳跃性和直觉性。

2.1.4 创新思维的过程及方法

1.创新思维的过程

创新思维是以发现问题为中心，以解决问题为目标的高级心理活动。对这种心理活动的阶段和过程的研究理论又有很多种，其中最有影响的是四个阶段理论，即准备阶段、酝酿阶段、顿悟阶段和验证阶段，这一理论较为科学地描绘了创新思维的过程。

（1）准备阶段。

创新思维是从发现问题、提出问题开始的。"问题意识"是创新思维的关键，提出问题后必须着手解决问题作充分的准备。这种准备包括必要的事实和资料的收集，必需的知识和经验的储备、技术和设备的筹集以及其他条件的提供等。同时，必须对前人在同一问题上所积累的经验有所了解，对前人在该问题尚未解决作深入的分析。这样既可以避免重复前人的劳动，又可以使自己站在新的起点从事创造工作，还可以帮助自己从旧问题中发现新问题，并从前人的经验中获得有益的启示。准备阶段常常要经历相当长的时间。

（2）酝酿阶段。

酝酿阶段要对前一阶段所获得的各种资料和事实进行消化吸收，从而明确问题的关键所在，并提出解决问题的各种假设和方案。此时，有些问题虽然经过反复思考、酝酿，仍未获得完美的解决，思维常常出现"中断"、想不下去的现象。这些问题仍会不时地出现在人们的头脑中，甚至转化为潜意识，这样就为第三阶段（顿悟阶段）打下了基础。许多人在这一阶段常常表现为狂热和如痴如醉，令常人难以理解。如我们非常熟悉的牛顿把怀表当鸡蛋煮了，陈景润在马路上与电线杆相撞等轶事。这个阶段可能是短暂的，也可能是漫长的，有时甚至延续好多年。创新者的观念仿佛是在"冬眠",等待着"复苏""醒悟"。

（3）顿悟阶段。

顿悟阶段也叫作豁朗阶段，经过酝酿阶段对问题的长期思考，创新观念可能突然出现，思考者大有豁然开朗的感觉，真是"山重水复疑无路，柳暗花明又一村"。这一心理现象就是灵感或灵感思维。灵感的来临，往往是突然的、不期而至的。如德国数学家高斯，为证明某个定理，被折磨了两年仍一无所得，可是有一天，正如他自己后来所说："像闪电一样，谜一下解开了。"

（4）验证阶段。

思路豁然贯通以后，所得到的解决问题的构想和方案还必须在理论上和实践上进行反复论证和试验，验证其可行性。经验证后，有些方案得到确认，有些方案得到改进，有些方案甚至完全被否定，再回到酝酿期。总之，灵感所获得的构想必须经过检验。

2.创新思维的方法

（1）模仿创新法。

前面已经讲过模仿创新，即通过模仿而进行的创新活动，一般包括完全模仿创新和模仿后再创新。模仿创新是对率先进入市场的产品进行再创造，也就是在引入他人技术后再消化吸收，这样不仅达到被模仿产品技术的水平，而且通过创新超过原来的技术水平。采用模仿创新法，要求企业首先应掌握被模仿产品的技术诀窍，对其进行产品功能、外观和性能等方面的改进，使产品更具市场竞争力。

模仿创新优势在于可节约大量研发及市场培育方面的费用，降低投资风险，也回避了市场成长初期的不稳定性，降低了市场开发的风险，但是同时难免会造成在技术上受制于人，而且新技术也并不总是能够轻易被模仿的。随着知识产权保护意识的不断增强，专利制度的不断完善，要获得效益显著的技术显然更不容易。

（2）创意列举法。

新的创意往往是通过对一系列相关问题或建议的列举而被开发出来，同时还需要进行观察学习，吸收他人的新观点，将其转化为自己的创新思路。创意列举法的基本类型包括以下四种。

①属性列举法。属性列举法是偏向物性、人性特征的思考，主要强调创造过程中观察和分析事物的属性，然后针对每一项属性提出可能改进的方法，或改变某些特质（如大小、形状、颜色等），使产品产生新的用途。

②希望点列举法。希望点列举法是偏向理想型设定的思考，是透过不断提出"希望可以""怎样才能更好"等理想和愿望，使原本的问题能聚合成焦点，再针对这些理想和愿望提出达成的方法。希望点列举法的步骤是先决定主题，然后列举主题的希望点，再根据选出的希望点来考虑实现方法。

③优点列举法。优点列举法是一种逐一列出事物优点的方法，进而探求解决问题和改善对策。具体步骤包括决定主题、列举主题的优点、选出所列举主题的优点、根据选出的优点考虑如何让优点扩大。

④缺点列举法。缺点列举法是偏向改善现状型的思考，透过不断检讨事物的各种缺点及遗漏，再针对这些缺点一一提出解决和改善问题的对策方法。缺点列举法的步骤是先决定主题，然后列举主题的缺点，再根据选出的缺点来考虑改善方法。

（3）类比创新法。

类比创新法又称综摄法、类比思考法、提喻法、比拟法、分合法、举隅法、集思法、强行结合法、科学创造法,是由美国麻省理工学院教授威廉·戈登于1944年提出的一种利用外部事物启发思考、开发创造潜力的方法。戈登发现,当人们看到一件外部事物时,往往会得到启发思考的暗示,即类比思考。而这种思考的方法和意识没有多大联系,反而是与日常生活中的各种事物有紧密关系。事实证明:很多的发明创造和文学作品都是由日常生活的事物启发而产生灵感的。这种事物,从自然界的高山流水、飞禽走兽,到各种社会现象,甚至各种神话、传说、幻想、电视节目等,比比皆是,范围极其广泛。

(4)组合创新法。

组合创新法不是任意地把不相干的部分、方面或要素机械地拼凑在一起,而应该是将同一整体的各个部分、方面或因素进行有效连接。组合创新法可以分为以下几种:

①主体附加法。主体附加法是以某事物为主体,再添加另一附属事物,以实现组合创新的技法。在琳琅满目的市场上,我们可以发现大量的商品是采用这一方法创造的,如在电风扇中添加香水盒、为摩托车后面的储物箱装上电子闪烁装置。

②同物组合法。同物组合法就是将相同的两个或两个以上的产品进行组合。任何相同产品都可以组合,但组合后的效果会不一样。例如,几种不同颜色的笔芯放在一支笔里,就构成了多色笔;将烟雾传感器和温度传感器组合在一起,就形成了火灾报警器。

③异类组合法。异类组合法是将两种或两种以上不同类型的产品进行组合。它可以通过主体添加和异类杂交两种方式来实现。现在的产品大部分都功能较多,例如电视机不仅可以看电视,还可以上网、玩游戏,甚至可以连接电脑办公。

④分解重组法。任何产品都可以看作是各零部件之间的有序组合。我们所看到的组合玩具、模块化机床等,都是分解重组的例子。例如慧鱼创意组合模型,它是技术含量很高的工程技术类智趣拼装模型,是展示科学原理和技术过程的教具,可以保证反复拆装的同时不影响模型结合的精确度;构件中工业燕尾槽专利设计使六面都可拼接,独特的设计可实现随心所欲地组合和扩充。

⑤辐射组合法。辐射组合法是指把一种新技术或需要推广的技术与各种现有技术组合起来,进一步开发应用这种技术,从而引起其他多种技术创新的发明创造方法。以人造卫星为例,当人造卫星技术问世以后,人们便将它与各种学科进行辐射组合,于是出现了卫星电视转播、卫星通信转播、卫星气象预报、卫星导航、全世界的时间标准,以及对月球、行星、恒星等宇宙研究的各种技术。

⑥信息交合法。信息交合法又称为坐标法,是我国华夏研究院思维技能研究所所长许国泰于1983年首创的,是一种组合创造技法。其基本思路是借助坐标系来集合信息,然后用一个坐标轴上的各点信息依次与其他坐标轴上各点的信息交合,以产生出新的交合信息。如使用平面坐标系则称作"二元坐标联想法"(简称二元坐标法),如使用三轴空间坐标系则称为"三元坐标联想法"。

(5)头脑风暴法。

头脑风暴法(brain storming)由美国BBDO广告公司(Batten,Barton,Durstine&Osborn,简称BBOD,中译为天联广告公司)的奥斯本首创。在群体决策中,由于群体成员心理相互作用影响,易屈于权威或大多数人意见,形成所谓的"群体思维"。群体思维削弱了群体的批判精神和创造力,损害了决策的质量。为了保证群体决策的创造性,提高决策质量,管理界出现了一系列改善群体决策的方法,头脑风暴法是较为典型的一个。采用头脑风暴法组织群体决策时,要集中有关专家召开专题会议,主持者以明确的方式向所有参与者阐明问题,说明会议的规则,尽力创造融洽轻松的会议气氛。主持者一般不发表意见,以免影响会议的自由气氛,由专家们"自由"提出尽可能多的方案。

2.2 创业与创业过程

2.2.1 创业概述

1.创业的概念

创业是创业者对自己拥有的资源或通过努力对能够拥有的资源进行优化整合,从而创造出更大经济或社会价值的过程。创业是一种需要创业者组织经营管理,运用服务、技术、器物作业的思考、推理和判断的行为。

杰弗里·蒂蒙斯教授是美国创业学教育和研究的领袖人物之一。他在创业管理、新企业创建、创业融资和风险投资等方面的专题研究、创新性课程开发和教学等方面被公认为世界级的权威。杰弗里·蒂蒙斯认为:创业是一种思考、品行素质,是杰出才干的行为方式,需要在方法上全盘考虑并拥有和谐的领导能力。

2.创业三要素和蒂蒙斯创业过程模型

蒂蒙斯创业过程模型,是一种商业模型。杰弗里·蒂蒙斯认为,成功的创业活动必须对机会、创业团队和资源三者进行最适当的匹配,并且还要随着事业的发展而不断进行动态平衡。创业过程由机会启动,在创业团队建立以后,就应该设法获得为创业所必需的资源,这样才能顺利实施创业计划。

商业机会是创业过程的核心要素,创业的核心是发现和开发机会,并利用机会实施创业。因此,识别与评估市场机会是创业过程的起点,也是创业过程中的一个关键阶段。资源是创业过程不可或缺的支撑要素,为了合理利用和控制资源,创业者往往要制定设计精巧、用资谨慎的创业战略,这种战略对创业具有极其重要的意义。而创业团队则是实现创业这个目标的关键组织要素。

创业者或创业团队必须具备善于学习、从容应对逆境的品质,具有高超的创造、领导和沟通能力,但更重要的是具有柔性和韧性,能够适应市场环境的变化。

在蒂蒙斯创业过程模型中,商机、资源和创业团队这三个创业核心要素构成一个倒立三角形,创业团队位于这个倒立三角形的顶部。在创业初始阶段,商业机会较大,而资源较为稀缺,于是三角形向左边倾斜;随着新创企业的发展,可支配的资源不断增多,而商业机会则可能会变得相对有限,从而导致另一种不均衡。创业者必须不断寻求更大的商业机会,并合理使用和整合资源,以保证企业平衡发展。机会、资源和创业团队三者必须不断动态调整,以最终实现动态均衡。这就是新创企业的发展过程。

3.创业的类型

(1)根据创业动机的不同,创业可以分为生存型创业和机会型创业。

①生存型创业是创业者为了生存,没有其他选择而无奈进行的创业。这种创业类型显示出了创业者的被动性。生存型创业具有以下特征:生存型创业是面对现有的市场,最常见的是

在现有市场中捕捉机会,表现出创业市场的现实性;生存型创业从事的是技术壁垒低、不需要很高技能的行业;生存型创业受生活所迫,物质资源贫乏,从事低成本、低门槛、低风险、低利润的创业,往往无力用工。

②机会型创业,也称发展型创业,指为了追求一个商业机会而从事创业的活动。机会型创业具有以下特征:拥有更多的创业资金,更关注新的市场机会,选择的行业无论是从资金壁垒还是技术壁垒上,都远远高于生存型创业者;机会型创业者往往期望较高的风险和投资回报;能够创造更多就业机会和更大的市场,机会型创业者往往能比生存型创业者获得更多的贷款资金和政府支持。

(2)根据创业主体的不同,创业可以分为自主创业、团队创业、企业创业、衍生创业。

①自主创业。自主创业是指劳动者主要依靠自己的资本、资源、信息、技术、经验以及其他要素自己创办实业,解决就业问题;或者是指具备就业条件的人放弃就业机会,依靠自己的力量开展创业活动,为社会经济发展贡献智力、财力的行为。

②团队创业。团队创业是一群人同心协力,集合各自的优势共同的创业。在硅谷流传着这样一条"规则":由两个 MBA 和麻省理工学院的博士组成的创业团队,几乎就是获得风险投资的保证。虽然这有些夸大其词,却蕴涵这样的事实:如今,创业已非纯粹追求个人英雄主义的行为,团队创业成功的概率要远高于个人独自创业。一个由研发、技术、融资等各方面精英组成的优势互补的创业团队,是创业成功的法宝,对高科技创业企业来说更是如此。

③企业创业。企业创业是企业为了提升创新能力和核心竞争力,鼓励企业内有创业愿望和理想的员工,在组织的支持下,由员工和企业共担风险,共享成果的创业方式。例如,华为集团将非核心业务和服务业以这种方式社会化。

④衍生创业。衍生创业作为一种创业的表现形式,它的本质是一个企业家发现市场机会,通过对资源的创新性组合来实现开发利用机会及创造租金的过程。一般认为企业衍生创业要求创业的主体在创业前或后与母体组织之间必须在资源或能力方面存在着比较紧密的联系。衍生创业的主体一般是来自母体组织的一个团队,母体组织可以是企业组织,也可以是大学或科研机构。比如英特尔是一个衍生于仙童半导体公司的企业,而中关村大量高新技术新创企业则是衍生于相应的大学与科研机构。

(3)根据价值创造的不同,创业可分为复制型创业、模仿型创业、安定型创业和冒险型创业。

①复制型创业。复制型创业是指复制原有公司的经营模式,其创新的成分很低。例如某人原本在餐厅里担任厨师,后来离职自行创立一家与原服务餐厅类似的新餐厅。新创公司中属于复制型创业的比率虽然很高,但由于这类型创业的创新贡献太低,缺乏创业精神的内涵,不是创业管理主要研究的对象。这种类型的创业只能称为"如何开办新公司",因此很少会被列入创业管理课程中作为学习和研究的对象。

②模仿型创业。模仿型创业是指创业者看到他人创业成功后,采取模仿和学习而进行的创业活动。模仿型创业对于市场虽然无法带来新价值的创造,创新的成分也很低,但与复制型创业的不同之处在于模仿型创新的创业过程对创业者而言还是具有很大的冒险成分。例如某一纺织公司的经理辞掉工作,开设一家当下流行的网络咖啡店。这种形式的创业具有较高的不确定性,学习过程长,代价也较高。这种创业者如果具有适合的创业人格特性,经过系统的创业管理培训,能够把握正确的市场进入时机,还是有很大机会可以获得成功的。

③安定型创业。安定型创业对创业者而言不确定性较小，能够为市场创造价值，强调创新而非创造新企业的稳健的创业类型。虽然为市场创造了新的价值，但对创业者而言，本身并没有面临太大的改变，做的也是比较熟悉的工作。这种创业类型强调的是创业精神的实现，也就是创新的活动，而不是新组织的创造，企业内部创业即属于这一类型。例如研发单位的某小组在开发完成一项新产品后，继续在该企业部门开发另一项新产品。

④冒险型创业。冒险型创业是指一种难度较高，有较高的失败率，但成功所得的报酬也很惊人的创业类型。这种类型的创业，除了对创业者本身带来极大改变，个人前途的不确定性也很高；对新企业的产品创新活动而言，也将面临很高的失败风险。冒险型创业是一种难度很高的创业类型，有较高的失败率，但成功所得的报酬也很惊人。这种类型的创业如果想要获得成功，必须在创业者能力、创业时机、创业精神发挥、创业策略研究拟定、经营模式设计、创业过程管理等方面进行较好的搭配。

（4）根据创业效果的不同，创业分为失败创业、催化式创业、重新分配式创业和成功创业。

①失败创业。创业效果在组织层面和社会层面都是负的创业行为属于失败创业，如破产了的污染企业。失败的原因很多，例如经营方向不明确、市场调研不充足、缺乏学习能力和专业知识、营销策略不当等。

②催化式创业。创业效果在组织层面为负而社会层面为正的创业行为属于催化剂式创业，如 ofo 小黄车的创业，虽然失败，但催化出了中国一个巨大的新兴产业。

延伸阅读

ofo 小黄车的创业故事

ofo 小黄车是一个无桩共享单车出行平台，缔造了"无桩单车共享"模式，致力于解决城市出行问题。ofo 小黄车主要收入来源就是租金，使用者缴费押金维持在 199 元，在校学生骑行每小时收费 0.5 元，其他社会人员骑行每小时 1 元。用户只需在微信小程序、支付宝、滴滴出行或 ofo 小黄车 App 扫一扫车上的二维码或直接输入对应车牌号，即可获得解锁密码，解锁骑行，随取随用，随时随地有车骑。

2014 年，北大毕业生戴威与 4 名合伙人共同创立 ofo 小黄车，致力于解决大学校园的出行问题。2015 年 6 月，ofo 共享计划推出，在北大成功获得 2000 辆共享单车。10 月，完成 Pre-A 轮融资。2016 年 1 月至 11 月，一直处于融资中，12 月 8 日，ofo 在广州召开城市战略发布会，宣布正式登陆广州，与海珠区政府建立战略合作，2016 年内连接 6 万辆自行车，日订单突破 40 万单。2017 年 1 月至 10 月，ofo 疯狂开拓市场，成为世界首个在全球 4 个国家 100 多座城市提供服务的共享单车出行平台，日订单突破 3200 万。

2018 年初，持续的疯狂扩张开始出现预势。2 月，ofo 旗下企业开始产权抵押，动产抵押登记被担保债权数额合计 17.66 亿元。虽然后继 3 月至 7 月又相继开拓了日本市场，但是从这之后公司就难以为继了。7 月，ofo 小黄车宣布，"将在未来几周内负责任地退出"迄今在德国的唯一单车投放地柏林。8 月，ofo 全面退出西雅图市场，用户押金将在 45 天内退回。10 月，ofo 宣布正式从日本进驻地区退出。10 月 22 日，ofo 运营主体东峡大通（北京）管理咨询有限公司已更换了法人代表，ofo 创始人戴威不再担任该公司的法人代表，由陈正江接替。

ofo 小黄车运用的是全球领先的无桩共享单车平台，领先的移动物联网智能锁以及全球领先的人工智能大数据平台"奇点"系统。用户可通过手机解锁自行车，享受随时随地有车骑的共享出行服务。ofo 小黄车致力于建立起从用户舒适骑行到以物联网为载体、人工智能为核心的科技闭环。从它的理念再到模式上看,这无疑是一个非常完美的创业项目。ofo 作为共享经济中曾经最受人瞩目的一匹黑马闯入了公众视野,开创了共享单车的时代,成为公众生活中颇为重要的一部分,又戏剧化失败退出市场。创业失败并不是什么可怕的事情,可怕的是管理者没有及时认清形势,错误地希望以投机的方式改变处境。

资料来源:ofo 小黄车的发展历程[EB/OL].(2018 - 12 - 11)[2020 - 12 - 10].https://www.sohu.com/a/281084932_120050550.

③重新分配式创业。创业效果在组织层面为正而社会层面为负的创业行为属于重新分配式创业,如之前国内钢铁行业的低水平的重复建设。

④成功创业。创业效果在组织层面和社会层面都为正的创业行为属于成功创业。例如阿里巴巴集团就是以曾担任英语教师的马云为首的 18 人于 1999 年在浙江省杭州市创立的公司。从 2003 年淘宝网到现在,足不出户就可以买到自己需要的东西。以阿里巴巴为代表的互联网企业对中国经济的最大贡献不是创造了多少就业机会,而是仅仅用了 10 多年时间就改变了国人的消费行为模式,这种行为模式的改变推动了中国经济的自发式转型升级。阿里巴巴不仅搭建了全球最大的电商平台,也是全球最大创业孵化基地。

2.2.2 创业过程

1.产生创业动机

创业动机是创业者愿意冒各种风险去创立新企业的激励因素。创业者主要有以下四种创业动机。

(1)最大限度地实现自身价值,获得成功的满足感。一些掌握一定专业技能或者管理经验的专门人才,不满足现状,为了最大限度地发挥自己的潜能和特长,实现自身价值,获得个人在事业上的成功,从中得到满足,希望通过创办自己的企业谋求发展。

(2)争取更高的利润,改善生活状况。现在小企业中有一定数量的业主是下岗或无业人员,他们为了生存或改善生活状况而创业;还有一定数量的业主虽然有自己的工作,但不满足现状,为了争取更高的利益和利润而"下海"。

(3)拥有自己的企业,可以独立自主,按照自己的意愿行动。有些人由于性格使然,他们不甘心屈居他人之下,受他人支配,主张自我支配生活。

(4)争取较大的自由度和灵活的工作时间。自创企业可以为自己争取一个较自由、较灵活的时间和空间,可以无拘无束地享受生活,这也是一部分创业者创办企业的动机之一。

2.进行创业准备

有了创业的动机,不能仅凭一时冲动,紧接着还要做一些必要的创业准备,主要包括心理准备、人格培养、能力准备、经验积累等。

(1)心理准备。创业过程漫长而艰辛,创业者在创业之前一定要作好充足的心理准备,具体包括培养强烈的创业意识、激发正确的创业动机、培养科学的创业思维、梳理积极的创业态度。

(2)人格培养。创业者需要具备自立自强、敢于冒险、坚韧不拔的态度以及良好的合作精神,善于控制自己的情绪。

(3)能力准备。创业者需要具备良好的身体素质和较为丰富的知识储备,除了专业知识外,还应学习管理知识、产业知识、哲学知识等。

(4)经验积累。创业者在创业前应该进行一段时间的创业实践,或者有相关行业的工作经验。对大学生来讲,鼓励"先就业,再创业"。

3.识别创业机会

创业机会主要是指具有较强吸引力的、较为持久的、有利于创业的商业机会,创业者据此可以为客户提供有价值的产品或服务,并同时使创业者自身获益。投资创业要善于抓住好机会,把握住了每个稍纵即逝的投资创业机会,就等于成功了一半。有价值的创业机会具有吸引力、持久性、及时性和有价值性的特征。那么如何发现创业的机会?

变化就是机会。环境的变化,会给各行各业带来良机,人们透过这些变化,就会发现新的前景。变化可以包括产业结构的变化、科技进步、通信革新、政府放松管制、价值观变化、人口结构变化。以人口因素变化为例,有以下创业机会:为老年人提供健康保障用品、为独生子女服务的业务项目、为年轻女性和上班女性提供的用品、为家庭提供文化娱乐用品。

4.准备并撰写商业计划书

商业计划书是一份全方位的项目计划,其主要意图是递交给投资商,以便于他们能对企业或项目作出评判,从而使企业获得融资。商业计划书有相对固定的格式,它几乎包括反映投资商所有感兴趣的内容,从企业成长经历、产品服务、市场营销、管理团队、股权结构、组织人事、财务运营到融资方案。只有内容详实、数据丰富、体系完整、装订精致的商业计划书才能吸引投资商,让他们看懂创业项目商业运作计划,才能使创业融资需求成为现实。商业计划书的质量对创业项目融资至关重要。商业计划书的起草与创业本身一样是一个复杂的系统工程,起草人不但要对行业、市场进行充分的研究,而且还要有很好的文字功底。对一个发展中的企业而言,专业的商业计划书既是寻找投资的必备材料,也是企业对自身现状及未来发展战略全面思索和重新定位的过程。

5.整合资源和创建新企业或新事业

创业者能否成功抓住机会,进而推动创业活动向前发展,通常取决于他们掌握和整合到的资源,以及对资源的利用能力。企业的创业资源主要有资金、时间、人才、市场等方面,许多创业者早期所能获取与利用的资源都相当匮乏,而优秀的创业者在创业过程中所体现出的卓越创业技能之一,就是创造性地整合和运用资源,尤其是那种能够创造竞争优势,并带来持续竞争优势的战略资源。新企业创立之前,还需要对目标市场进行细致的考察和评估,重点关注产业的吸引力、目标市场的吸引力和产品入市的时机三个问题。然后就是组建企业组织,选择注册与经营地点,建设生产线和投产准备等工作。

6.实现机会价值和收获回报

整合资源、创建新企业或新事业的目的就是实现机会价值,进而达成自己的创业目标,实现创业的回报。新创企业或事业不仅仅要考虑生存问题,还要长远谋划,考虑企业成长问题。要了解企业的生命周期规律,管控可能面临的风险,使机会价值最大化。对创业者来说,创业是获取回报的手段和途径,适当的回报是企业健康发展的基础。

2.3　从创新到创业

2.3.1　创新来源于需求

1.国际国内形势的需求

创新是世界发展的永恒主题,是时代前进的不竭动力。科学技术是第一生产力,创新是引领发展的第一动力。当前,全球新一轮科技革命孕育兴起,正在深刻影响世界发展格局,深刻改变人类生产生活方式。加强科技产业界和社会各界的协同创新,促进各国开放合作,是让科技发展为人类社会进步发挥更大作用的重要途径。在当前中国"大众创业、万众创新"的背景下,创新创业是落实驱动发展策略的重大举措,是应对新一轮科技和产业变革的选择,是稳增长、促改革、调结构、惠民生,打造发展的新动能的重要引擎。

2.企业发展的需求

就企业而言,创新是企业发展的根基,创新是企业长盛不衰的源泉。任何产品都有自己的生命周期,都会经历投入期、成长期、成熟期和衰退期。任何企业所能拥有的竞争优势都是暂时的,除非它持之以恒地创新,否则,今天的辉煌也难保明天的繁荣。一个企业如果不能在创新上做好文章,那它离衰败和破产就不远了。因此,持续创新是企业最重要的任务。企业创新主要分为技术创新和管理创新两大类。战略大师迈克尔·波特说:"企业通过创新活动获得竞争优势。它们在最广泛的意义上从事创新,既包括新技术,也包括新的做事方式。"波特所说的新的做事方式指的就是管理创新。

3.个体发展的需求

马斯洛需求层次理论将人的需求像阶梯一样从低到高按层次分为五种,分别是生理需求、安全需求、社交需求、尊重需求和自我实现需求。人总是在不断追求更高的需求,而创新在人对需求满足的各个阶段起着重要重用。创新思维能力的有与无,将决定一个人的发展前途。创新思维能力的高与低(大与小),将决定一个人的事业天地。创新思维能力的超与凡,将决定一个人的勇气谋略。创新思维能力的显与隐,将决定一个人的目标设计。有无创新思维能力,有哪个方面的创新思维能力,准确了解、把握自己创新思维能力的大小及其表现形式,将有助于自己的发展定位和目标设计。

2.3.2　创新助力创业

1.创新是创业的本质特征

创新是创业的本质特征。无创新的创业,是低层次创业,很难有持久的生命力。创新意味着给市场引入了一种"新组合"。"新组合"包括引进一种新产品或服务、提供一种新的生产方式、开辟一个新市场、掌握一种新的原材料的供应源或者创建一个新的组织。创业是实现创新的过程,创新存在于创业企业发展的全过程,而不局限于创业的初期阶段。创业与创新是有联系又有区别的活动,创业是商业行为,创新是技术行为,这两个行为就像我们的两条腿,要向前进谁也离不开谁,单条腿谁也走不远。

2.创新与创业的相互作用

创新是创业的基础,而创业推动着创新。从总体上说,科学技术、思想观念的创新,在促进人们物质生产和生活方式的变革,引发新的生产、生活方式,进而为整个社会不断地提供新的消费需求,这是创业活动之所以源源不断的根本动因。另外,创业在本质上是人们的一种创新性实践活动。无论是何种性质、类型的创业活动,它们都有一个共同的特征,那就是创业是主体的一种能动的、开创性的实践活动,是一种高度的自主行为。在创业实践的过程中,主体的主观能动性将会得到充分的发挥和张扬,正是这种主体能动性充分体现了创业的创新性特征。

延伸阅读

陕西科学大学2010级学生张宇的创业之路

张宇,1991年9月1日出生于山西晋城,2010年被陕西科技大学录取,现任西安犀牛文化传媒有限公司CEO。2011年他开始创业,着力打造"高校新媒体互动大屏",通过新媒体打通外界与高校信息的交互性。历经四年,目前"互动大屏"已覆盖西北五省近50所高校,辐射100多万青年学子。2014年,他自主创办的西安市海客商务信息咨询有限公司,破例入驻陕西省人才中心大学生创业孵化基地。2016年在陕西省委教育工委的指导下,启动"共享雨伞"公益计划,旨在为30万大学生提供免费用伞服务。2016年6月作为大学生创业代表,张宇为时任国家人社部部长尹蔚民、陕西省省长胡和平做创业汇报,项目得到了充分认可。2016年、2017年连续两年,张宇获得陕西高校大学毕业生建功立业先进人物称号。2017年他的"第二课堂"学习中心项目获得投资600万元,线上线下融合发展引领学生成长学习新趋势。张宇的创业事迹入选全国"奋斗·青春"大学生创业就业人物典型事迹。

"我们年轻,我们的学习创新能力强,我们有试错的资本,所以有什么大不了的,大不了失败了,我们从头再来!"一路走来,张宇也体会到自主创业的艰辛。他认为在这个思想多元化的时代,如何能够保持一份内心的宁静,要得益于在学习、创业实践过程中对生活的深刻体验。年轻人要敢于尝试新的东西,只要敢想敢做,勇敢地迈出第一步,朝着自己认准的目标去做,用踏实的脚步去丈量从未放弃的梦想,一直往前走,就一定能成功。

资料来源:从学生到CEO,他10元创业,项目被例进陕西省人才中心![EB/OL].(2018-10-17)[2020-12-10].https://www.sohu.com/a/25998127_100106580.

思考题

1.创新思维的方法主要有哪些?
2.简述创业要素和创业过程。
3.你认为大学生创业需要哪些技能?

第3章
问题与发现问题

学习要点及目标

1. 了解问题的特征和作用
2. 掌握问题的分类
3. 掌握发现问题的途径和方法

导读

是什么限制了研究生的"问题力"

问题的实质是困惑,而困惑在于认知的超越。提出有价值的问题,是学生超越自我、超越同学的体现。卓越的品质源于自我超越,这是学生最可贵的品质。遗憾的是,在大学校园里,学生普遍看重的是有形的成绩,而忽视了内在的"问题力"。究其原因,在于一些人的荣誉感世俗化和庸俗化了。

"同学们,还有什么问题?"面对讲台上教师的提问,台下研究生鸦雀无声……这种场景,在大学课堂上相当普遍,不仅在日常课堂,在学术会议、论文答辩现场,也是常见的场景。由此带来的问题就是:为何现在的研究生不会提问?

在研究生教育大踏步发展的今天,研究生提出问题的能力("问题力")在很大程度上衡量着研究生教育质量的高低。提不出问题,就是最大的问题。对此,有学者指出,正是以教师为主导的学习模式,使学生的思维陷入"惯性停滞"状态。不过,把学生思维的"惯性停滞"责任推给某种学习模式,这实在经不起推敲。学习模式对学生思维有影响,但不该是决定性因素。教师主导的教育方式利弊兼有,把研究生提不出问题的板子全部打在老师的屁股上,这也恐难令人信服。

苏格拉底说,未经审视的人生是不值得过的。同样,未经审视的研究生学习生涯也不值得一过。思维是问题之源,但这种精神活动更多属于个人事务,老师主导与否,归根结底还要看学生自己是否进入冥思状态。不在冥思状态,无论学生在做什么,基本上还是处于经验生活世俗化和精神生活庸俗化的状态,无法达到"世事洞明皆学问,人情练达即文章"的学习境界。对于学生而言,具备从经验生活中发现问题、从精神生活中反思问题的能力,这是学术研究最起码的要求。要提出问题,需要善于将所学到的知识与所经历的生活合二为一,以应有的"问题力"审视一切。

审视经验,审视知识,这是提出问题的关键所在。无论是课堂上、讲座现场还是实习期间,学生提不出问题,在于他们低估了问题的价值。问题的实质是困惑,而困惑在于认知的超越。提出有价值的问题,是学生超越自我、超越同学的体现。卓越的品质源于自我超越,这是学生最可贵的品质。遗憾的是,在大学校园里,学生普遍看重的是有形的成绩,而忽视了内在的"问题力"。究其原因,在于一些人的荣誉感世俗化和庸俗化了。

真正的荣誉,应该是对内在卓越品质的珍视。研究意味着创造,创造以提出问题为起点。提出问题是一种智力竞赛,谁能在这场没有终点的竞赛中保持足够的活力,谁就能真正变得出类拔萃。对于研究生教育而言,给提出问题的学生以必要的奖赏,以此唤醒他们的荣誉感,以巨大的荣誉感刺激学生不断提出新问题,在问题的发现和筛选中提升群体的"问题力",这是提升我国研究生教育质量的有效途径。

当"问题力"的荣誉感缺席,分数和论文发表的获得感被贴上了"荣誉"的标签,有没有问题意识和能不能提出问题反而变得可有可无。长此以往,学生兴趣的偏移,扼杀了他们的自由探索精神。在这方面,不用反思经验生活,不必运用抽象思维的量化研究盛行,就是"问题力"贬值的写照。

亚里士多德说过,人不能停留在"是什么"的层面,还必须上升为"人应当是什么"的高度才能超越一般动物。研究性学习应以提出问题为最低标准,以超越自我为自豪。只有进入这样的良性循环,我国的研究生教育质量才可能有质的提升。

资料来源:刘海明.是什么限制了研究生的"问题力"[N].光明日报,2020-08-21(02).

3.1　问题概述

问题在《现代汉语词典(第7版)》中的解释有以下几种:①名词,要求回答或解释的题目;②名词,须要研究讨论并加以解决的矛盾、疑难;③名词,关键,重要之点;④名词,事故或麻烦;⑤属性词,有问题的,非正常的,不符合要求的。

3.1.1　问题的特征

问题复杂、多样,但是有其共同的特性,深入了解问题的特征有助于对问题的含义深入理解、判断和解决。问题的特征可以从宏观和微观两个方面来分析。宏观特征主要表现为普遍性、多样性和相关性,微观特征则表现为情境性和多维性。

1.普遍性

问题的普遍性是指问题的广泛性和持续性。一方面,问题不但数量多,而且在自然与社会领域无处不在,不仅在认识和改造自然活动中普遍存在着大量的问题,在社会生活领域中的政治、经济、生产、社会交往、工作、学习、婚姻、家庭乃至生老病死等各方面都有大量的问题与每个人息息相关。小至吃饭、穿衣,大至全人类的生存、发展,问题涉及各个科学领域,如哲学问题、科学问题、艺术问题、经济问题、政治问题、环境问题等。另一方面,问题具备持续性。问题的存在是永远不间断的,随着社会的发展,问题也在不断增多和深化。

2.多样性

问题的多样性是指问题的形式和类型的多样性。就时间领域,有历史问题、现实问题和未来发展问题;就空间领域,有单领域问题和跨领域(交叉)问题,有内部问题也有外部问题;从组织角度,有结构问题也有关系问题;从功效角度,有功能问题和价值问题;从表达方式角度,有形式问题也有内容问题,有语言问题也有非语言问题,有描述性问题也有规范性问题;从重要性角度,有核心问题也有边缘性问题和枝节问题;从表现形式上,有抽象问题也有具体问题、现实问题,不仅有心理感受问题而且也有行为表现问题;就解题方式区分,有分析问题也有综合问题。这些特征,在大多数问题中的表现是重叠并存的。综上可见,问题的特征庞杂而多样,探讨这些特征有助于理论研究,更主要的是针对问题的特征表现,可以采取不同的思维方式以及与之相应的解题方法。因此在创造性解决问题时,必须对具体问题的表现特征有一个明确的认识。

3.相关性

从宏观角度分析,现实中没有孤立的问题,问题与问题之间,借助一定客观存在的关系形成一个有层次、有结构,相互影响的问题系统。一个成熟的学科或科学部门,都有一个问题系统,一个学科群(更大的学科领域)有一个由多个问题系统构成的网络系统(大系统)。在问题系统内部,问题与问题之间表现为一定的结构形式(系统结构),相关问题作为一个系统单元与其他单元(问题),存在着相关性、层次性,相互影响和制约。这种结构关系,对问题的解决有明显的促进和作用,即为解题提供了有利条件;同时,也提高了解题的复杂性。这也就告诫我们不能孤立地看待问题和解决问题。

4.情境性

问题是在一定情境中产生的,是特定情境的一部分;问题的发现、理解和解决都与问题的情境密切相关。何谓"情境"和问题情境呢?苏联心理学家谢·列·鲁宾斯坦认为:有两个或两个以上的可能性可供选择时,即形成情境。"如果情境与人们过去已经获得的经验不一致,而发生冲突时,就形成问题情境"。苏联心理学家彼得罗夫斯基等也把"过去的活动手段和方式已经不够用的情境叫作问题情境"。美国学者奥苏伯尔把情境分为情境和问题情境。情境是指不用思考,完全靠习惯条件反射作用来解决的情况。问题情境则是指靠惯用方法不能解决,需要运用和发明新方法才能解决的情境。

综上所述可以看出,问题与情境是相关的,问题产生于问题情境。问题在于怎样理解"问题情境"的性质,怎样理解问题与问题情境之间的关系。就情境这一概念有两层含义:一是事物呈现出来的样子(形状、神情、形势、趋势变化等),是事物客观的反映,真实存在于事物本身;二是认识主体(人)对事物样子或情况的感受(直觉、思维与认识)。二者紧密联系,情境才能有真实的反映。情境是客观存在的,人的认识水平却因为以往的经验、知识水平、思维定式等多种原因产生认识的差异,因此情境与人的认识产生矛盾与冲突也是必然的。矛盾的产生原因既有心理成分、主观成分,也有方法论成分和客观成分。由情境发展到问题情境的认识过程,是一个心理转换过程,即由知觉到思维的转换过程、由自发的反映到自觉的认识过程。面对客观存在的情境,认识主体首先凭借自己的知识、经验和已掌握的方法对情境作出反应,进行初步试探性探索,并通过反馈的信息,判断认识是否正确,归属是否合适,是否有效,有没有其他方法可以使用。从感觉到意识,再从某些异常情况到进一步分析、探索。看到有了结果可能有三种情况:其一是问题情境消失,其原因可能是客观的,情境自然的变化,也可能是认识主体的正确判断。其二是产生了确实存在的,有完整结构的问题。此时则需要作深入的思考以寻求解决问题的方法和途径。其三则是作出了错误的判断。由此产生的"问题"可能是似是而非的问题(对客观情况的误断),也可能是主观因素产生的虚幻问题,而根本不是问题。应当说明的是无论哪种错误的判断都是认识不够所致,应尽量避免发生。

5.多维性

每一个问题都有三个维度,即心理学维度、思维学维度和语言-逻辑维度。问题的发展经历从心理上感受到问题、从认知(思维过程)上澄清问题、从语言上表述问题三个过程。

(1)心理学维度。从心理学角度,问题表现为一系列心理活动和主观感受(如疑惑、急迫、冲动、紧张等),问题的心理起点是怀疑,主要心理表现是不一致感、不协调感和冲突感,这是一种心理预感。从审美心理上看,问题的出现意味着原有科学理论、观念或科学思维中包含着不美、不协调因素。消除这些因素或方面就成了有待探索的问题,也成为科学探索和创新的动机。问题对个人会产生的心理学表现为心理困惑或心理危机。重大的、基本问题不仅导致个人心理危机,还会引发群体、民族、阶级、社会乃至人类的心理危机和信仰危机,如全球金融危机问题。从心理过程看,从问题的产生到问题的解决表现为"不协调(不和谐)—协调(和谐)—新的不协调(不和谐)"的发展过程,有时也表现为由低级的、局部的表象上的不协调,向高级的整体和本质的不协调发展的过程。

(2)思维学维度。问题的思维学方面主要表现为给定状态(初始状态)和目标状态之间的差距。从思维活动角度看,每一个明确陈述出来的问题,都是有相对独立结构的,就问题与自我的关系而言,结构特征始终具有决定性的作用。虽然不同类型问题的细部结构可能会有所差异,但所有的问题在结构上都有三个基本成分,即给定条件、目标、障碍。给定条件是已经存在并提供的一组信息,或关于问题现有条件的陈述,即问题的初始状态,这是已知的、客观的、现实的。目标是关于构成问题(预期)结论的描述,即问题要求的答案、目标状态或功效要求。目标状态是一种未来状态,从心理上说是一种期望、理想,从认知角度是认知主体所追求的目标。目标状态有宏观与微观之分,有确定与不确定之分,也有可变与不可变之分,也可以有要求(必须达到)和期望之分(希望达到或争取达到)。障碍是影响达到目标的诸因素的总和。障碍的形成既有客观因素(如问题本身的复杂性、深奥性,技术手段的欠缺性和不适应性,信息不足等),也有主观方面的因素(如解题者对问题的认识水平、经验思维与解题能力不足等)。正确的解决方法通常都不是直接呈现或显而易见的,必须通过思维活动才能找到解决问题的办法,通过改造给定的初始状态达到目标状态。克服障碍的过程是一个理解与解构的过程,也是思维运演与行为操作的过程,还是一个决策与选择的过程。

(3)语言-逻辑维度。在逻辑学中,问题是指能够以疑问句来提问或表达的特定实体。逻辑学与语言有着不可分割的联系,没有语词和语句也就没有概念、判断和推理,从而也就不可能有人的思维活动。逻辑学注重问题与语言表达的关系,并力图对其作形式化的处理。关于语言-逻辑关系对问题的分类方法,国内外一些专家学者各有己见,这里我们不作深入的探讨。这里应当说明的是在实践思维与创造中的一些问题是比较直接地用分类方法表述的,如为什么问题、条件问题、思维与假设问题等。出现创造性含义的问题,则必须经过认真分析,科学抽象寻找出构成选题创造障碍的本质问题,并作简捷、精确的表述,以使问题情境一目了然,更好地引导创造性思维过程。

3.1.2 问题的作用

问题是创造性思维的先导,在社会科学与自然科学的研究和发展中都有重要的作用。奥地利哲学家卡尔·波普尔对问题在科学认识中的作用曾明确地指出,应当把科学设想为从问题到问题的不断进步——从问题到愈来愈深刻的问题。美国商界也流行着这样一句话:"最好的赚钱方式是找出一个问题并解决它。"这些都是问题在科学发展中作用的有力佐证。发明家保尔·麦克里德更有一句至理名言"唯一愚蠢的问题是你不问问题",可谓一矢中的地阐明问题是特殊发明创造的关键。问题作用主要表现在以下几个方面。

1. 激发作用

问题之所以存在激发功能,在于它的刺激性和挑战性。问题,尤其是困难的、复杂的、新奇的、有趣的问题,既是对富有想象力的人的吸引,也是对人的精神意志、知识水平和技术方法能力的挑战和考验。问题未能解决,将对人形成一种压力,产生痛苦或失败的感觉,是对毅力的考验和锻炼;一旦问题得到解决,则会产生一种征服感、控制感、喜悦感和成就感,使人感到生活的充实、责任和意义,也成为继续奋斗的动力。

问题的激发作用使它成为灵感的源泉。问题及其解决过程是某种意义上的激发信号,对人的思维物质不断刺激,迫使人不断深入思考、感受、体验。问题也在不断地深化,促使灵感进一步涌现,因而问题的激发感受不断产生,质量也在不断提高。问题激发了我们的动机和兴趣、情感和灵感,也激发了我们的感知和记忆,促使我们去观察与注意,去实验与搜索,去思考与想象,去交流与沟通,去发明与创造,去操作与控制,去合作与竞争,去协调与超越,使我们在问题的激发中不断地提高个人的创新能力,同时也在塑造一个更优秀的自我。

2. 定向作用

问题从客观上指导或规定了认知和思维的大致方向和范围,也基本上给出了思维的形式、方法和视角。定向作用取决于问题的类型。对于单一、简单问题可以单视角思考,而综合问题和复杂问题则必须进行多视角、全面透视分析来决定取向。如果是外部问题可凭直觉和经验,进行逻辑分析或分解处理;而对内部问题,则应从输入、输出关系,系统结构相关性等处展开,凭借经验,逐步深入直至问题解决。显而易见,对基础问题、理论问题、应用问题、中心问题、边缘问题等,问题不同,思维形式与方法也各不相同。

3. 组织作用

问题是认识活动的源头、枢纽或组织中心。心理能量、心理资源都是按解决问题的需求来进行分配的。以问题为核心,研究对象理论观点、经验事实、研究途径、技术方法等诸多因素被合理地组织起来,为解决问题协调发挥作用。现代科学研究的一个明显特点,就是以问题为中心搜集信息、组织资料,并建立问题结构及问题间的联系,也可以说一个问题就是一个组织中心。问题引导人们思考并不断地克服心理、情感、思维、各种束缚和障碍,不断地解决问题,向更高层次的问题挑战。相反,如果没有问题,思想就会陈旧,方法就会老化,真理就会泛化,思维也会迟钝,人类社会也会停滞。

4. 划界作用

问题的划界作用表现有多个方面,下面仅就常用的划界问题作简单介绍。

一方面,问题是不同学科的划界标准之一。探索问题是各个学科的共性。但不同的学科所探讨的问题并不完全相同,科学的独立至少要满足两个条件:第一,有足够多的人群共有一个独特的有限的问题领域;第二,人们对大多数有关的方法论有基本一致的看法。提出并有效解决独特的问题是一门科学获得独立的标志。人们通常按问题领域和范围把科学分为形式科学(逻辑与数字)、自然科学、社会科学、人文科学等。依据问题划域特征,我们在解决问题时比较容易找到方法。

另一方面,问题是划分科学研究类型、水平层次的标准。在一门科学内部研究的问题不同,研究类型、研究水平和研究层次也有相应的区别,两者密切相关,如基础研究不同于应用研究,宏观研究不同于微观研究,理论研究不同于技术研究。问题决定了研究的方法,方法得当,效果也就会更好。同一事物可能成为多个学科的研究对象,但他们要解决的问题肯定会有所不同。以思维科学为例,创造性思维所要研究的问题,肯定有别于批判性思维所要研究的问题。比如对汽车平顺性的研究,基础理论研究可能考虑不同受力状况下的模态分析等;而应用研究则同时要考虑到经济性、实用性,以及市场状况和路况等较多的问题。

3.2　问题的分类

为了更好地理解问题、发现问题和解决问题,在这里对问题进行分类说明。与问题的定义一样,问题有多种划分方法,如按问题结构分类、按根源分类、按属性分类、按特征分类、按时间分类等。

3.2.1　封闭式问题与开放式问题

1.封闭式问题

封闭式问题是问卷调查中的一种设问方式,指在调查问卷中,在提问的同时还提供若干答案,由回答者根据自己的实际情况选择问题答案。这些答案必须具有穷尽性和互斥性,一方面要列举出所有可能的答案,不能有所遗漏;另一方面各种答案之间要互不相容,不能出现重叠。其优点是:标准化程度高,所获得的资料集中,便于编码和统计分析,填答问题比较方便,省时省力。缺点是:灵活性差,不利于填答者深入、充分地表达自己的意见,填答中存在的一些偏误也不易被发现。封闭式问题一般在大规模、正式的调查中使用较多。

2.开放式问题

开放式问题是一种谈话时的基本技巧,与封闭式问题相对。要想让谈话继续下去,并且有一定的深度和趣味性,就要多提开放式问题。开放式问题就像问答题一样,不是一两个词就可以回答的。这种问题需要解释和说明,同时向对方表示问发者对回答者说的话很感兴趣,还想了解更多的内容。

3.2.2　科学问题与技术问题

1.科学问题

科学问题是指一定时代的科学家在特定的知识背景下提出的关于科学知识和科学实践中需要解决而尚未解决的问题。它包括一定的求解目标和应答域,但尚无确定的答案,所以,可以尽最大的努力去寻找、探索。其要素包括事实基础、理论背景、问题指向、求解目标、求解范围等。

2.技术问题

科学问题是尚不明确,有争议,需要深入研究、论证的问题。技术问题则是指理论上可行,通过研究改良就可以更好解决的问题。技术问题的解决只是时间问题,而科学问题的解决可能会是一个漫长的过程。科学问题解决后,就进而蜕变成技术问题。

3.2.3 社会问题和政策问题

1.社会问题

社会问题是指社会学研究的重要领域之一,是影响社会成员健康生活,妨碍社会协调发展,引起社会大众普遍关注的一种社会失调现象。社会问题在各时代反映的内容各不相同,在当代突出的社会问题有人口问题、生态环境问题、劳动就业问题、诚信问题、青少年犯罪问题和老龄问题,等等。一般而言,人们往往从以下三个方面界定社会问题:是否符合社会运行、发展的规律;是否影响社会成员的利益和生活;是否符合社会的主导价值标准和规范标准。

2.政策问题

政策问题是指缘于目标、利益及价值观等不同,政策制定主体、执行主体乃至社团或个人之间产生的矛盾。政策问题可能发生在政策周期的任何环节,危机隐藏于政策制定、实施、评估、终止和整合过程中。政策问题不仅发生在统治集团中,还涉及与政策有关联的社会团体乃至个人。政策制定主体和实施主体掌握公共权力,应代表本区域、本部门民意,当区域利益和部门利益交叠时,即便是完全契合本位的多元政策也会导致政策冲突;加之政策参与者素质参差不齐、价值观迥然相异,难以完全忠实执行政策本意,在交叉叠合的情况下难免政策冲突。在法治环境不完善的情况下,多项政策综合执行会难以协调而产生冲突,影响社会稳定性,引发社会矛盾。

3.2.4 常规问题和非常规问题

1.常规问题

常规问题是指在维持已有理论框架的前提下提出的有待解决的疑难。这些疑难的解决将使原有的理论更加充实、完善和系统化,使科学知识稳步地扩大和精确化。常规问题的特点就是它可以在已有理论的范围内进行解决。这个范围包括公理、原则、定律及其应用,以及仪器设备使用、操作方法等知识。这样,我们也可以说,常规问题的解决是不与背景知识相冲突的,它将使背景知识更加充实和完善。

2.非常规问题

非常规问题是指在已有背景知识的理论框架内或是已有范式、模式下,无法有效解决的问题。美国学者迈克尔·卡莱特曾经讲过:"当我们的大脑在经验的驱使下习惯于固定的思维时,意味着我们已陷于平庸。"面对多次出现的问题、无法解决的问题,我们需要摆脱固有思维,充分利用创造性、假设性、非真实性等批判性思维重新发现问题、分析原因、汇总结论,得出蕴含更多可能的解决方案。

3.2.5 经验问题和概念问题

1.经验问题

经验问题是通过对问题的结构和关系的观察并运用经验规律回答或解决的问题。经验的一个重要来源是经验的直接概括,并表现出一种定律的形式,也有些经验规律是由理论规律"派生"出来的,并在一定意义上称为检验理论规律的一种手段。

经验规律与理论规律的重要区别在于观察性与不可观察性,也可以说经验规律就是关于可观察现象的规律。判断经验问题的一个重要条件就是问题情境的可观察性或者称之为实际的可确证性。随着科学的发展,"可观察"的内容和方式也发生了很大的变化。

2.概念问题

概念问题涉及科学讨论争论中的疑难或科学理论结构与该领域的方法论前提的不协调等问题。概念问题可分为内部概念问题和外部概念问题。内部概念问题是指理论内部逻辑不一致或基本范畴含糊不清而形成的。外部概念问题是指由同一领域或不同领域的两个理论之间的矛盾,一个科学理论与有关科学共同体的方法论之间的冲突和一个理论同当时流行的世界观之间的冲突而造成的。

一般来说概念问题比经验问题更重要。因为科学理论的发展常起因于对概念的非难,科学史上一些重大争论都起源于概念上的不一致或矛盾。反常问题大多数也是概念问题,反常问题的解决往往也是要拒斥已有知识体系中的基本原理,并以新的解释性理论取代原有的解释性理论。

3.2.6　佯谬和悖论

1.佯谬

佯谬是指基于一个理论的命题,推出了一个和事实不符合的结果。它在科学中是普遍存在的,并区别于悖论这种逻辑矛盾。研究佯谬可以增强人的科学认识能力,活跃思维,引导人不断深入探讨自然界的奥秘。

2.悖论

悖论是指表面上统一命题或推理中隐含着两个对立的结论,而这两个结论都能自圆其说。悖论的抽象公式就是:如果事件 A 发生,则推导出非 A,非 A 发生则推导出 A。悖论是命题或推理中隐含的思维的不同层次、意义(内容)和表达方式(形式)、主观和客观、主体和客体、事实和价值的混淆,是思维内容与思维形式、思维主体与思维客体、思维层次与思维对象的不对称,是思维结构、逻辑结构的不对称。悖论根源于知性认识、知性逻辑(传统逻辑)、矛盾逻辑的局限性。产生悖论的根本原因是把传统逻辑形式化,把形式逻辑普适性绝对化,即把形式逻辑当作思维方式。所有悖论都是因形式逻辑思维方式产生,是形式逻辑思维方式发现不了、解释不了、解决不了的逻辑错误。所谓解悖,就是运用对称逻辑思维方式发现、纠正悖论中的逻辑错误。

3.3　发现问题的途径与方法

问题是发明创造的起点和本源,也是一种有深刻意义的认识和思维活动。问题是现实社会需求的反映,也是阻碍进步与发展的障碍。解决问题是人类的需求,也是展示人生本色的标志。就问题本身而言,有如智慧的迷宫、知识的宝藏;解决问题可以增加个人的知识积累和精神财富。发现问题是人们一切实践活动的积累,也是一种复杂的认识活动和思维活动。对每个人来说,发现问题经历了一个由自发到自觉的转变过程。发现问题不仅需要有怀疑精神、创新精神和批判精神,也需要坚强的毅力、进取心和社会责任感;不仅要有丰富的实践经验和坚实的理论基础,也要有丰富的想象力、敏锐的洞察力,精细的分析力和顽强的探索力;不仅需要社会的推动,而且需要动机的激发;不仅需要了解发现问题的途径,而且需要掌握发现问题的方法。发现问题虽然没有固定的程序和算法,但也并非是完全随机的、纯粹偶然的活动。

3.3.1 发现问题的途径

1.通过已有的理论进行批判性考察,以发现其内部存在的问题

这一途径发现的问题可能有两个方面。一方面是理论内部的逻辑矛盾。如伽利略在亚里士多德的落体定律发现了逻辑矛盾。一些悖论和佯谬的发现,同样也起到了重要的推动作用。这类问题的发现不仅需要严密的逻辑推理,而且要对整个系统进行全面深入的剖析。另一方面是理论内部结构的不对称性或结构上的不严谨。这类问题的发现可以导致对理论的修正和完善,其发现过程既要逻辑分析也要严谨的判断。

2.对两个或以上的理论进行比较发现存在于它们之间的问题

这些理论之间是否矛盾?是否一致?是否归并?是否还原?是否融合?是否统一?这种途径可从三个方面加以考虑。首先,同一领域、同一系列,相继出现的理论关系问题。如开普勒的定律与牛顿力学关系问题,就有后者说明前者,前者为后者归并的问题。其次,同一领域,两个不同系列理论之间的关系问题。如相对论与量子力学的关系,量子力学中的矩阵力学与波动力学都属于同一学科相互竞争的理论。二者之间的矛盾,提出了量子力学形式体系的实质性解释的背景问题及两个理论系统的比较、评价问题。相对论与量子力学的关系引发了将两者结合起来的研究。最后,不同领域两个理论之间的关系问题。如微观粒子的量子理论与遗传基因的研究理论,使生物学与物理学找到了统一的基础——微观粒子的运动规律。生物技术主要是建立在对生命物质分子层次认识的基础上,DNA现代生物技术是在确立了遗传物质DNA双螺旋结构基础上发展起来的。

3.从理论与事实之间的关系中发现问题

理论与事实之间存在着理论解释事实和事实验证理论两种关系。理论不能有效、合理地解释事实,可能产生三种情况:第一,理论有问题;第二,观察事实有问题;第三,以上两者均有问题。

当确定观察(直接或实验观察)事实无误,则必须修正理论、补充理论或研究理论取而代之。经反复验证,理论没有问题,则必然会出现事实描述有问题,实验设计有问题,或观察理论有问题,观察技术有问题等几种情况,据此应建立新的观察理论或观察技术。如奥斯特观察磁针偏转现象,经验证明现象确凿无误,从而导致电磁关系新理论观点的提出。

4.在理论的应用中发现问题

科学理论研究与形成,其根本目的就在于认识自然规律,从而利用自然、改造自然,促进社会的发展和生活水平的提高。

理论的应用由基础生产到高端科学研究具有很多类型和层次:有数学、逻辑、方法论在各门经验科学中的应用,有自然科学在技术领域中的应用,有科学技术在生产领域中的应用,有自然科学与社会科学、人文科学的相互应用等。一方面,在理论的应用、基本概念的展开过程中,原来隐而不现的狭隘、不精确性、不合理性和不恰当等方面的缺陷错误等会逐渐显露出来,为理论提出了新的发展方向。另一方面,实践会提出有待理论探讨的新问题,激发新的理论思考。在技术史上，我们看到一种重大技术的诞生，往往产生许多相应的科学问题、技术问题、哲学问题、社会问题乃至道德问题。

5.在"产品"开发中发现问题

这里所说的"产品"是广义的产品定义，包括物质产品和社会科学领域的产品和人文科学领域的产品等。上面已阐述的在理论应用中发现问题，所涉及的是理论本身的问题。在产品开发中，还存在着许多理论与实践、内在与外在的联系问题和扩展问题。具体表现为以下几类技术性问题。首先，实验环境与条件向实践（生产、应用）环境条件转化问题。一般理论是通过实验观察、验证形成的，环境条件是严格设定的，理论应用于实践首先要面对的是生产、应用环境和条件，两者的差异（不完备、不精确、现场外来因素的干扰）便形成了多种问题。其次，理论概念表现为概括性、确定性，而在实际开发中却显示出同一理论的多向性应用。比如金属冶炼理论，用于冶炼、铸造，在实际生产中又可以变化多种冶炼工艺，在这些实践技术应用中，将发现多种问题。再次，理论研究中的测量观察手段，无论从方法上、精度上、仪器装备上与实际开发应用也有明显的不同，也都会成为工艺流程中的实际技术问题。最后，产品开发中应用同一理论所需转化设备、装备等也是多种多样的。为了达到生产优化的目的，设备、工艺装备的设计、结构、原理也存在着多样性。这些都有实际的创新问题。

6.从"创新"中发现问题

无论企业、事业乃至政府机关都同样面临着市场竞争的问题，只有不断创新才是在竞争中立于不败之地的根本和唯一正确的抉择。我们借助经济领域的"创新"概念来阐述发现问题的途径。

第一，从产品创新中发现问题。这里的产品，我们扩大表述为一切实体组织对外界服务的主导实物（包括机关团体的法规、章程的制定）。一切产品都是根据市场、社会的需求和形势而确定的，需求与形势与自身的条件总是存在着各种矛盾，解决这些矛盾，作出具体规划需要大量的调查、分析、决策，而新产品开发中每一项活动都面临着各种问题。

第二，从技术创新中发现问题。产品确定后，生产实施、技术措施便成了关键。工艺流程计划制订，关键技术创造，设备的选择，不仅要求先进、实用，更需要优选，每一个环节都可能是"问题"。

第三，从材料创新中发现问题。材料创新中的主要问题是材料自身品质及与需求匹配的优化问题。

第四，从管理创新中发现问题。管理创新中会产生管理、计划、组织、系统化及其实效问题。

第五，从设备创新中发现问题。设备创新包含设备的功能、结构、效率、性能的创新问题。有关创新问题在以后章节中将进一步解读，在此不再赘述。

7.从经验中概括出新问题

在科学的理论建构中，最关键的问题是经验规律与理论规律的过渡，善于区别这两类规律，又要把握他们的内在联系，发现并解决问题就是架在两种规律之间的桥梁，其转化过程可以表现为"经验规律—问题—理论规律"。

两种规律的分界在于规律的可观察性与不可观察性。经验来源于观察（测量）和积累、比较概括和验证，通过观察（测量）反复的比较概括，形成一种有效的认识，这种认识在不断的观察中接受检验和进一步概括,并可以准确无误地解释观察的现象,表现出一种定律形式,便形成经验规律、初始观察、直觉的疑问,这些就是问题之所在。将理论规律演绎为可观察经验规律(开放性)是通过对应规则来实现的。所谓对应规则,其实质就是把理论规律不可观察词语转化成经验规律、可观察词语。对应词语转化过程是有其内在联系规则的,因此转化过程也是问题之所在(如果不实现转化理论规律也就成为无人问津的假说)。比如万有引力、质量概念等,都是不可观察的概念。例如采用对应规则,可以把天上物体的运动与苹果落到地上这样毫无联系的事情一起思考,用万有引力定律成功地解释苹果落地和行星运动规律。事实证明,寻求对应事实问题也是创造活动中的重要问题。同样研究气体分子的动能、分子运动等理论规律,分子是不可观察的,而用"气体的温度与它们的分子的平均动能成正比"规则,把不可观察的分子动能与可测量的温度联系起来,使理论规律演绎出一个可观察的经验规律,也是解决"对应问题"的问题。相反,对经验规律抽象出共有的不可知因素,作为一种假说,陈述出来也是一种带研究的问题,一旦经过检验论证便可以形成理论规律。

8.从日常生活中发现问题

有很多引发创造(科学创造、自然社会、人文、科学、技术创新乃至艺术创意等)的问题是从日常生活中提炼出来的,这样的例证在科学发展历史中比比皆是。阿基米德在洗澡时发现了浮力定律;牛顿受落地苹果的启发成就了万有引力定律;由于油桶渗漏,硝化甘油漏到硅土上这一平常事件,成就了诺贝尔发明"达纳炸药"的创举;仅仅是培养皿中的一次意外的污染,引起了弗莱明的好奇和追踪思考,发明了青霉素针剂,挽救了数不胜数的危重生命。事实证明,生活中可以创造的问题随处可见,要使这些问题明朗化,却需要认真的观察和思考,否则大好的机遇也会白白溜掉。日本科学家早于弗莱明发现青霉素,却因为没有认真思考而与一项划时代的发明失之交臂。在日常生活中发现问题,首先取决于认真观察发现奇异现象,然后循迹思考,寻找现象特征及情境,最后通过抽象概括,明确问题属性。

9.从社会需求中发现问题

无论是组织、团体还是个人,人们的需求总是随着社会的发展和科学技术水平的进步而不断增长、扩展和更新。这也是有史以来永恒的创造课题,而且人们对商品的品质、款式、功能、舒适度、耐用度乃至外观美感都提出了更高的要求,需求范围也在不断扩大,包括物质产品、精神产品、生活环境、安全保证、信息传播乃至社会规范,这些都为创造性问题提供了广阔的选择和施展的空间。

10.通过移植综合寻找问题

随着横断科学、系统科学(也属横断科学类)技术结构群落与产业群落的兴起,科学与技术的融合成为21世纪科学技术革命的发展趋势,具体表现为以下几个方面。第一是微观领域与宏观复杂领域的相互作用,微观领域的成果将成为科学技术各部门的基础,并为科学技术发展开辟了道路,如物质结构的研究可能为新能源及其实现方式作出贡献。第二是宏观科学复杂系统领域的形成,推动了系统间、学科间的广泛相互联系。第三是科学与技术的融合及学科与技术领域的交叉利用。第四是科学技术建制(科学技术活动的社会组织形式及体制)逐渐向科学经济一体化的发展。第五是生产技术方式从工业化向知识化转变。第六是自然科学与人文社会科学的融合(规律性、规范性一致,理论观点相融,功能互补等)。

移植综合包括横向、纵向和交叉综合移植等。如从自然科学角度提出的空间问题、能源问题、生态问题、海洋问题可以转化为社会科学问题,人口控制问题、城市规划问题也可转化为自然科学问题来研究。各种移植综合的实例更是不胜枚举。如最常见的汽车产品研究,就小学科范围而言,涉及力学(机械力学、空气动力学等)、电学、电子学等;扩展到自然科学领域的话,则涉及物理学、化学、生物学(人体结构、机能等);作进一步拓展的话,又涉及社会领域中的社会学、心理学、城市规划等。每一个交叉点都存在着可供研究的创造性问题。从产品或功能创新角度,生物医学中的人造器官(血管、机械起搏器等)、多功能手机中的影像技术(光学)和传输技术都是移植问题的充分体现。

11.从已知问题出发发现问题

任何问题都是系统中的一个分支(子系统)或节点,因而必然与系统的特征和功能产生纵向、横向及各层次上的相关性,形成内在联系,同时问题所在空间的环境因素也会与问题之间产生外在联系。这些都是以已知问题为源头寻找发现问题的线索,进而产生新的问题,基本问题不仅可以演绎出、衍生出本问题域中的低层次问题,也有可能涉及高层次问题,还可能产生交叉科学问题、横断科学问题和边缘科学问题。

对一个问题的每一种解决都引出新的未解决的问题;原始的问题越是深刻,它的解决越是大胆,就越是这样。从一个基本问题推演可以产生一系列问题,工程设计、产品创新等技术性问题,同样遵从这一准则。

其基本来源是:第一,对公认的合理性原则提出挑战。第二,来自悖论的激发。第三,基本问题的理论依据及相关条件的求索。第四,基本问题的"子系"问题的理论依据、实现的可能性及解决方式方法。第五,基本问题的拓展与相关的同类问题等。

12.通过怀疑挑战而提出问题

怀疑是用科学的方法和严谨的逻辑为工具,不是简单的猜测,也不是武断的否定过程和结论。怀疑本身不是目的,怀疑是为了尽可能去掉干扰信息,尽可能还原真实,以此作出更加恰当的判断,让自己处于主动怀疑是一种认知方式,是一个探索真相的工具,怀疑精神是一种辩证唯物主义,是一种以证实或者证伪作为基础的行为,不能将怀疑当成目的。怀疑的对象不是具体的人或者事件,怀疑的对象应该是结论或者现象(事件)背后的目的(意图)。

13.通过信息资源感悟问题

现在社会信息传播方式广泛而快捷,书籍、网络等都有相关问题的信息,供人们去求索。

直观上述13种问题的来源大致划分为三类:第一类是他人明确提出的问题(上级提出的问题),社会实体征询、待解的问题,普遍公认尚未解决的问题);第二类是工作中面临的实际问题;第三类则是个人感悟的问题。

社会发展与现实总是有矛盾的,矛盾中也就蕴含着数不完的各种问题。而发现问题,至关重要的是人的主动性和深入的领悟与求索。没有悟性或有悟性的人不主动去领悟,人的眼里、脑子里也就永远不会有问题。问题使人上进,让人生更加充实;问题使人更加睿智,使人的能力不断提高。

3.3.2　发现问题的方法

发现问题,尤其是发现复杂而深奥的问题,没有标准方法,但有一些启发性、协助性的发现方法。了解这些方法,利用问题之间的隶属关系、同一关系、交叉关系、生存关系、相似关系、对立关系等有助于发现问题。比较典型的方法有如下几种。

1.直觉认识法

从直觉中发现问题,作为一种方法提出似乎有些牵强,但是在实践活动中确实有这样的机遇,而且不容忽视。

从直觉中直接发现问题的概率还是很高的。有些虽然不能直接成为问题,但却是发现问题的重要线索,经过分析找出问题之所在也是发现问题的一种较好的方法。从直觉中发现问题的基础是有丰富的知识和经验的积累,能随时保持问题意识和运用跟踪、追迹的方法,最终确定问题。

2.经验归纳法

经验归纳法在发现事实问题、经验问题、描述性问题方面有重要作用。我们既可以通过经验现象进行观察、实验、比较、分析、抽象、概括,逐渐发现问题,也可以运用典型归纳法洞察问题的内在联系,发现问题的机理与矛盾所在;既可以运用同步求异法来寻求差异和区别,乃至对立与冲突,也可以运用求同法来寻求相似与统一。

3.原理演绎法

原理演绎法在发现常规问题与理论内部的矛盾问题、理论系统之间的矛盾问题以及理论与事实之间的不一致问题等方面,起着重要作用。从基本问题到应用问题,从理论的发明、建构到检验,从检验到调整、修正、发展这些过程,都离不开演绎法。

4.类比移植法

类比移植法,就是根据已形成规律、理论、事实的一些事物或已解决的问题,发现相似、相近事物或现象中存在的可供研究的问题。通过类比移植法可以发现常规问题、域内或域外问题、应用问题与理论问题;也可以发现结构问题、边缘问题乃至中心问题和核心问题。比如人与计算机的类比领域,通过类比可以提出一系列可供研究的问题。如怎样使计算机像人一样思维?计算机能否模拟人的心理过程?计算机能否实现情感互动?

5.反向提问法

反向提问法是针对原来的问题运用反向思维提出相反的问题。比如风扇对空气的作用问题,其反向问题则是空气对风扇的阻力问题,这恰好涉及汽车为减少风阻的造型问题。

6.假设构想法

假设构想法是在虚拟条件下,构想在理想状态下或在可能世界中会出现什么情况,会发生什么问题。

7.相关提问法

相关提问法是指从已有的问题或理论观点出发,根据问题的结构关系或理论的逻辑关系以及问题和发展过程提出其他问题。比如根据模糊理论提出模糊数学问题、模糊理论在管理与工程设计优化中的应用问题等。

8.功能求索法

无论是公认的科学理论与成熟的应用技术,还是已有的具体事物,都是以满足人类改造自然、构建人工自然、改善人类生活品质的需求为存在的基础和前提。满足需求的根本要素是现实存在事物(科学的、技术的、产品的等)自身所具有的功能。随着科学与社会的发展,人们对新生事物的需求功能与日俱增,从对新事物需求功能中发现问题也就成为普遍直观的方法。

需求功能来源于现实科学研究、生产与生活实践中存在的必然现象,为大多数人所共识。那么关于需求的问题就矛盾焦点突出,问题明显也易于发现。其具体方法是:首先,确定需求矛盾;其次,明确要求目标,确立需求功能;再次,解析需求功能本质(原理、技术、材料等),突出矛盾焦点;最后,确定问题实质。

功能求索法如果与上述其他方法有机结合起来,可以收到更为直观、有效的效果。功能求索法不仅可以拓展、深化已有理论、技术的应用范畴,也可对发展新理论、新技术提供引导。比如随着世界人口老龄化,居家养老已成为一个重要问题。目前,虽有辅助生活机器人问世,但仍需设定程序的预控,而无法愉悦老人的情感生活和主动发现需求与突发危机,并采取相应的处理方法。要实现上述功能,关键就是实现机器人的人性化,也就需要解决对人脑功能的全模拟问题。

3.3.3 解决问题

1.影响问题解决的主要因素

影响问题解决的主要因素包括以下几个方面。

(1)问题的特征。个体解决有关问题时,常常受到问题类型、呈现方式等因素的影响。

(2)已有的知识经验。已有经验的质与量都影响着问题解决,与问题解决有关的经验越多,解决该问题的可能性也就越大。

(3)定式与功能固着。定式影响问题解决。功能固着也可以看作是一种定式,即从物体正常功能的角度来考虑问题的定式。当在某种情形下需要利用物体的某一潜在功能来解决问题时,功能固着可能起到阻碍的作用。

(4)原型启发与联想。原型启发是指从其他事物中看出了解决问题的途径和方法。原型是指对解决问题起启发作用的事物。

(5)情感与动机状态。一般来讲,积极的情绪有利于问题的解决,而消极的情绪会干扰问题的解决。动机是促使人解决问题的动力,没有解决问题的动机,不可能有解决问题的行为,问题当然不可能解决。

(6)个性因素。个性因素对解决问题也有重要影响。实验表明,一个人是否善于解决问题,与他的灵活性、首创性和自信心等个性心理品质相联系。此外,个体的智力水平、认知风格和世界观等也影响着问题解决的方向和结果。

2.解决问题的基本步骤

问题种类繁多,但是解决问题的基本步骤方法大同小异,我们应该看到问题产生的共性,找到问题的根源,经过商讨提出解决问题的方案,最后予以实施和总结。

(1)开展调查研究。解决任何问题,第一步都是要进行必要的调查,调查问题发生的根源,是什么原因造成了目前的问题。这就需要我们亲临现场,去实地考察获得准确详细周到的第一手现场资料。

(2)客观分析问题。第二步就是展开客观、行之有效的分析。有了第一手资料就可以分析问题的根源,在分析过程中,应该客观地立足于第一手资料,依据各方面的信息结合第一手资料展开讨论,探讨是什么诱发了问题,在诱发原因上要抓住主要诱发因素,不要被"枝枝叶叶"遮住视线,忽视了主要诱发因素这个主干。

(3)解决主要矛盾。第三步就是抓住问题的主要矛盾进行解决。任何事物都有多种因素,各个因素相互制约,而其中必有一个占主导的因素,这个主导因素就是问题的主要矛盾。解决好这个主要矛盾,其他问题就会迎刃而解。

(4)提出解决方案。第四步就是提出解决方案。不但要抓住主要矛盾,更要善于解决主要矛盾。方案要切合实际,要灵活,要情理并重,要在原则的框架内。只有这样才能去处理、商讨和解决这个问题。

(5)推动方案实施。分析了主要矛盾,提出了行之有效的解决方案,紧接着就是要下决心去实施。实施方案要从目标要求、工作内容、方式方法及工作步骤等作出全面、具体而又明确的安排,只有不折不扣地去实施方案,才能使问题得到快速、及时、彻底解决。

(6)总结经验教训。正所谓"前事不忘后事之师",经验教训总结是任何工作中最重要的环节之一。问题解决后,要及时总结经验教训,并且要预防问题的反复和再次发生,并制订出相应的措施,杜绝此类问题的再次发生。

思考题

1.简述问题与创新思维的关系。

2.发现问题的路径和方法有哪些?

第4章
创业者与创业者素质

学习要点及目标

1.掌握创业者及其素质的含义
2.了解创业者素质的测评方法
3.掌握企业家精神的含义

导读

马云的三次创业经历

第一次:创办海博翻译社

马云之所以要创办翻译社,主要是基于三个方面的考虑:①当时杭州很多外贸公司,需要大量专职或兼职的外语翻译人才;②他自己这方面的订单太多,实在忙不过来;③当时杭州还没有一家专业的翻译机构。

很多人光有想法,从来都不会有行动。但是马云一有想法,却是马上行动。当时是1992年,马云是杭州电子工业学院的青年教师,28岁,工作四年,每个月的工资还不到100元。当时马云没有钱,但这不是问题,他找了几个合作伙伴一起创业,成立了杭州第一家专业的翻译机构。创业开始,举步维艰,第一个月,翻译社的全部收入只有700元,而当时每个月的房租就是2400元。于是好心的同事朋友就劝马云"别瞎折腾了",就连几个合作伙伴的信心也都发生了动摇。但是马云没有想过放弃,为了维持翻译社的生存,马云开始贩卖内衣、礼品、医药等小商品,和许多的业务员一样四处推销,到处碰壁,受尽了白眼。整整三年,翻译社靠着马云推销这些杂货维持生存。1995年,海博翻译社开始实现赢利。现在,海博翻译社已经成为杭州最大的专业翻译机构。虽然不能跟如今的阿里巴巴相提并论,但是海博翻译社在马云的创业经历中也留下了重重的一笔。

第二次:创办中国黄页

中国黄页是中国的第一家网站,即便它只是极其粗糙的一个网站。网站的建立缘于马云到美国的一次经历。1995年初,马云参观了西雅图一个朋友的网络公司,亲眼见识了互联网的神奇,他马上意识到互联网在未来的巨大发展前景,马上决定回国做互联网。创业初期,马云仍然没有什么钱,所有的家当也只有6000元。于是马云变卖了海博翻译社的办公家具,向亲戚朋友四处借钱,凑了8万元,再加上两个朋友的投资,一共才10万元。对于一家网络公司来说,10万元实在是太少了。中国黄页创办初期,资金是最大的问题。由于开支大,业务又少,最凄惨的时候,公司银行账户上只有200元现金。但是马云以他不屈不挠的精神,克服了种种困难,把营业额从零做到了几百万。

第三次：创办阿里巴巴

阿里巴巴无疑是中国互联网史上的一个奇迹，这个奇迹是由马云和他的团队创造的。阿里巴巴曾经因为资金的问题，到了几乎维持不下去的地步。8 年过去了。2007 年 11 月 6 日，阿里巴巴在香港联交所上市，市值 200 亿美金，成为中国市值最大的互联网公司。马云和他的创业团队，由此缔造了中国互联网史上最大的奇迹。

马云的成功绝非单单因为他比我们早创业 10 年。也许你认为马云恰逢时运，你生不逢时；也许你认为马云资金雄厚，你身无分文；也许你认为马云运气高照，你霉运当头。但你不要忘了马云两次高考落榜，做过搬运工，蹬过三轮，当过小贩；不要忘了阿里巴巴创业之始 35 个人挤在一个房间，大家要集资才能创业，马云要靠借贷才能发工资；不要忘了中国黄页推出之初很多人说他是骗子。马云的创业成功绝非偶然，那是智慧和勇气的结晶，是信心与实干的结果。

资料来源：马云：创业很难，但很燃[EB/OL].(2020 - 09 - 15)[2020 - 12 - 10].https://new.qq.com/rain/a/20200915AOFYBJOO.

4.1 创业者

4.1.1 创业者概述

1.创业者的概念

创业者是指利用或借用相应的平台或载体，将发现的信息、资源、机会或掌握的技术，以一定的方式转化，创造成更多的财富、价值，并实现某种追求或目标的人或组织。

创业者一词于 1755 年由法国经济学家理查德·坎蒂隆首次引入经济学。1800 年，法国经济学家让·巴蒂斯特·萨伊首次给出了创业者的定义，他将创业者描述为将经济资源从生产率较低的区域转移到生产率较高区域的人，并认为创业者是经济活动过程中的代理人。1934 年，著名经济学家约瑟夫·熊彼特则认为创业者应为创新者。

2.创业者的类别

(1)根据创业的目的不同，创业者可分为生存型创业者和机会型创业者。

生存型创业者是为了生存而创业的人或组织。机会型创业者是指为了追求一个商业机会而从事创业活动的人或组织。两者主要区别如表 4-1 所示。

表 4-1 生存型和机会型创业者对比分析表

创业者类型	生存型创业者	机会型创业者
创业动机	满足生存需要	满足精神所需
教育程度	学识水平偏低	多数受过高等教育
思想高度	维持生计，小富即安	不甘于现状，希望做大做强
行业偏好	餐饮、百货、家政等	金融、地产、教育等
风险意识	以安全性为主，盈利性为辅	以盈利性为主，安全性为辅

(2)根据创业者人数的不同,创业者可分为独立创业者和创业团队。

独立创业者是指独自创业的人,即自己出资、自己管理。独立创业者对工作具有专注的精神,独立性强,具有一定的投资融资能力,往往对循规蹈矩的工作模式感到无望,在他人创业成功的影响下,从而开始独立创业活动。

创业团队是为进行创业而形成的集体。它使各成员联合起来,在行为上形成彼此影响的交互作用、在心理上意识到其他成员的存在及彼此相互归属的感受和工作精神。优秀创业团队具有的基本因素为:一个能胜任的团队带头人;彼此十分熟悉,能够相互很好配合的团队成员;创业所必需的足够的相关技能。创业团队的组成要素包括以下几个方面。

①目标(purpose)。团队应该有一个既定的目标,为团队成员导航,知道要向何处去;如果团队没有目标,那么这个团队就没有存在的价值。

②人(people)。人是构成团队最核心的力量,两个(包含两个)以上的人就可以构成团队。目标是通过人员的具体行动实现的,所以人员的选择是团队中非常重要的一部分。在一个团队中可能需要有人出主意,有人定计划,有人实施,有人协调不同的人一起去工作。

③定位(place)。团队的定位有很多种,如团队在企业中处于什么位置、由谁选择和决定团队的成员、团队最终应对谁负责等。

④权限(power)。团队当中领导人的权力大小与团队的发展阶段相关。一般来说,团队越成熟领导者所拥有的权力相应越小,在团队发展的初期阶段领导权力对比较集中。

⑤计划(plan)。目标最终的实现,需要一系列具体的行动方案,可以把计划理解成目标的具体工作程序。

▌延伸阅读

唐僧团队

《西游记》中的唐僧团队最大的特点是团队成员优势互补,领导有权威、有目标、有坚定的毅力。这个团队是一个非常成功的团队,虽然历经九九八十一磨难,但最后还是修成了正果。阿里巴巴的总裁马云,非常欣赏唐僧团队,认为一个理想的团队就应该有这四种角色,并将含义引申,一个坚强的团队基本上要有四种人,即德者、能者、智者、劳者。德者(唐僧是董事长和总经理学习的榜样)领导团队,能者(孙悟空是优秀的职业经理人)攻克难关,智者(猪八戒新型智者——好吃懒做的人爱动脑子)出谋划策,劳者(沙僧和白龙马作为"后勤保障")执行有力。德者居上,能者居前,智者居侧,劳者居其力。

唐僧团队成功的要素如下:

(1)目标明确。唐僧起到了团队核心和凝聚力的作用,依靠领导位置和虔诚的取经之心确保了团队一直向目标迈进。当有人危及他的价值观时,哪怕把取经团队解散,他也要惩罚此人来确保贯彻他的个人意志。

(2)利益一致。师徒四人,虽时有矛盾,但大家都知道,只有到西天取得真经,方能修得正果。因此尽管想法思路不同,但大家的目标明确,利益一致。

(3)规则清楚。制度明确,等级分明。师傅就是师傅,任徒弟有天大的本事,也不能超越法规,不能以下犯上。

(4)结构合理。像唐僧的能力和水平也只能领导这么一个团队,人再多,他就当不成师傅了;像悟空这样能干的人不能太多,否则,唐僧就不能驾驭和控制住局面了;像八戒这样喜欢溜须拍马的人就更不能多;而像沙僧和小白龙这样的多些倒无妨,既有些本事,又默默奉献。

(5)素质尚可。唐僧师徒四人皆因怀才不遇或犯点小错被罚,整个团队素质较高,人才结构也合理,尽管有种种矛盾和冲突,但团队总体上还是能形成合力的。

(6)上级支持。唐僧之所以能当这个团队的领导者,与上面各级领导的关心支持是分不开的。每当这个团队即将分崩离析时,上级领导部门就会派人来调解。

(3)根据创业经历不同,创业者可分为初始创业者和再次创业者。

初始创业者是指一个从无到有过程的完成者。创业者经过市场调查,分析自己的优势与劣势以及外部环境的机遇与风险,权衡利弊,确定自己的创业类型,履行必要的法律手续,招聘员工,建立组织,设计管理模式,投入资本,营销产品或服务,不断扩大市场,从而实现由亏损到盈利的过程。

再次创业者是指已经经历过至少一次完整的创业过程,无论成败,再次创业的人或者组织。国内的马云、董明珠、雷军、褚时健等都是再次创业的代表。很多再次创业的人认为,再次创业能让他们更幸福或者更快乐,自己还有一些能力和能量没有释放,隐约觉得当前机会有可能让自己做出一个影响面更大、自己成就感更强的事。

延伸阅读

乔布斯如何通过 iPod 开启再次创业的成功

乔布斯的再次创业是从一个普遍需求开始的,这也是他成就一项宏大事业的基础。有人说,乔布斯善于创造需求,我却不以为然。没有人能够创造需求,对音乐的需求是人类与生俱来的,乔布斯所做的,只不过是通过 iPod 把听音乐的体验做到了极致,满足了人们的需求。

iPod 之所以能够流行,首先在于它一流的设计,跟其他 MP3 相比,iPod 鹤立鸡群。其次 iPod 有一个微创新,就是它里面的东芝小硬盘,号称可以存储一万首歌,一辈子都听不完。从 iPod 开始,每一个微小的创新都成就了一款产品。在 iPod 中加入一个小屏幕,就有了 iPod Touch 的雏形。有了 iPod Touch,任何人都会想到,如果加上一个通话模块打电话会怎么样呢?于是,就有了 iPhone。有了 iPhone,把它的屏幕一下子拉大,不就变成了 iPad 了吗?

然而,一切看似眼花缭乱、万象丛生的东西,无一不是从那个"一"开始,那个"一"就是 iPod。要知道,当苹果公司推出 iPhone 的时候,iPod 在全球的销量已经超过了 1 亿部。这 1 亿多部 iPod 不仅为苹果公司创造了口碑,创造了品牌,而且也为苹果公司捕捉了不少消费者的体验。没有这个台阶,如果乔布斯一下子上来就做 iPhone,也不见得会成功。

后来,乔布斯和苹果公司成了不少人崇拜的对象,大家开始学乔布斯做手机、做应用商店、做各种平板电脑。齐白石曾说过一句话:"学我者生,似我者死。"这句话的意思可以进一步理解为:抄袭商业模式表面上来看最省劲,但简单抄袭肯定死,真正学到精髓的才可能生存。所以,如果要学习乔布斯,就要学习他的精髓,那一定得从 iPod 学起。

资料来源:乔布斯如何通过 iPod 开启二次创业的成功[EB/OL].(2016 - 03 - 14)[2020 - 11 - 30].https://www.sohu.com/a/63372493_108335.

4.1.2 创业者的特征

1.创业者的心理特征

(1)敏感好奇。例如对环境的敏感、对商业环境的敏感、对政策的敏感、对货币信息的敏感、对产业变化的敏感、对经济信息的敏感,还有对人情感变化的敏感。例如,在国内网络化十分落后的时候,马云在美国接触到了计算机,并学会了上网,他立刻意识到可以为国内公司在网上做广告,从而创办了中国黄页。

(2)敢于冒险。风险和收益永远是成正比的,敢于在巨大的风险面前作决策的人,肯定是一个敢于冒险的人。巨人集团创始人史玉柱第一次创业时,用仅有的 4000 元,利用《计算机世界》杂志对广告业务先打广告后付款的时间差,做了一个 8400 元的广告,成功收获了第一桶金。

(3)自信稳重。创业者要为人处事自信,考虑问题缜密,不浮躁冒进,值得信任。自信稳重是每一位成功人士都基本具备的一种优秀品质,也是心智成熟的表现。当你创办了一个企业,员工问你这样做行不行,你说"可能行吧",这样还会有人跟着你创业吗?

(4)抗压力强。开始创业时有些创业者面临的是如果失败将倾家荡产,这时他们孤注一掷,压力很大。乔布斯在创立苹果公司时,面对电脑业"头号巨人"IBM 的压制,新开发的电脑节节败退,董事们把这一失败归罪于他,并撤销了他的经营权,在这种困难下,乔布斯坚持自己的理念,顶住压力并于 1995 年回归苹果,带领苹果公司走入"黄金十年"。

2. 创业者的行为特征

(1)诚实守信。诚实守信是创业者创业立足的根本。市场经济已进入诚信时代,所有的生意都几乎靠你为人处世的一些行为准则来感染和吸引客户。人与人的交往带来商机,这已经是现代商场上一个不争的事实。风险投资界有一句名言,就是"风险投资成功的第一要素是人,第二要素是人,第三要素还是人。"诚信决定着创业者的市场声誉和发展空间。

(2)勤奋好学。活到老学到老,不管什么年纪,不管处在哪个行业,如果长时间不给自己充电的话,不及时接受新鲜事物,人很容易变得浮躁,并且目光短浅,只知道是自己掌握的那些知识,孰不知行业已经更新换代好多次了。所以创业者要有勤奋好学的态度,给自己的生活和事业填充更多知识,才有前进的动力。

(3)吃苦耐劳。凡事不可能都一帆风顺,逆境中就需要创业者具备吃苦耐劳的精神。吃得苦中苦,方为人上人。白手起家的创业者要面对残酷的市场竞争,只能靠自己的吃苦耐劳精神,付出比竞争对手更多的努力和艰辛。

(4)随机应变。世上万物都是千变万化的,没有什么是永恒不变的。从你决定创业的那一刻起,你就应该明白,这不是一条坦途,也没有固定的模式可走。创业之路充满变化,市场在变,环境在变,消费者也在变。所以创业者应该具备随机应变的能力,从变化中去分析、去判断这里面所蕴藏的商机,并把商机转化成可以为己所用的机遇。

3. 创业者的知识特征

(1)全面的基础知识。学习知识是为了让我们更好地认识世界,认识自然,认识美丑,明辨是非。学习基础知识不仅可以加深我们的认知,也会让我们看清精神价值的方向。创业者要学习国家的大政方针,要学习管理知识、经济知识、法律知识,甚至包括哲学知识。

(2)扎实的专业知识。很多的创业者都是技术出身,有比较扎实的专业知识。专业知识是指一定范围内相对稳定的系统化的知识。要想创业成功的概率高,创业者就要具备扎实的专业知识。俗话说"不熟不做",这也是一种最常见的创业思路。在创业过程中,如果创业者缺乏专业技术,对遇到的专业问题便无从下手。

(3)丰富的实战经验。对创业者而言,除了要有丰富的理论知识,同时也要具备实战经验。对创业者而言,企业注册、创办、经营、发展的各个阶段都有很多问题要处理,很多过程都必须要亲自经历才知道问题的根源,才会有解决的思路。实践出真知,丰富的实战经验可以是成功的经验,也可能是失败的教训。

4.创业者的能力特征

(1)创新力。创新力是创业者化解外界风险和取得竞争优势的有效途径,是创业能力素质的重要组成部分。它包括两方面的含义:一是大脑活动的能力,即创造性思维、创造性想象、独立性思维和捕捉灵感的能力;二是创新实践的能力,即人在创新活动中完成具体工作的能力。创业者的创新力是一种综合能力,与个人的知识、技能、经验、心态等有密切联系。

(2)领导力。领导力是指在管辖的范围内充分地利用人力和客观条件,以最小的成本完成工作,提高整个团体的办事效率的能力。领导力的本质就是影响力,包括权力的影响力(信息权、法定权、奖赏权、强制权)和非权力的影响力(互惠、一致、认同、喜好)。应用心理学专家季锴源教授认为,政治领袖、组织的领导者、管理者、营销人士都应该成为优秀的心理学专家。

趣味阅读

领导力的寓言故事

一个人去买鹦鹉,看到一只鹦鹉前的标牌上写着"此鹦鹉会两门语言,售价二百元"。另一只鹦鹉前的标牌上则写着"此鹦鹉会四门语言,售价四百元"。该买哪只呢?两只鹦鹉都毛色光鲜,非常灵活可爱。这个人转啊转,拿不定主意。结果忽然发现一只老掉了牙的鹦鹉,毛色暗淡散乱,标价八百元。这人赶紧将老板叫来:"这只鹦鹉是不是会说八门语言?"店主说:"不。"这人奇怪了:"那为什么又老又丑,又没有能力,会值这个价钱呢?"店主回答:"因为另外两只鹦鹉叫这只鹦鹉老板。"

启示:真正的领导人,不一定自己能力有多强,只要懂信任,懂放权,懂珍惜,就能团结比自己更强的力量,从而提升自己的身价。相反许多能力非常强的人却因为过于完美主义,事必躬亲,认为什么人都不如自己,最后只能做最好的公关人员、销售代表,却成不了优秀的领导者。

资料来源:MBA经典管理故事:最贵的老板鹦鹉的启示[EB/OL].(2019-12-02)[2020-12-10].http://www.qqgs.net/zlgs/41820.html.

(3)洞察力。洞察力,用弗洛伊德的话来讲,就是变无意识为有意识。简单地说,洞察力就是透过现象看本质。对创业者而言,洞察市场机会比学习市场营销更加重要。洞察市场就是寻找用户的普遍共性。产品源于用户,创业源于洞察。

(4)沟通力。沟通力就是让别人能够了解自己的方法。学会如何正确地表达自己的想法是非常重要的。不管是能言善道,还是寡言少语,总之,让所听之人认为可信才是最重要的,其次,才能让别人跟随你。沟通力的最高境界是让对方能够相信你所说的事情,并决定跟随你,或者做一些事情去支持你的决定。

延伸阅读

人际关系的"六度空间"

人际关系的"六度空间"理论又称作六度分隔理论。这个理论可以通俗地阐述为:你和任何一个陌生人之间所间隔的人不会超过六个,也就是说,最多通过六个人你就能够认识任何一个陌生人。该理论产生于 20 世纪 60 年代,由美国心理学家米尔格兰姆提出。任意一个人,如果你想联系上他,应该怎么办? 你可以这样做:找一个最有可能和他有联系的亲友,把问候转达给他,然后他也照样去找下一位亲友。那么,一共需要多少个这样的亲友中转,才能找到对方呢? 这个问题的答案或许有点让人吃惊:不论你想找地球上任何一个人,大约只需要六步。

资料来源:王盛.六度空间是谁的? [J].互联网天地,2008(02):79.

4.2 创业者的素质

4.2.1 创业者的素质概述

创业者的素质是指结合创业者的心理素养和文化教育,在特殊环境影响下形成的一种综合素质,包括身体素质、心理素质、知识素质和能力素质。可以说创业者的特征及其素质是一致的。

(1)心理素质。心理素质是指创业者的心理条件,包括自我意识、性格、气质、情感等心理构成要素。作为创业者,他的自我意识特征应自信和自主。他的性格应刚强、坚持、果断和开朗。他的情感应更丰富有理性色素。

(2)身体素质。创业与经营是艰苦而复杂的,创业者工作繁忙,时间长,压力大,如果身体素质不好,必然力不从心,难以承受创业重任。

(3)知识素质。创业者要进行创造性思维决策,必须掌握广博的知识,具有一专多能的知识结构。具体来说,创业者应具有以下几个方面的知识:了解国家法律法规,用足、用活政策,依法行事,用法律维护自己的合法权益;了解科学的经营管理知识和方法,提高管理水平;掌握与本行业、本企业相关的科学技术知识,依靠科技增强竞争能力;具备市场经济方面的知识,如财务会计、市场营销、国际贸易、国际金融等;具备一些有关世界历史、地理、文学、艺术等方面的知识。

(4)能力素质。当然,这并不是要求创业者必须完全具备这些素质才能去创业,但创业者本人要不断学习,不断提高自身的素质。

4.2.2 创业者素质的测评

哈佛大学商学院的调查研究显示,创业企业失败率比我们看到的数据要高得多。即使是获得风险投资支持的创业企业失败率也高达 75%,有超过 97% 的创业企业达不到它们预期的目标。我国有研究数据显示,中国创业企业的失败率为 86.7%,企业平均寿命不足 1.6 年,而大学生创业失败率更超过 95%。面对如此高的创业失败率,创业者凭什么相信自己能够成功? 已经走在创业路上的创业团队,又如何能降低失败的风险? 创业者究竟有哪些特质和能力尤其关键呢?

成功的创业者虽然风格各异,但也有相似的内核。他们的特质和能力是创业成功的基础,也是投资人看重的投资条件。因此,在开始创业之前不妨认真分析一下自己,在创业过程中也不要忘了修炼和提升自己。

1. 基于创业者核心素质模型的测评

基于创业者相应的能力与素质要求,选取若干项要素作为评价指标,测试创业者的综合素质能力。测评表的分值为 $1\sim5$ 分,分数越高说明越符合某项素质,主要包括自我测评、他人(一般应为熟悉的人)评价和专家评价,如表 4-2 所示。

表 4-2 创业者核心素质测评表

能力要素	释 义	评 分					自我测评	他人评价	专家评价
创业激情	希望通过自己的努力实现创业目标,并且过程中积极主动	1	2	3	4	5			
远见卓识	能看见别人看不见的东西的人,并能坚定地去实践								
竞争意识	主动接受挑战,并在竞争过程中保持公平公正								
冒险意识	敢闯敢拼,勇于冒险,不畏惧失败和风险								
抗压能力	对逆境引起的心理压力和负性情绪的承受与调节的能力								
诚实守信	为人处事以诚相待,信守诺言,讲求信用								
学习能力	善于学习,勤奋刻苦,能做到与时俱进								
吃苦精神	能把艰苦环境作为磨炼自己的机遇,不惧艰险困苦								
应变能力	能审时度势,随机应变,能迅速适应新环境新形势								
领导能力	对自己和团队有清楚的认识和定位,并能实施有效的管理								
洞察能力	能透过现象看本质,洞察市场机遇和挑战								
创新能力	能提出有别于常规或常人思路的见解,且能解决实际问题								
沟通能力	能胜任沟通工作的优良主观条件,架起人与人之间的桥梁								
知识储备	具备一定的基础知识,扎实的专业知识以及人文素养								
社会阅历	有一定经历并总结出正面和负面的知识或经验								
人际网络	有一定人脉资源,并能较好的维系人际关系								
测评总结									
改进方案									

一般情况,测评表的数量越多越客观,还可以根据情况对自我测评、他人评价和专家评价

得分进行加权处理。

2.基于 RISKING 素质模型的测评

(1)RISKING 模型介绍。

RISKING 模型如表 4－3、图 4－1 所示。

表 4－3　RISKING 素质模型的要素和释义

要素	释义
资源(resources)	指创业所必需的人力资源、物力资源及财力资源,包括好的项目资源
想法(ideas)	指具有市场价值的创业想法,能在一定的时期产生利润,并应具有一定的创新性、可行性、持续开发性和拓展性
技能(skills)	指创业者所需的专业技能、管理技能和行动能力等。如果个人不完全具备,但是团队之间能够形成技能互补,也是不错的技能组合
知识(knowledge)	指创业者所必需的行业知识、专业知识以及创业相关知识,例如商业、法律、财务知识。良好的知识结构对创业者开拓视野、发挥才智具有很高的价值
智力(intelligence)	指创业者的智商与情商,具体表现为观察问题、分析问题、思考问题和解决问题的能力
关系网络(network)	创业者需要良好的人际亲和力和关系网络,包括合作者、服务对象、新闻媒体甚至竞争对手。善用资源者,通常都能够较强地调动资源的深度和广度
目标(goal)	明确的创业方向和目标、精准的市场定位对创业而言至关重要

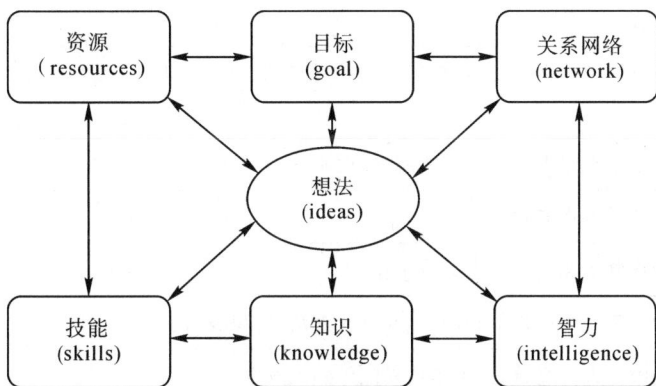

图 4－1　RISKING 素质模型框架图

(2)RISKING 素质模型测评表。

基于以上资源、想法、技能、知识、智力、关系网络和目标七个方向,设计出具有代表性素质特征测评表(见表 4－4),在此表中要求创业者按照自己的实际情况,用第一印象,选择最符合自己的选项,符合的打"√",答案选项分别为:A.非常符合;B.比较符合;C.不确定;D.不太符合;E.很不符合。全部完成后,统计结果。

表 4-4　RISKING 素质模型测评表

要素	评价标准	A	B	C	D	E
资源	(1)能够挖掘理想的合伙人或经理人士,雇用理想的专业人员和员工					
	(2)有雄厚的资金来源和稳定的财物系统,至少可以保证第一年的正常运营					
	(3)通过合理的途径以自己能够接受的成本募集资金,以获得充沛的资金流					
	(4)可以获得对自己有利的物质来源如原材料等,能够很好地控制成本					
想法	(5)具有丰富的想象力,并能把这些想法准确而生动地表达出来					
	(6)我的想法通常比别人来的有价值,更具有创造性					
	(7)我的想法通常并不是天马行空,泛泛而谈,而是切实可行的					
技能	(8)对我即将涉及的领域,有很好的专业背景和技术					
	(9)我曾经有过管理经验,并擅长组织活动					
知识	(10)了解该行业目前的市场运作和竞争水平,并熟悉相关的法律政策条文,作好充分准备					
	(11)眼光长远,更加看重的是一种持续发展而不是短期盈利					
智力	(12)每天早晨我都是怀着积极的态度醒来,感觉今天又是崭新的一天					
	(13)我知道如何控制自己的生活、性情和脾气,并做到自律					
	(14)当我开始创业时,我的家人能够理解我的不自由状态并支持和鼓励我					
	(15)当我失望时,我能够处理问题而不是逃避放弃,而是以积极的状态重新投入到工作中去					
	(16)我留心观察周围的事物,注意细节性问题,把握身边的契机,并把不利局面转化为机会					
	(17)我更倾向于主动地去把握和解决问题,而不是出于被动局面					
	(18)我不是一个风险规避者					
关系网络	(19)我喜欢合作胜于凭一己之力完成工作					
	(20)别人认为我是一个值得信赖的人,并且充满活力、积极向上					
	(21)我善于和陌生人打交道,而不是仅局限于熟人圈内					
	(22)我具有影响他人的能力,并使人信服					
	(23)我善于向媒体公众推销自己的公司,吸引别人的注意力					
	(24)能够和上下游行业保持紧密的合作关系,相互扶持,共同发展					
	(25)同利益相关团体,如民间及政府机构、金融机构形成良好的关系					
	(26)同行业内的竞争者更容易实现竞合而非竞争					

续表

要素	评价标准	A	B	C	D	E
目标	(27)与替人工作相比,我更渴望有一份属于自己的事业					
	(28)我有一个很明确的创业目标,并可以为实现这个目标而奋斗,哪怕付出代价					
	(29)我有勇气和耐心去实现这个目标,即使需要承担风险					
	(30)我有信心我最终能完成这个目标					

(3)测评结果统计方法与说明。

测试完毕后,按照所选答案分别统计出 A、B、C、D、E 五类选项的数量,其中选项个数最多的那一类就是创业者所属的类型。各类型的特征及创业建议如下。

A 类型——你非常适合创业和守业。如果你能全身心地投入到一项激动人心的创业事业中效果会更好,收益也会更多。但是,并非所有人都适合做企业家,即使你恰好具备这些素质,你仍然不能忽略他人的帮助、忽略团队的力量,并不断拓宽自己的视野、坚持学习、持续提升自己的能力与素质。

B 类型——你适合创业且比较符合创业的要求,你所需要的是一种守业的能力,从而保证公司的长期发展和完善。同时,你仍然还需要不断地去完善自己,使别人更加信赖你,强化你个人的魅力。

C 类型——你具备一定的创业素质,但是由于缺乏信心的关系致使你未能认清楚自己的这种能力或者创业潜力。或许也可以说,外界的影响力经常会左右你的选择。

D 类型——你有创业的意识但却不愿意创业,在风险和安稳之间你更倾向于后者。

E 类型——你不适合创业或根本就没想过创业。你规避风险,倾向于安定的生活,并且不善于利用自己的网络去开拓事业。你的生活圈子只局限于你所熟悉的那个圈子,因此你更适合做一个普通的上班族。

3.创业团队的 SWOT 分析

SWOT 分析法常常被用于制定集团发展战略和分析竞争对手情况,在战略分析中,它是最常用的方法之一,在这里我们把它引申用于创业团队的核心竞争力分析。所谓 SWOT 分析,即基于内外部竞争环境和竞争条件下的态势分析,就是将与研究对象密切相关的各种主要内部优势、劣势和外部的机会和威胁等,通过调查列举出来,并依照矩阵形式排列,然后用系统分析的思想,把各种因素相互匹配起来加以分析,从中得出一系列相应的结论,而结论通常带有一定的决策性。S(strengths)是优势、W(weaknesses)是劣势,O(opportunities)是机会、T(threats)是威胁。运用这种方法,可以对创业团队所处的情景进行全面、系统、准确的研究,从而根据研究结果制定相应的发展战略、计划以及对策等。以下以某大学生创新创业团队为例进行 SWOT 分析,如图 4-5 所示。

根据大学生创新创业团队的内部优势与劣势,以及所面临的外部机会与威胁,可以采取 W-O(抓住外部机会,克服内部劣势)、S-O(弘扬内部优势,并抓住外部机会)、S-T(弘扬内部优势,克服外部威胁)、W-T(克服内部劣势和外部威胁)组合战略,其中最重要的是 W-O战略。综合考虑这些组合战略,重要的策略是抓住国家实施创新驱动战略、重视创新创业教育、支持创新创业活动的机遇,优化团队的内部结构,建设良好的团队文化,争取更多的支持,打造竞争力强的创新创业团队。

外部		内部	
		优势(S)	劣势(W)
		1.所依托的学科优势 2.所具有的人才优势 3.共同的创新创业愿景	1.团队文化欠缺 2.团队经费偏少 3.导师的能力与积极性有限
机会 (O)	1.创新驱动战略的实施 2.对创新创业教育的重视 3.创新创业资金的支持	S-O策略 1.团队规模扩大化策略 2.创新创意多元策略 3.团队协同策略 4.内涵发展策略	W-O策略 抢抓机遇、克劣补短策略
威胁 (T)	1.团队可持续发展存有一定障碍 2.创新创业活动的不确定性 3.新一轮科技革命的挑战	S-T策略 1.社会支持策略 2.优势发挥策略 3.创新创业人才培养策略	W-T策略 团队防御策略

图4-5 大学生创新创业团队核心竞争力的SWOT分析

4.3 创业者伦理和企业家精神

4.3.1 创业者伦理

随着经济的蓬勃发展,在市场经济领域中的商业伦理已成为社会讨论的焦点。商业伦理是指由于过分地追求所谓的利润最大化,企业经营活动中以次充好、坑蒙拐骗、行贿受贿、恃强凌弱、损人肥己等不顾相关者利益、违反商业道德的行为,这种现象在世界各国都不同程度地存在着。创业者首先是创造财富,其次要承担相应的社会责任,最后还要遵守创业伦理,这是对创业者更高层次的素质要求。创业者伦理是创业者从事商业活动中处理各方相互关系的行为规范和准则,或者是商务活动中所有的人都应遵循的行为准则。创业者从一开始就要把创业伦理放在突出位置,严守伦理要求。创业者应具备以下伦理核心要素:自由交换、恪守诚信、服务至上、公平竞争、依法办事、义利并重。

延伸阅读

创业最怕没理论的"混战" 急需企业家精神

拥有"互联网+"思维,扎根创业者云集的众创空间,三四人小团队进行头脑风暴,开发一款高科技产品,进行数次路演,与投资人见面谈融资,三个月之后上市。这似乎已经成为造就一个成功创业者的标准公式。

然而,并不是。

中国青年网记者走进位于北京市石景山区的蒲公英国际青年创业驿站,专访蒲公英创业驿站的创建者、2015年全国劳动模范刘刚。在这里,成功的创业者自有另一番定义:不惧失败,愈挫愈创业;心怀社会,越创越负责。

刘刚告诉记者,创业最怕的是大家在没有伦理的情况下"混战",如果为了自身的发展使用"暗器",这个民族创业创新的"武功"不会变得更强,正因为如此,对于创业而言,"企业家精神和社会责任是下一个风口,同时也是这个行业回归本途的风口",而蒲公英驿站的价值就是汇聚企业家精神,碰撞社会。

"社会的发展创造了大量商人,但他们还不是英雄,因为他们获取社会资源的同时,并没有真正解决社会问题,这就如同一个枪手已经具备了健康的体魄和拿枪的技能,但缺乏企业家为社会解决问题的精神和社会责任。"刘刚表示,培养负责任、有尊严的创业者、企业家已经到了很迫切的时候,只有这样才能减少造假和非可持续生产等现象,真正激发全民族创新创业的活力,否则"不见得每个人都能赚到钱,也不见得会对社会有更多益处"。

在蒲公英创业驿站,记者看到,有不少二次甚至三次创业的创业者,他们在失败边缘挣扎,百炼成钢;也有正在大学读书的学生,凭一股断不了的热情,不求回报地为社会做出自己的贡献:

有六年金融理财经验的白垣宝,果断放弃稳定的工作,来到蒲公英创业驿站,开发为投资者、银行投资理财师等多方提供业务便利的网络终端产品。这次创业,白垣宝失败过,至今背负债务,也因为创业,夜不归宿睡桌板,不变的是"还要创下去"的坚持。

"智恒青公社项目"最初是中国青年政治学院三个社会保障专业大三学生主动找到蒲公英创业驿站后提出的公益项目,他们为工作经验丰富的离退休老人和初创企业搭起沟通的桥梁,让离退休老人的社会价值最大化,也帮助创业青年更快成长。如今,团队初创人员因为各种原因选择离开,但继承者不忘初心,继续向前。

这些创业者在刘刚看来,是真正的未来企业家的原石。

实际上,自2013年创建至2014年年底,蒲公英创业驿站已有注册企业上百家,支持235名毕业生创业者,带动就业924人,基地创业者、创业团队共获企业融资总额达两亿元,这其中不乏从失败中站起来,通过驿站的孵化,变强大、走出去的例子。而刘刚也因为一直以来在创业服务领域的不断探索、努力,成为今年全国劳动模范和先进工作者表彰大会上受到表彰的2968人之一,同时也是众创空间领域唯一一位全国劳模。

自2006年开始从事创业服务工作,刘刚先后直接指导帮助过700余家,2015年4月10日,他还在位于保定的河北大学正式开设了"创业精英培训班"系列课程。在采访中,刘刚告诉中国青年网记者,中国对待创业的态度正在发生改变。根据他在大学校园教授创业学的感受,现在很多学生在接受创业教育之后,冲劲很足。

"这一方面是因为他们掌握了一定的创业技巧,可以克服对创业失败的恐惧,面对创业不再那么害怕,另一方面也是因为国家政策的支持。在创业人群基数变大的情况下,更要注重对创业者进行企业家精神和社会责任的培养,因为创业其实是在公平环境中进行的一场场战役,要赢得最终的战争,没有企业家精神是无法良性持续下去的。"刘刚认为,目前中国创新创业面临的最大问题是,凡是出现了一个新的创新点,就会有很多人涌向这个方向,而这很可能会导致"没有创新"的结果。

"河北大学的一个学生曾经在我的课上写过这么一段话:一个商人是为自己赚钱;一个实

业家是为国家赚钱,他解决的是国家问题;而一个企业家是解决社会问题。"刘刚表示,"像中国这样面积大、人口多、社会多样的国家,应该倡导创新力强、能形成社会模型、能适应本地社区的中小型企业。如果我们孵化出来的创业者、创业团队甚至不能适应本地社区,是无法解决社会问题,让社会变得更简单的。未来健康的创业生态需要由对社会负责的企业家和他们的团队组成。"

资料来源:李正穹.再访蒲公英驿站:创业最怕没伦理的"混战"急需企业家精神[EB/OL].(2015-05-29)[2020-12-09].http://news.youth.cn/wztt/201505/T20150529_6693144.htm.

4.3.2 企业家精神

"企业家"这一概念由法国经济学家理查德·坎蒂隆(Richard Cantillon)在1800年首次提出。他认为企业家使经济资源的效率由低转高,企业家精神则是企业家特殊技能(包括精神和技巧)的集合。或者说,企业家精神指企业家组织建立和经营管理企业的综合才能的表述方式,它是一种重要而特殊的无形生产要素。例如,索尼公司创始人盛田昭夫和井深大,他们创造的最伟大的"产品"不是收录机,也不是栅条彩色显像管,而是索尼公司和它所代表的一切;沃尔特·迪斯尼最伟大的创造不是《木偶奇遇记》,也不是《白雪公主》,甚至不是迪斯尼乐园,而是沃尔特·迪斯尼公司及其使观众快乐的超凡能力;萨姆·沃尔顿最伟大的创造不是"持之以恒的天天平价"而是沃尔玛公司,一个能够以最出色的方式把零售要领变成行动的组织。西方国家发展到19世纪,人们将企业家具有的某些特征归纳为企业家精神,在英文术语使用上,企业家(entrepreneur)和企业家精神(entrepreneurship)常常互换。

延伸阅读

俞敏洪:企业家精神是一种榜样的力量

提起"企业家精神",我们想到了俞敏洪。他作为中国中坚一代民营企业家的代表,从1993年创办新东方学校,到2006年带领新东方在美交所上市,成为中国内地第一家上市的培训教育企业。27年间,俞敏洪在不断突破自我、应对科技带给传统教育方式的变革和挑战。正是因为有创新精神和无畏之心,新东方才能由最初只有几十名教师的培训学校发展到今天有4万名教师,提供全科教学内容的教育培训企业。

同时,在俞敏洪身上,我们还看到一种家国情怀。把自己写书的50余万稿费捐给感恩公益基金,用于乡村小学"一校一梦想"建设;与民盟中央合作开展"烛光行动——新东方教师社会责任行";先后捐资1亿元支持团中央"寻访中国大学生自强之星"公益行动;与行业伙伴"好未来"联手捐献1亿元成立情系远山公益基金,计划把优质教育资源通过现代科技手段输送到中国农村和边远地区,让农村和边远地区的孩子,看到更多的希望……

听俞敏洪讲他对企业家精神的理解和他作为中国企业家论坛理事的"老友记"故事,我们顿然有了生动的案例脚本。这种精神,对于今天中国改革进入深水区,各领域如何啃硬骨头、涉险滩,都有借鉴意义。

资料来源:修菁.俞敏洪委员:企业家精神是一种榜样的力量[EB/OL].(2018-03-16)[2020-12-11].http://www.rmzxb.com.cn/2018-03-16/1996014.shtml.

世界著名的管理咨询公司埃森哲(Accenture),曾在26个国家和地区与几十万名企业家交谈。其中79％的企业领导认为，企业家精神对企业的成功非常重要。埃森哲（Accenture）的研究报告也指出，在全球高级主管心目中，企业家精神是组织健康长寿的基因和要穴。正是企业家精神造就了二战后日本经济的奇迹，引起了20余年美国新经济的兴起。那么，到底什么是真正的企业家精神呢？

1.企业家首先应有工匠精神

"工匠精神"落在企业家层面，可以认为是企业家精神。第一，创新是企业家精神的内核。企业家通过从产品创新到技术创新、市场创新、组织形式创新等全面创新，从创新中寻找新的商业机会，在获得创新红利之后，继续投入、促进创新，形成良性循环。第二，敬业是企业家精神的动力。有了敬业精神，企业家才会有将全身心投入到企业中的不竭动力，才能够把创新当作自己的使命，才能使产品、企业拥有竞争力。第三，执着是企业家精神的底色。在经济处于低谷时，其他人也许选择退出，唯有企业家不会退出。

2.创新是企业家精神的灵魂

约瑟夫·熊彼特关于企业家是从事"创造性破坏（creative destruction）"的创新者观点，凸显了企业家精神的实质和特征。一个企业最大的隐患，就是创新精神的消亡。一个企业，要么增值，要么就是在人力资源上报废，创新必须成为企业家的本能。但创新不是"天才的闪烁"，而是企业家艰苦工作的结果。创新是企业家活动的典型特征，从产品创新到技术创新、市场创新、组织形式创新等。创新精神的实质是"做不同的事，而不是将已经做过的事做得更好一些"。所以，具有创新精神的企业家更像一名充满激情的艺术家。

3.冒险是企业家精神的天性

理查德·坎蒂隆和弗兰克·奈特两位经济学家，将企业家精神与风险（risk）或不确定性（uncertainty）联系在一起。没有甘冒风险和承担风险的魄力，就不可能成为企业家。企业创新风险是二进制的，要么成功，要么失败，只能对冲不能交易，企业家没有别的第三条道路。在美国3M公司有一个很有价值的口号："为了发现王子，你必须和无数个青蛙接吻"。"接吻青蛙"常常意味着冒险与失败，但是"如果你不想犯错误，那么什么也别干"。同样，对1939年在美国硅谷成立的惠普、1946年在日本东京成立的索尼、1984年分别在中国北京、青岛成立的联想和海尔等众多企业而言，虽然这些企业创始人的生长环境、成长背景和创业机缘各不相同，但无一例外都是在条件极不成熟和外部环境极不明晰的情况下，他们敢为人先，第一个跳出来吃螃蟹。

4.合作是企业家精神的精华

正如艾伯特·赫希曼所言，企业家在重大决策中实行集体行为而非个人行为。尽管伟大的企业家表面上常常是一个人的表演，但真正的企业家其实是擅长合作的，而且这种合作精神需要扩展到企业的每个员工。企业家既不可能也没有必要成为一个超人（superman），但企业家应努力成为蜘蛛人（spiderman），要有非常强的"结网"的能力和意识。西门子是一个例证，这家公司秉承"员工是企业内部的企业家"的理念，开发员工的潜质。在这个过程中，经理人充当教练角色，让员工进行合作，并为其合理的目标定位实施引导，同时给予足够的施展空间，并及时予以鼓励。西门子公司因此获得了令人羡慕的产品创新纪录和成长记录。

5.敬业是企业家精神的动力。

韦伯在《新教伦理与资本主义精神》中写道："这种需要人们不停地工作的事业，成为他们生活中不可或缺的组成部分。事实上,这是唯一可能的动机。但与此同时,从个人幸福的观点来看,它表述了这类生活是如此的不合理:在生活中,一个人为了他的事业才生存,而不是为了他的生存才经营事业。"货币只是成功的标志之一,对事业的忠诚和责任才是企业家的"顶峰体验"和不竭动力。

6.学习是企业家精神的关键

荀子曰:"学不可以已"。彼得·圣吉在其名著《第五项修炼》说道:"真正的学习,涉及人之所以为人此一意义的核心"。学习与智商相辅相成,以系统思考的角度来看,从企业家到整个企业必须是持续学习、全员学习、团队学习和终生学习。日本企业的学习精神尤为可贵,他们向爱德华兹·戴明学习质量和品牌管理;向约琴夫·M·朱兰学习组织生产;向彼得·德鲁克学习市场营销及管理。同样,美国企业也在虚心学习,企业流程再造和扁平化组织,正是学习日本的团队精神结出的硕果。

7.执着是企业家精神的本色

正所谓"锲而不舍,金石可镂;锲而舍之,朽木不折"。英特尔总裁葛洛夫有句名言:"只有偏执狂才能生存"。这意味着在遵循摩尔定律的信息时代,只有坚持不懈持续不断地创新,以夸父追日般的执着,咬定青山不放松,才可能稳操胜券。在发生经济危机时,投资者可以变卖股票退出企业,劳动者亦可以退出企业,然而企业家却是唯一不能退出企业的人。

8.诚信是企业家精神的基石

诚信是企业家的立身之本,企业家在修炼领导艺术的所有原则中,诚信是绝对不能摒弃的原则。市场经济是法制经济,更是信用经济、诚信经济。没有诚信的商业社会将充满极大的道德风险,显著抬高交易成本,造成社会资源的巨大浪费。其实,凡勃伦在其名著《企业论》中早就指出:有远见的企业家非常重视包括诚信在内的商誉。

延伸阅读

张瑞敏:诚信是企业立身之本

市场经济本质上是信用经济。在互联网时代,诚信建设不仅对打造品牌更为重要,而且呈现出全新特点:诚信的本质由企业对用户的单向承诺转变为用户全流程的最佳体验;诚信的主体由企业转变成为企业、用户及利益攸关方组成的利益共同体;诚信的构建由企业自创转变为企业、用户及所有利益攸关方共创。

创业30多年来,海尔始终在做的一件事就是打造世界品牌。这些年来我们总的认识是,市场经济本质上是信用经济。诚信是品牌的生命,是企业安身立命的根本。开放的海尔生态圈,离不开诚信的社会生态圈。2014年,国务院印发《社会信用体系建设规划纲要(2014—2020年)》,部署加快建设社会信用体系、构筑诚实守信的经济社会环境。相信《社会信用体系建设规划纲要(2014—2020年)》的出台,对于增强社会成员诚信意识,营造优良信用环境将发挥积极有效的作用。特别是在互联网时代,诚信建设不仅对打造品牌更为重要,而且呈现出全新特点,主要表现在以下几个方面。

首先,诚信的本质由企业对用户的单向承诺转变为用户全流程的最佳体验。从社会学角度来看,品牌是企业用户资源的总和,本质上是企业对用户的承诺。用户之所以选购某个企业的产品或服务,很大程度上是因为信任这个品牌。但互联网时代,诚信的本质发生了变化,由企业对用户的单向承诺转变为用户全流程的最佳体验。

企业与用户之间信息永远是不对称的。在传统时代信息不对称的主导权在企业手里,在互联网时代,信息不对称的主导权转到了用户手里。用户可以通过鼠标了解所有产品的信息,但企业不知道用户心里在想什么。就像管理大师德鲁克所说的,"互联网消除了距离,这是它最大的影响。"

在这种情况下,企业对用户单向承诺的作用快速降低。举例说,企业可以向用户承诺很多,但用户可以在网上查看所有关于这个企业的评价,如果看到很多差评,原先的承诺就一文不值。互联网时代,赢得用户信任的重要方式就是让用户参与其中,在全流程体验中形成一种高度信赖关系。

其次,诚信的主体由企业转变成为企业、用户及利益攸关方组成的利益共同体。

在传统时代,诚信是企业对用户的承诺。到了网络时代,企业、用户及合作伙伴融为一体,组成一个无边界、高黏度的社群,这时的诚信就不是一方对另一方的承诺,而变成多方之间的互信,具体而言就是企业与用户、企业与员工、企业与利益攸关方的相互诚信。

原来企业制造产品,用户被动接受,用户购买之后对企业的信誉进行三六九等分类。现在应该让用户全流程参与产品的企划、研发、制造、服务等所有环节,具体做法就是企业提供参与平台,主动送上1.0方案,用户参与互动出2.0方案,再进一步互动出N.0方案,企业与用户在交互中创造产品,形成信赖关系。

企业与员工的关系也呈现着这样的变化,原先员工是企业的一个"部件",被动执行企业的指令,现在应该让员工根据用户的需求主动创造价值,成为自己的CEO。这样,企业与员工形成一种新型的契约关系,而不是依靠指令约束他。

现在,企业的边界正在被打破,产品的诞生过程就是企业与用户、利益攸关方共同创造的过程,已经无法说是某一方完成的。原先我们常说品牌是企业的无形资产,现在品牌正成为所有参与方的共同资产,需要所有参与者共同建设和维护。

再次,诚信的构建由企业自创转变为企业、用户及所有利益攸关方共创。

此前企业要提升品牌形象,通常的做法就是打广告、搞活动,但现在行不通了。如果没有用户的参与,企业投再多的广告也是浪费,必须探索一个让所有利益攸关方都参与的新模式。

社会主义核心价值观的基本内核是以人为本,说到底是释放人的活力,这个"人"应该既包括企业内的员工,也包括用户及合作伙伴,只有构建一个让他们共同践行诚信、共同创造价值的平台,才能充分发挥所有人的创造力。马克思曾说过,未来的社会是"自由人联合体",每个人的自由发展同时就是一切人自由发展的条件,所以,社会成员将是自由的全面发展的新人。

海尔在管理上的探索目前可以概括为:让员工去"领导"中心,人人成为创客;让用户去"企业"中心,成为体验主导;企业进行"轻足迹管理",最终实现企业平台化、员工创客化、用户个性化,企业、用户与利益攸关方共同构建一个共创共赢共享的新生态,自我演进,生生不息。

资料来源:张瑞敏.诚信是企业立身之本[N].经济日报,2014-08-05(05).

思考题

1.如何测评创业者的素质?

2.企业家精神是什么?

第5章
创业机会的识别与评估

学习要点及目标

1. 掌握创业机会的特征、来源及类型
2. 重点掌握创业机会识别的方法和过程
3. 了解创业机会评估的方法

导读

在生活中寻找创业创新的机会

大众创业、万众创新的时代,创业创新的机会在哪里? 换句话说,去哪里寻找有市场、能创富、有大好发展前景的项目?

人之需万千,不能尽由己足,方有商。人们的生活需求就是商机。发达国家之"发达",往往意味着市场的饱和,人们生活所需的一切产品和服务都被开发和经营,有人用"城市的每一寸草坪都被人工修剪过"来形容这种饱和。市场饱和了,于是就有创新,苹果公司就是用自己研发的新产品创造出新的市场需求,也创造了发展奇迹。

我国作为发展中国家,市场离饱和还差得远,人们生活中的不如意还很多,差距和不如意就蕴含着商机。假冒伪劣商品从城市"转战"农村,"山寨货"大行其道,表明低价商品仍大有市场,等待价廉物美的正品去占领;农户分散养殖是食品质量监管的难点,也是食品安全问题时有发生的重要原因,同时也意味着工厂化养殖业发展的美好前景;入托难、打车难、找保姆难、找对象难等生活中的难题,蕴含着城市生活服务业发展的巨大空间;当许多产品和服务让人"信不过"时,诚信经营本身就有极高的市场价值……中国经济要迈向中高端水平,需要以人们生活消费水平的升级为基础。对正品、品牌、方便、舒适、优良品质等的追求,正孕育着大众创业、万众创新的无限商机。

现实生活中已有大量这样的实例。外卖盒饭,本来平常,可近来的网络订餐,盯准了没精力买菜做饭的都市白领,对接名店、提前点餐、线上支付,让上班族到家就能吃上热热乎乎的饭菜,既赢得了利润,又改变了生活。打车软件以及依托这种软件出现的"专车"服务,其实也是开发新商机的实例,虽然还不成熟、待规范,但思路是对的。

有些领域,人们以前可能想也不敢去想,如今却可能成为创业的"新蓝海"。比如市场监管,本是政府的职责,但市场经营活动量大面广,监管任务极其繁重,仅靠政府部门很难监管到位,而制售假冒伪劣商品、偷排污染物等现象又是久治不愈的顽症,为什么不能发动群众、依靠社会力量、打一场监督治理的"人民战争"? 政府购买服务已纳入转变政府职能的改革事项。鼓励社会力量组成网络化组织,针对制假售假、违规排污等开展监测、监督、举报,从政府购买服务中获得收益,这对政府而言是一种监管创新,对有志者来说则是开辟了一个就业创业的新领域。谁敢说这里不会成长起以守护公共安全为己任、做政府监管执法的好助手、公正无私、专司监测监督的"金字招牌"?

创业可以模仿和移植,从发达国家经验中学习是一条路子,人家有的我们这里还没有,拿来试试,例如打车软件;但更需要创新,就如乔布斯的名言:"一个企业的目标就是去创造那些消费者需要但无法形容和表达的需求。"创新的本质不仅在于创造人们没见过、没用过的实物,更包括那些未听过、未曾想见的未来,以此刺激新的消费热点,创造新的生活方式。相对竞争惨烈、渐入夕阳的传统产业和已知市场,未知的新业态、新市场必将超越陈旧的产业边界,打破落后的游戏规则,绽放后发优势,实现后来居上。

资料来源:周人杰.在生活中寻找创业创新的机会[N].人民日报,2015-05-27(04).

5.1 创业机会

5.1.1 创业机会概述

1.创业机会的定义

创业机会主要是指具有较强吸引力的、较为持久的、有利于创业的商业机会,创业者据此可以为客户提供有价值的产品或服务,并同时使创业者自身获益。个人投资创业要善于抓住好机会,把握住了每个稍纵即逝的投资创业机会。随着科技的发展,开发高科技领域是时下热门的课题,例如美国近年来设立的风险性公司中电脑占25%,医疗和遗传基因占16%,半导体、电子零件占13%,通信占9%。但是,创业机会并不只属于"高科技领域"在运输、金融、保健、饮食、流通这些所谓的"低科技领域"也有机会,关键在于开发。

2.创业机会的特征

有的创业者认为自己有很好的想法和点子,对创业充满信心。有想法有点子固然重要,但是并不是每个大胆的想法和新异的点子都能转化为创业机会。许多创业者因为仅仅凭想法去创业而失败了。那么如何判断一个好的商业机会呢?《21世纪创业》的作者杰夫里·A·蒂蒙教授提出,好的创业机会具有以下四个特征。

(1)能吸引顾客。

创业机会必然是一个有吸引力的创意,一定有吸引顾客的地方。比如有人想在校园里开书店,只想到了学生是最爱读书的群体,但他没有想到随着各类读书App的迅速发展,电子书也正在取代纸质图书,同时也正在改变着人们的阅读习惯。因此开书店就是一个没有吸引力的创意。

(2)能在商业环境中行得通。

当讨论"中国的"商业环境时,是在与其他国家进行对比;当讨论某一城市的商业环境时,对比的范围则是其他城市。同是在中国的大环境下,由于地域文化差异与地方政府努力程度不同,城市之间在商业环境方面的差异是很明显的。在国内,由于整体商业环境欠佳,各地商业气候还有很大差异,所以各级政府不断强调要改善营商环境,如何更好地为企业提供服务。

(3)必须在机会之窗存在的期间被实施。

机会之窗是指商业想法推广到市场上去所花的时间,若竞争者已经有了同样的思想,并把产品已推向市场,那么机会之窗也就关闭了。创业因机会而存在,而机会具有时间性,有的创业机会转瞬即逝,如果不及时抓住,可能就永远错过了。一个互联网新行业的窗口期大约只有半年左右,在半年的时间里可以看到大量的项目出现,在到达顶峰前的这个阶段是创业者的机会期,过去之后就是跟风创业。

(4)必须有资源和技能。

这里的资源包括有形与无形的资产,它是新创企业创立和运营的必要条件,主要表现形式为创业人才、创业资本、创业机会、创业技术和创业管理等。

5.1.2 创业机会的来源

1.问题

创业的根本目的是满足顾客需求,而顾客需求在没有满足前就是问题。寻找创业机会的一个重要途径,是善于去发现和体会自己和他人在需求方面的问题或生活中的难处。比如,上海有一位大学毕业生发现远在郊区的本校师生往返市区交通十分不便,于是他创办了一家客运公司(校园巴士),这就是把问题转化为创业机会的成功案例。因为校区太大,学生们流行驾驶一种绿色的四轮电瓶车兜风,它的名字很可爱,叫"萝卜车"(取英语单词机器人 robot 的谐音),由浙江大学师生研发。

2.变化

创业的机会大都产生于不断变化的市场环境,环境变化了,市场需求、市场结构必然发生变化。著名管理大师彼得·德鲁克将创业者定义为那些能"寻找变化,并积极反应,把它当作机会充分利用起来的人"。这种变化主要来自产业结构的变动、消费结构升级、城市化加速、人口思想观念的变化、政府政策的变化、人口结构的变化、居民收入水平提高、全球化趋势等诸方面,比如居民收入水平提高,私人轿车的拥有量将不断增加,这就会派生出汽车销售、修理、配件、清洁、装潢、二手车交易、陪驾等诸多创业机会。

3.创造发明

创造发明提供了新产品、新服务,更好地满足顾客需求,同时也带来了创业机会。比如随着电脑的诞生,电脑维修、软件开发、电脑操作的培训、图文制作、信息服务、网上开店等创业机会随之而来。即使你不发明新的东西,你也能成为销售和推广新产品的人,从而给你带来商机。

4.新知识和新技术的产生

新知识、新技术是创业机会的一个重要来源,以知识和技术为基础的创新,是创业中的"超级明星"。例如随着健康知识的普及和技术的进步,围绕"水"就带来了许多创业机会,上海就有不少创业者加盟"都市清泉"饮用水而走上了创业之路。

5.竞争

现实生活中,群体与群体之间、群体中各成员之间,总是处于竞争与合作状态之中,从而使社会生活变得千姿百态。如果你能弥补竞争对手的缺陷和不足,这也将成为你的创业机会。看看你周围的公司,你能比他们更快、更可靠、更便宜地提供产品或服务吗?你能做得更好吗?若能,你也许就找到了机会。

6.国家宏观政策

创业想要获得成功与很多因素有关,除创业准备、创业资金、创业项目、个人能力之外,其实还有一点十分重要,那就是国家的宏观政策。时近 2021 年,国家接下来的宏观政策不仅是为"十四五"开局之年的经济工作做好准备,也需要对后疫情时期的经济发展定下方向。宏观政策的基调应是创业者关注的重点。从近期监管和决策部门的公开信息来看,2021 年的经济政策需要面临两个方面的转换,一方面是两个五年规划之间的衔接,推动高质量发展的新格局形成;另一方面,是后疫情时期,从"应急"转换为"正常"的经济政策。当然,总的思路上仍然会是稳增长和调结构的平衡。但就货币政策和财政政策而言,更多的还是需要解决如何实现适度的政策回归,既要避免过快收缩出现"政策悬崖",又要避免部分产业的"过热",实现推动结构性改革,形成新的增长动力的目的。

延伸阅读

2020 国家支持哪些创业项目

1.环保行业

近年来,全球的生态环境问题日益严重。我国是发展中国家,大力发展工业虽然带动了经济的发展,但也造成了一系列的环境问题,因而"可持续发展"早已成为重中之重,雾霾、地下水污染等环境问题时时刻刻困扰着人们的生产和生活,为此,政府加大了对环保类项目的支持力度,如废旧资源回收、污水处理、新型清洁能源,以及空气水净化系统项目都有较大的市场增长空间,值得创业者投资。

2.生产服务业

包括第三方物流、连锁配送、商贸流通业、商务服务业、业务外包、电子商务等面向生产的服务业打通了社会生产领域的各个关节点,有着极大的发展前景。

3.向农村的服务业

农村、农业、农民问题是有关国民幸福指数的重要问题。如果不能好好解决生产方面的问题,那么人们的饮食就得不到保障。而且,就农村人口所占的比例而言,农村服务业也是有待完善的。农业信息服务体系、农业产业化服务体系等面向农村的服务业是将来创业的一个好方向。

3.创业教育培训领域

我国教育领域中存在的教育资源分配不均匀问题严重拖了国家整体教育水平的后腿。科技发达的前提是有强大的人才储备,人才是靠教育培养出来的,所以教育问题很关键,教育培训也成为国家重视的领域。

资料来源:2020 国家支持什么创业[EB/OL].(2019 - 11 - 27)[2020 - 12 - 11].https://www.xuexila.com/chuangye/zhengce/c214589.html.

5.1.3 创业机会的类型

创业机会总的来说,可归纳为技术机会、市场机会和政策机会三类。

1.技术机会

技术机会即技术变化带来的创业机会,主要来自新的科技突破和社会的科技进步。通常,技术上的任何变化,或多种技术的组合,都可能给创业者带来某种商业机会。技术机会具体表现在三个方面。

(1)新技术代替旧技术。当在某一领域出现了新的科技突破和技术,并且他们足以替代旧技术时,创业的机会就来了。

(2)实现新功能、创造新产品。实现新功能、创造新产品的新技术的出现,这无疑会给创业者带来新的商机。

(3)新技术带来的新问题。多数技术的出现对人类都有利弊两面性,即在给人类带来新的利益的同时,也会给人类带来某些新的灾难。这就会迫使人们为了消除新技术的某些弊端,再去开发新的技术使其商业化,带来新的创业机会。

2.市场机会

市场机会及市场变化产生的创业机会一般来看市场机会主要有以下四类。

(1)市场上出现了与经济发展阶段有关的新需求。

相应地,就需有企业去满足这些新的需求,这同样是创业者可以利用的商业机会。

(2)当期市场供给缺陷产生新的商业机会。

非均衡经济学认为,市场是不可能真正"出清",达到供求平衡的,总有一些供给不能实现其价值。因此,创业者如果发现这些供给结构性缺陷,同样可以找到可利用并创业的商业机会。

(3)先进国家(或地区)产业转移带来的市场机会。

从历史上看,世界各国各地的发展进程是有快有慢的,即使同一国家,不同区域的发展进程也不尽相同。这样,在先进国家或地区与落后国家或地区之间存在"成本差异",再加上经济发展到一定程度时,环保问题往往会被先进国家或地区率先提到议事日程上。所以,先进国家或地区就会将某些产业向外转移,这就可能为落后国家或地区的创业者提供创业的商业机会。

(4)从中外比较中寻找差距,差距中往往隐含的某种商机。

通过与先进国家或地区比较,看看别人已有的哪些东西我们还没有,这"没有的"就是差距,其中就可能发现某种商业机会。

3.政策机会

政策机会即政府政策变化赐予创业者的商业机会。随着经济发展、技术变革等,政府必然也要不断调整自己的政策,而政府政策的某些变化就可能给创业者带来新的商业机会。

5.2 创业机会的识别

5.2.1 创业机会识别的方法

创业机会识别是创业领域的关键问题之一,创业机会以不同形式出现。虽然以前的研究中,焦点多集中在产品的市场机会上,但是在生产要素市场上也存在机会,如新的原材料的发现等许多好的商业机会并不是突然出现的,而是对于"一个有准备的头脑"的一种"回报"。创业机会的识别既可以通过直觉感知,也可以通过科学的方法来实现。

1.市场信息的收集与研究法

市场调研是一种把消费者及公共部门和市场联系起来的特定活动,这些信息用以识别和界定市场营销机会和问题,产生、改进和评价营销活动,监控营销绩效,增进对营销过程的理解。市场调研也是发现创业机会的重要手段。市场信息的收集要带着目的去收集,通过有目的地进行市场调研,创业者可以获取第一手资料,当然也可通过一定平台获得第二手资料。市场信息的收集与研究法主要包括上网、观察统计、问卷调查、小组实验和访谈等。

2.环境分析法

创业环境是一系列概念的集合体,是各种因素综合的结果,正确认识和了解创业环境的前提是对创业环境进行评价。影响创业环境的因素有很多,既有内部因素,也有外部因素;既有宏观因素,也有微观因素;既有社会因素,也有自然因素。在评价创业环境时,重点考虑以下几个方面。

(1)技术环境分析:这就要求创业者应该把握所涉及行业技术变化的趋势。

(2)市场环境分析:要从宏观、中观和微观三个层次来开展。PEST 分析就是指宏观环境的分析,P 是政治(politics),E 是经济(economy),S 是社会(society),T 是技术(technology)。中观分析是从行业或一定行政区域范围内的分析,微观分析常用的方法就是波特的竞争模型。

(3)政策环境分析:包括政府的政策规定、法律法规,也包括政府的激励措施和帮扶计划等。

3.功能分析法

功能分析法是通过分析事物(或系统)的功能及其作用,进而认识事物(或系统)特性及内部结构的一种科学分析方法。其主要目的是为了更有效地应用该事物(或系统),充分发挥其作用。功能分析就是对使用者的需求进行充分了解和掌握的同时,对于产品的指示功能、使用功能、象征功能、教育功能和审美功能进行系统分析,以确定它们在某一产品中的地位和作用。

4.大量观察法

大量观察法是指从社会现象的总体出发,对其全部单位或足够多数单位进行数量观察的统计方法。社会经济统计的特点,在于研究社会经济事物的总体数量表现。大量观察法之所以能够成为统计认识的基本方法之一,其原因就是只有通过大量观察才能使大量的社会经济现象中非本质的偶然因素相互抵消或削弱,以便能够显示出整个现象的一般特征,即统计规律。

5.2.2 创业机会识别的过程

希尔斯、施雷德和兰普金提出以创造力为基础的多维度机会识别过程模型,该模型将机会识别分为以下五个阶段。

(1)准备阶段(preparation),指知识和技能的准备,这些知识和技能可能来自创业者的个人背景、工作或学习经历、爱好以及社会网络。

(2)沉思阶段(incubation),指创业者的创新构思活动,这一过程并非有意识地解决问题或系统分析,而是对各种可能和选择的无意识考虑。

(3)洞察阶段(insight),指创意从潜意识中迸发出来,或经他人提点,被创业者所意识,这类似于问题解决的领悟阶段,可以用"豁然开朗"来形容。

(4)评估阶段(evaluation),即有意识地对创意的价值和可行性进行评定和判断,评估的方式包括初步的市场调查、与他人进行交流以及对商业前景的考察。

(5)经营阶段(elaboration),指对创意进一步细化和精确,使创意得以实现。

经重新验证发现,这个五维模型是机会识别最好的拟合模型,并且其中的沉思阶段和经营阶段与创造力显著相关。

5.2.3 创业机会识别的影响因素

1.创造性

创造性是产生新奇或有用创意的过程。从某种程度上讲,机会识别是一个创造过程,是不断反复的创造性思维过程。创造性包含在许多产品、服务和业务的形成过程中。

2.认知因素

机会识别可能是一项先天技能或一个认知过程。有些人认为,创业者有"第六感",使他们能看到别人错过的机会。多数创业者以这种观点看待自己,认为他们比别人更"警觉"。警觉很大程度上是一种习惯性的技能,拥有某个领域更多知识的人倾向于比其他人对该领域内的机会更警觉。

3.先前经验

在特定产业中的先前经验有助于创业者识别出商业机会,这被称为走廊原理。它是指创业者一旦创建企业,他就开始了一段旅程,在这段旅程中,通向创业机会的"走廊"将变得清晰可见。这个原理认为,某个人一旦投身于某产业创业,这个人将比那些从产业外观察的人,更容易看到产业内的新机会。

4.社会关系网络

社会关系网络能带来承载创业机会的有价值信息,个人社会关系网络的深度和广度影响着机会识别。目前研究已经发现,社会关系网络是个体识别创业机会的主要来源,与强关系相比,弱关系更有助于个体识别创业机会。

5.3 创业机会的评估

成功地进行机会识别后,便进入机会的评价阶段。对创业者来说,一方面市场机会的评价类似于投资项目的评估,这对投资能否取得收益无疑是十分重要的;另一发面也帮助创业者从另一个角度来分析其创意是否具有继续发展成为一个企业的实际价值。事实上,大约有60%~70%的创业计划在其最初阶段就被否决,就是因为这些计划不能满足创业投资者的评价准则。

5.3.1 建立评价指标体系应遵循的原则

为了全面、真实地反映被评价机会的价值构成,并使评价体系便于操作运算,建立评价体系时应遵循以下原则。

1.系统性原则

创业机会评价的指标体系,一方面要做到尽可能完整、全面系统地反映创业机会的全貌,另一方面又力求抓住主要因素,突出评价重点,不要面面俱到。

2.科学性与实用性原则

指标体系有必要正确反映评价项目各价值构成要素的因果、主辅、隶属关系及客观机制，在满足完备性要求的前提下，指标的设置力求简练、含义明确和便于操作。

3.互斥性与有机性结合原则

指标体系有必要排除指标间的相容性，消除重复设置指标而造成评价结果失真的不合理现象，避免出现过多的信息包容、涵盖而使指标内涵重叠。指标完全独立无关就不能构成一个有机的整体，因此指标之间应有逻辑关系。

4.动态与稳定性原则

为了进行综合的、动态的比较，指标设置应是静态和动态相结合，并具有相对稳定性，以便借助指标体系探索系统发展变化的规律。

5.可比性原则

机会综合评价的目的是鉴别机会的优劣，选择最优机会，因此，机会比较要建立共同的比较基础条件，符合可比性原则。

5.3.2 定性评估体系

可以从五个方面选择创业机会。

(1)机会的原始市场规模。

市场越大越好，但大市场可能会吸引强大有力的竞争对手，因此小市场可能会更友善。

(2)机会将存在的时间跨度。

一切机会都只存在于一段有限的时间之内，这段时间的长短差别很大，由商业性质决定。

(3)预期特定机会的市场规模将随时间增长的速度。

一个机会可能带来的市场规模将随时间变化，一个机会可能带来的风险和利润也会随时间变化，机会存在的某些时期，可能比其他时期更有商业潜力。

(4)好机会一般都有以下5个特点：

①前景市场可明确界定；

②前景市场中前5～7年中销售额稳步且快速增长；

③创业者能够获得利用机会所需的关键资源；

④创业者不被锁定在刚性的技术路线上；

⑤创业者可以用不同的方式创造额外的机会和利润；

(5)特定机会对特定创业者的现实性。

创业者是否拥有利用某个创业机会所需的资源；是否能"架桥"跨越"资源缺口"；对于可能遇到的竞争力量，至少要可以与之抗衡；存在可以占有的前景市场份额，甚至自己可以创造市场。

5.3.3 定量评估体系

这里主要介绍杰弗里·蒂蒙斯的创业机会评价框架。该框架涉及行业和市场、经济因素、收获条件、竞争优势、管理团队、致命缺陷、个人标准、理想与现实的战略差异等8个方面的53项指标。通过定性或量化的方式，创业者可以利用这个体系模型对行业和市场问题、竞争优势、财务指标、管理团队和致命缺陷等作出判断，从而评价一个创业项目或创业企业的投资价值和机会。

1.评价指标

评价指标见表 5-1。

表 5-1 评价指标

评价要素	评价指标
行业和市场	1.市场容易识别,可以带来持续收入
	2.顾客可以接受产品或服务,愿意为此付费
	3.产品的附加价值高
	4.产品对市场的影响力高
	5.将要开发的产品生命长久
	6.项目所在的行业是新兴行业,竞争不完善
	7.市场规模大,销售潜力达到 1000 万到 10 亿
	8.市场成长率在 30%～50%甚至更高
	9.现有厂商的生产能力几乎完全饱和
	10.在五年内能占据市场的领导地位,达到 20%以上
	11.拥有低成本的供货商,具有成本优势
经济因素	1.达到盈亏平衡点所需要的时间在 1.5～2 年以下
	2.盈亏平衡点不会逐渐提高
	3.投资回报率在 25%以上
	4.项目对资金的要求不是很大,能够获得融资
	5.销售额的年增长率高于 15%
	6.有良好的现金流量,能占到销售额的 20%～30%以上
	7.能获得持久的毛利,毛利率要达到 40%以上
	8.能获得持久的税后利润,税后利润率要超过 10%
	9.资产集中程度低
	10.运营资金不多,需求量是逐渐增加的
	11.研究开发工作对资金的要求不高
收获条件	1.项目带来的附加价值具有较高的战略意义
	2.存在现有的或可预料的退出方式
	3.资本市场环境有利,可以实现资本的流动
竞争优势	1.固定成本和可变成本低
	2.对成本、价格和销售的控制较高
	3.已经获得或可以获得对专利所有权的保护
	4.竞争对手尚未觉醒,竞争较弱
	5.拥有专利或具有某种独占性
	6.拥有发展良好的网络关系,容易获得合同
	7.拥有杰出的关键人员和管理团队

评价要素	评价指标
管理团队	1.创业者团队是一个优秀管理者的组合
	2.行业和技术经验达到了本行业内的最高水平
	3.管理团队的正直廉洁程度能达到最高水准
	4.管理团队知道自己缺乏哪方面的知识
致命缺陷	1.不存在任何致命缺陷问题
个人标准	1.个人目标与创业活动相符合
	2.创业家可以做到在有限的风险下实现成功
	3.创业家能接受薪水减少等损失
	4.创业家渴望进行创业这种生活方式,而不只是为了赚大钱
	5.创业家可以承受适当的风险
	6.创业家在压力下状态依然良好
理想与现实的战略的差异	1.理想与现实情况相吻合
	2.管理团队已经是最好的
	3.在客户服务管理方面有很好的服务理念
	4.所创办的事业顺应时代潮流
	5.所采取的技术具有突破性,不存在许多替代品或竞争对手
	6.具备灵活的适应能力,能快速地进行取舍
	7.始终在寻找新的机会
	8.定价与市场领先者几乎持平
	9.能够获得销售渠道,或已经拥有现成的网络
	10.能够允许失败

2.评价框架说明

(1)该评价框架对评价主体要求相对较高,一般要求评价者是行业经验丰富、商业嗅觉敏锐且具有一定管理经验的投资人或资深创业者,同时还要求使用者熟悉指标内涵以及评估技术。

(2)该评价框架对评估方法要求较高,一般要求运用定性与定量相结合的方法,才能得出创业机会的可行性及不同创业机会间的优劣排序。

(3)评价框架中的指标项目比较多,在实际运用过程中可以结合实际需求进行适当的梳理简化、重新分类,提高使用效能,在简化过程中,要把握创业机会的"四个本质特征"以及"五项基本标准"。

3.评估方法

杰弗里·蒂蒙斯的创业机会评价框架为我们提供的是一套评价标准,我们需要运用科学的步骤和专业的评价方法来进行创业机会评估常用的评价方法有以下两种。

（1）标准矩阵打分法。

该方法是指评价者（专家）对创业机会评价指标体系的每个指标进行极好（3分）、好（2分）、一般（1分）三个等级的打分，形成打分矩阵表，然后，求出每个指标在各个创业机会下的加权平均分，即评价结果。由于每个创业机会的评价指标不一样，所以这种评价方法可以用于对不同创业机会进行对比评价，其量化结果可直接用于机会的优劣排序。当该方法只用于一个创业机会的评价时，则可采用多人打分后进行加权平均。如果其加权平均分越高，说明该创业机会越可能成功。就杰弗里·蒂蒙斯创业机会评价框架而言，一般来说，高于100分的创业机会可进一步规划，低于100分的创业机会，则需要考虑淘汰。

（2）Baty选择因素法。

该方法可以看作是标准矩阵打分法的简化版。评价者凭借个人对创业机会的认知与理解，直接按照杰弗里·蒂蒙斯创业机会评价框架中的各项评价指标，判断自己的创业机会是否符合这些指标要求。如果创业机会符合指标要求的数量低于30个，则说明该创业机会很可能不可行；如果符合要求数量高于30个，则说明该创业机会大有希望，值得探索与尝试。在该方法运用过程中，需要特别注意其中的某些关键因素的"破坏力"，例如创业机会一旦存在"致命缺陷问题"，再多的合格指标数量也是无济于事，只能是对创业机会进行"一票否决"。该方法比较适合于创业者进行自评。

思考题

1. 创业机会的来源有哪些？
2. 创业机会识别的影响因素有哪些？
3. 如何有效地评估创业机会？

第6章
创业资源与创业融资

学习要点及目标

1. 了解创业资源的含义与分类、获取途径
2. 掌握企业资源的整合模式
3. 掌握创业融资的主要渠道和差异
4. 了解创业融资机会的选择

导读

木槿校园影院估值 5 亿：90 后追梦人叶少翔的不破不立

"青年人是中国电影的未来，我觉得应该从同龄人入手，培养他们的审美品位和更好的电影消费习惯，培养更优秀、更专业的电影人才。"敏锐地察觉到了这一趋势的叶少翔，把目光投向了校园。这位从古城西安走出来的年轻小伙，怀带着古都的气质，也怀着让中国电影辉煌的抱负，创立了首家面向高校大学生的木槿校园影院。都说企业的气质像创始人，木槿校园影院所走的每一步确实都继承了这位白手起家的 90 后创始人的意志。

创业者或许有百种性格，但无一例外都有追梦人不破不立的精神。何为不破不立，是美团网 CEO 王兴常说的"既往不恋，纵情向前"，亦是孙悟空"踏南门碎凌霄，若此去不回，便一去不回"的决绝，叶少翔坦言这才是创业的真谛。木槿校园影院成立于 2014 年末，那一年的雪有没有比往年来得更晚不清楚，但那一年的冬天对叶少翔和木槿校园影院来说确实非常寒冷。不仅是因为叶少翔为梦想放弃传媒总监的职位转战院线，在新年前一天白手起家创立了木槿校园影院，更因为接下来的 2015 年是创投资本寒冬，叶少翔为求投资多次碰壁，但怀揣着电影梦的叶少翔还是毅然决然拿着 20 万大学生创业贷款投身校园院线的创业中，一往无前。叶少翔曾在微博中说到"让中国好电影能辉煌，是我们这一代电影人的使命，我愿把我所有青春奉献给我挚爱的事业，不论贫穷或富裕我都无怨无悔"。可以说，木槿校园影院正是叶少翔不破不立所结的善果。电影人或许能靠一部电影声名鹊起，赚个盆满钵满，但校园院线的建设却需长期稳扎稳打，选择在资本寒冬投身校园院线创业，叶少翔看中的自然不是短期的盈利，而是整个电影产业的长远发展。

"在未来十年、二十年甚至更长时间，中国电影产业进入更快速、更高质量的发展时期，青年人能够扛起大旗，成为中国电影产业乃至世界电影产业的中流砥柱。"为此，叶少翔提出了"打造专属于大学生自己的影院"的理念，兼顾学生的观影需求和经济能力，木槿校园影院和上海电影集团联手实现与全国院线同步排片，但收费非常低廉，据学生反馈不少热门影片的票价都在 10 元以下。木槿校园影院还致力于高校影院的多元化发展，除了主旋律片、艺术片和商业片三大类型影片外，还会定期挑选经典红色历史影片、世界名著改编影片等优质片源，为高

校学生铺设电影美学之路。

叶少翔曾说:"希望有一天,走在布鲁克林的大道上,走在巴黎的小街上,能够更加自豪地告诉别人我来自中国。"不仅是这位木槿校园影院的创始人,相信每一个电影人,不,每一个对电影怀抱期待和梦想的年轻人,都有一个文化兴国的"中国梦",希望中国电影能走向世界,希望每一个人谈起祖国、谈起中国电影时能由衷地感到自豪。而从木槿校园影院开始发展的校园院线,想必能让拥有电影梦的你我更快地接近这个梦想。

资料来源:刘旷.木槿校园影院估值5亿:90后追梦人叶少翔的不破不立[EB/OL].(2018-08-16)[2020-12-11].https://baijiahao.baidu.com/s?id=16082688516101263&wfr=spider&for=pc.

6.1 创业资源

6.1.1 创业资源的概念、分类、作用

1.创业资源的概念

创业资源是指新创企业在创造价值的过程中需要的特定资产,包括有形资产和无形的资产,它是新创企业创立和运营的必要条件,主要表现形式为创业人才、创业资本、创业机会、创业技术和创业管理等。

2.创业资源的分类

创业资源的分类首先是看得到的企业内部的人(创业者和员工)、财(钱和资产等)、物(办公场所、设备,以及一些自然资源);其次是企业内部不太容易直接看到的技术资源和管理组织等更深层次的资源;最后是企业外部的、可以被企业拥有和支配的社会资源。本书将创业资源分为六类。

(1)人力资源。创业资源中的人力资源,不仅包括创业者,还包括其他创业团队成员,以及员工。这里的人力资源不仅包括人,还包括他所拥有的知识和经验,以及判断力、智慧、视野、愿景等。

(2)财务资源。财务资源不仅仅包括资金,只要是能够通过交换变现的资产和股票都可以称为财务资源。对于创业者来说,财务资源的来源一般是个人、家庭和朋友。

(3)物质资源。经营活动必需的有形资产和自然资源都是物质资源。也就是说,创业用得上的就是物质资源,用不上的就是其他资源,如财务资源。如果一个人有多处房产,他把这些房产租出去,将获得的租金收入投入到创业之中。因为这些房子并没有直接用于创业,而是变成货币支持创业,这类资源就算作财务资源了。

(4)技术资源。对于一个组织来说,技术包括两个方面,其一是与解决实际问题有关的软件方面的知识,其二是为解决这些实际问题而使用的设备、工具等硬件方面的知识。两者的总和就构成了这个组织的特殊资源,即技术资源。

(5)管理资源。管理资源是一种能把潜在生产力转化为现实生产力的无形资源。在人类生产活动中,实际存在着物质、人力、财力和管理四种资源。管理资源具有无形和潜在的特点。它之所以成为一种资源,是因为经济组织在不增加前三种有形资源的情况下,通过加强管理,可以做到合理配置和充分有效地利用现有人、财、物,使产量、产值和利润增加,从而取得较好

074

的经济效益。

(6)社会资源。社会资源是由人际和社会关系网络形成的关系资源。社会资源对创业非常重要,同时也是大学生们最缺乏的创业资源。

3.创业资源的作用

创业者获取创业资源的最终目的是为了组织这些资源,追逐并实现创业机会,提高创业绩效和获得创业的成功。无论是要素资源还是环境资源,无论它们是否直接参与企业的生产,它们的存在都会对创业绩效产生积极的影响。要素资源(人力、财务、物质、技术、管理等资源)可以直接促进新创企业的成长;环境资源(政策、信息、文化、品牌等资源)可以影响要素资源,并间接促进新创企业的成长。

6.1.2　创业资源的获取途径

1.创业资源的来源

创业资源获取来自两个方面,一是自有资源,二是外部资源。

(1)自有资源。

自有资源主要是指创业者或团队自身拥有的、可用于创业的资金、技术、创业机会信息、自建的营销网络、控制的物质资源或管理才能、管理组织等。自有资源是可以通过内部培育和开发的,如企业通过一定的方式在内部开发的无形资产、培训员工以及促进内部学习等获取的有益资源。

(2)外部资源。

外部资源则包括亲朋好友、同学、同事、商务伙伴或其他投资者的社会关系及其资源,或者能够借用的人、财、空间、设备或其他原材料等。

2.创业资源获取途径

创业资源获取途径包括市场途径和非市场途径。市场途径是指通过支付全额费用在市场购买相关资源,非市场途径则指通过社会关系,用最小的代价甚至是无偿获取资源。

显然,创业者自有资源往往是非市场途径获取的。由于起步阶段的创业者或团队往往囊中羞涩,很难通过支付全额费用购买的方式获取创业所需的各种外部资源,因而非市场途径——通过社会关系,用最小的代价获取创业资源成为创业者首选,甚至有些资源可以无偿获取。

获取外部资源的关键在于拥有资源使用权或能控制和影响资源配置。对于特定的创业资源,应当根据创业项目及创业者或者创业团队的实际情况综合考虑获取方法。创业资源获取的关键往往取决于软实力。无形资源往往是撬动有形资源的重要杠杆。

6.1.3　创业资源的整合

1.创业资源整合的含义

创业资源整合是指创业者对不同来源、不同层次、不同结构、不同内容的创业资源进行识别与选择、汲取与配置、激活和有机融合,使其具有较强的柔性、条理性、系统性和价值性,并创造出新资源的复杂动态过程。资源整合,是企业战略调整的手段,也是企业经营管理的日常工作。整合就是优化资源配置,获得资源整体的最优化。

2.创业资源整合的一般过程

(1)必须具备的资源。

未来企业无论如何发展,都只有三条道路:第一是整合别人、做大做强;第二是被人整合、退休养老;第三则是淘汰倒闭、遗憾终生。企业的核心竞争力就是对资源的整合能力,对资源的整合能力越强,核心竞争力越强。因此,企业如何走出狭隘的发展空间,做大做强,与领导者的思维有着不可分割的关系,这就需要领导者必须具备一定的整合能力。

(2)分析已有资源。

资源整合的前提是要善于发现资源,培养一双善于发现资源的眼睛,及时捕捉到所需的财富资源,就能比竞争对手多走一步。将自己的资源列出一张清单,包括资金、团队、渠道、客户、品牌、专业、人脉等方面,对这些资源进行精确分析,给自己的资源定性。这样,我们才知道该如何运用资源:一方面让自己的资源升值,实现资源价值的最大化;另一方面,询问自己需要哪些资源,并为如何获得这些资源制定策略。

(3)明确目标。

在1953年,美国哈佛大学曾对当时的应届毕业生做过一次追踪研究,在这个研究中询问其中的一部分毕业生是否对未来有清楚明确的目标以及达成目标的书面计划,结果只有不到3%的学生有肯定的答复。而在二十年后,即1973年时,哈佛大学再次访问了当年接受调查的毕业生,结果发现那些有明确目标及计划的3%的学生,在二十年后他们不论在事业成就还是快乐及幸福程度上都高于其他的人。更有甚者,这3%的学生的财富总和居然大于另外97%的所有学生的财富总和,而这就是设定目标的力量。

设定目标后接下来就必须拟定执行计划。一个有效的计划时常影响目标是否能如期完成。若想拟定出一个完整且有效的计划就要先知道达成这一目标的原因,一旦对目的和原因了然于胸,就知道为何去做,自然会找出如何做的方法和步骤,使创业者也会明确目标自动地产生强大且持续的推动力,努力不懈地去完成这个目标。

(4)明确短缺资源。

在资源整合的过程中,创业者会发现所有的资源都掌握在别人的手里,要从别人那里拿到想要的资源,就必须配合别人的价值观,给他所想要的,别人才会给你想要的。如何判断自己短缺的资源?

方法一:在微小曲线上找出所需要的上下游方面的资源。假如是制造企业,那么上游需要产品研发、原辅材料等资源,下游需要客户、品牌、物流等资源。这些上下游配套资源就是创业者想要的资源。

方法二:列出资源表,将资源分门别类,看看需要什么。整合思维是以对方为中心,研究对方想要什么,然后给对方想要的,获得对方的信任和认可,对方愿给你想要的。

归纳起来,知道自己想要的资源,了解别人想要的资源,给别人他所想要的资源,他就给你想要的资源,这就是整合思维。

(5)弥补缺少的资源。

资源短缺是每个企业都会面临的问题。在资源整合中,你缺什么并不重要,重要的是你知道缺少的资源在谁手里?对于中小企业来说,要解决当前各种资源短缺的困境,就要及时出击找到自己需要的资源,再对症下药,或强强联手,或引进外来的设备、人才,或向银行贷款,或借助政策支持等。

如何将别人的资源整合起来?这就涉及一个"舍得"的思维,中国的中小企业经营者往往碍于传统观念,重"得"轻"舍",导致企业在遇到困境时故步自封,最后只能以倒闭收场。其实,

"舍"与"得"就像一个完整的圆圈,只要你愿意为他人服务,别人也会回报对等甚至更多的资源。所以,整合的关键是互补,只有资源互补才可能实现资源的整合,达到共赢的状态。

一旦了解了对方拥有的资源和缺少的资源,就能够有针对性地进行资源整合。但是,如果不与对方建立良好的信任关系,就不能顺利地进一步整合。从这里,我们就可以看到"诚信"在整合中的重要性。如果一个人的诚信记录良好,必然会大大增加整合的成功率,相反,就会大大降低整合的成功率。

(6)资源整合方式的选择。

①学会"拼凑"。很多创业者都是"拼凑"高手,通过加入一些新元素,与已有的元素重新组合,形成在资源利用方面的创新行为,进而可能带来意想不到的惊喜。创业者通常利用身边能够找到的一切资源进行创业活动,有些资源对他人来说也许是无用的、废弃的,但创业者可以通过自己的独有经验和技巧,加以整合创造。

整合已有的资源,快速应对新情况,是创业的利器之一。创业者善于用发现的眼光,洞悉身边各种资源的属性,将它们创造性地整合起来。这种整合很多时候甚至不是事前仔细计划好的,而往往是具体情况具体分析、"摸着石头过河"的产物。

②发挥资源杠杆效应。成功的创业者善于利用关键资源的杠杆效应,利用他人或者别的企业的资源来完成自己创业的目的,即用一种资源补足另一种资源,产生更高的复合价值;或者利用一种资源撬动和获得其他资源。其实,大公司也不只是一味地积累资源,他们更擅长于资源互换,进行资源结构更新和调整,积累战略性资源,这是创业者需要学习的经验。对创业者来说,容易产生杠杆效应的资源,主要包括人力资本和社会资本等非物质资源。创业者的人力资本由一般人力资本与特殊人力资本构成,一般人力资本包括受教育背景、以往的工作经验及个性品质特征等。

延伸阅读

街电CEO原源:强大的资源整合能力是街电制胜的法宝

像之前的共享单车一样,共享经济的生态可谓一波未平一波又起。当下,共享充电宝在资本和创业大潮的助推下,正如火如荼地高歌猛进。

谈起行业的发展,2017年6月29日下午,街电CEO原源在由时代TIT广场主办、南方都市报联合主办的"共享经济的下半场"互联网系列沙龙上表达了自己的观点:共享充电宝要形成规模化的网络,在互联网这个圈,一定要多方面的资源整合。据悉,此次沙龙会议汇聚了业内资深专家学者、投资人、企业代表、媒体等汇聚一堂共同探索共享经济的未来。

毋庸置疑,原源选择与陈欧搭伙做共享充电宝项目当然是看好了行业的巨大的市场潜力,以及用户存在的痛点。但之所以选择街电的原因则是其在行业内技术领先、硬件积累最多,也是规模最大的平台。另外,原有股东海翼与欣旺达在硬件及供应链上的支持,为街电共享充电宝的发展亦提供了重要条件。可以说,共享充电宝的商战未开始,街电已经从技术到供应链占据了先发优势。

在共享充电宝规模化的网络运营方面,原源以街电为例指出,在产能方面,街电引入比亚迪、富士康,可以让他们扩充产能。首先,这样让供应链不会成为瓶颈。其次,他自信有一个非常搭的团队。在设备硬件方面,街电采用知名品牌飞毛腿。而在采购方面,业务拓展团队拥有支付宝O2O经验,大家能把资源全部整合起来,能让公司跑得更快。

原源的加入,将对街电的线下布局和消费场景渗透重点把关;从用户到产品,从投资人到生态链,街电共享充电宝正以惊人的速度持续前进。

为巩固先发优势,街电方面此前开展了主题为"聚力街电共赢未来"的 2017 北京服务商大会,与一百多家服务商签约合作。未来,街电科技还将继续和那些具备强推能力的企业进行异业合作,共享这片百亿级别市场的红利。

在资金层面,据原源介绍道,"陈欧已经把街电当成自己的第二事业了,聚美优品在供应链等方面对街电有相当大的支持。"聚美集团之前向街电投资 3 亿元人民币。而聚美集团表示,拟向街电再投 1 亿美元,届时街电也将成为融资额最多的企业。

资料来源:街电 CEO 原源:强大的资源整合能力是街电制胜的法宝[EB/OL].(2017 – 06 – 30)[2020 – 12 – 12].https://m.huanqiu.com/article/qcaKmK3OZe.

6.2 创业融资

6.2.1 融资和创业融资

融资,从狭义上讲,即是一个企业的资金筹集的行为与过程。创业融资是指创业企业根据自身发展的要求,结合生产经营、资金需求等现状,通过科学的分析和决策,借助企业内部或外部的资金来源渠道和方式,筹集生产经营和发展所需资金的行为和过程。

在创业组织开业经营之前,创业者需要确定企业启动所需要的资金。为了保证企业在启动阶段业务运转顺利,在企业业务经营达到收支平衡之前,创业者需要准备足够的资金以备支付各种费用。

6.2.2 融资渠道

创业融资的主要资金来源一般包括银行贷款、风险投资、民间资本、融资租赁、私人资本、互联网平台融资以及其他来源。

1.银行贷款

银行贷款被誉为创业融资的"蓄水池",由于银行财力雄厚,而且大多具有政府背景,因此成为创业中的重要途径。从目前的情况看,银行贷款有以下四种。

(1)抵押贷款:是指借款人向银行提供一定的财产作为信贷抵押的贷款方式。

(2)信用贷款:是指银行仅凭对借款人资信的信任而发放的贷款,借款人无须向银行提供抵押物。

(3)担保贷款:是指以担保人的信用为担保而发放的贷款。

(4)贴现贷款:是指借款人在急需资金时,以未到期的票据向银行申请贴现而融通资金的贷款方式。

在此也提醒创业者,从申请银行贷款起,就要做好打"持久战"的准备,因为申请贷款并非与银行一家打交道,而是需要经过工商管理部门、税务部门、中介机构等一道道"门坎"。而且手续烦琐,任何一个环节都不能出问题。

2.风险投资

在许多人眼里,风险投资家手里都有一个神奇的"钱袋子",从那个"钱袋子"掉出来的钱能让创业者坐上阿拉丁的"神毯"一飞冲天。但风险投资是一种高风险、高回报的投资,风险投资家以参股的形式进入创业企业,为降低风险,在实现增值目的后会退出投资,而不会永远与创业企业捆绑在一起。而且,风险投资比较青睐高科技创业企业。风险投资家虽然关心创业者手中的技术,但他们更关注创业企业的盈利模式和创业者本人。天使投资属于风险投资,指具有一定净财富的人士,对具有巨大发展潜力的高风险的初创企业进行早期的直接投资,也属于自发而又分散的民间投资方式。这些进行投资的人士被称为"投资天使",用于投资的资本称为"天使资本"。

3. 民间资本

民间资本就是民营企业的流动资产和家庭的金融资产。随着我国政府对民间投资的鼓励与引导,以及国民经济市场化程度的提高,民间资本正获得越来越大的发展空间。目前,我国民间投资不再局限于传统的制造业和服务业领域,而是向基础设施、科教文卫、金融保险等领域"全面开花",对正在为"找钱"发愁的创业者来说,这无疑是"利好消息"。而且民间资本的投资操作程序较为简单,融资速度快,门槛也较低。

4. 融资租赁

融资租赁是一种以融资为直接目的的信用方式,表面上看是借物,而实质上是借资,以租金的方式分期偿还。该融资方式具有以下优势:不占用创业企业的银行信用额度,创业者支付第一笔租金后即可使用设备,而不必在购买设备上大量投资,这样资金就可调往最急需用钱的地方。融资租赁这种筹资方式,比较适合需要购买大件设备的初创企业,但在选择时要挑那些实力强、资信度高的租赁公司,并且租赁形式越灵活越好。

5. 私人资本

私人资本是指资本所有者个人拥有的资本。私人资本融资包括自有资金融资和亲朋好友融资,融资要达成书面协议,履行一定手续,这样才能受法律保护。非法集资是一种犯罪活动,是指单位或者个人未依照法定程序经有关部门批准,以发行股票、债券、彩票、投资基金证券或者其他债权凭证的方式向社会公众筹集资金,并承诺在一定期限内以货币、实物以及其他方式向出资人还本付息或给予回报的行为。

6. 互联网平台融资

所谓互联网平台融资是指企业或个人与银行等金融机构之间,以互联网为基础进行的借贷活动。这种融资不必非要像传统借贷那样去实体金融机构,因为表现形式不同,所以互联网融资与传统融资在具体监管措施方面必定会有一定的差别,但这并不构成"互联网+"融资与传统融资的根本区别。2013年6月,支付宝的"理财神器"——余额宝宣告正式上线。用户将资金转入余额宝内,既能像支付宝余额一样随时用于消费、转账等支出,还能享受基金公司提供的货币基金投资收益,获得增值。仅仅过了4个月,"天弘增利宝"货币基金资金规模已达556亿元,成为我国市场上最大的公募基金和货币基金,余额宝开户数则超过1亿。一石激起千层浪,余额宝的奇迹引发了全社会对互联网金融的极大关注,互联网金融也迅速成为一个正式出现在各大媒体的热门词汇。而从本质上看,在余额宝之前,互联网金融的业态早已经出现。

6.2.3　创业融资的决策

1. 融资估算

企业无论是在初创时期还是在正常经营的过程中,都会涉及融资问题,创业者应该根据创建企业不同发展阶段的资本需求特征,结合企业的发展计划和战略规划,制订好融资方案。

(1)确定融资规模。

融资规模是指一定时期投资主体筹集资金的总额,通常以货币形态表示。由于企业融资需要付出成本,因此企业在筹集资金时,首先要确定企业的融资规模。筹资过多,会造成资金的闲置和浪费,增加融资成本;还可能导致企业负债过多,使其无法承受,由此增加经营风险。而如果企业筹资不足,则又会影响企业的融资计划以及其他业务的正常开展。企业一般可使用经验法和财务分析法确定筹资规模。

经验法是指企业在确定融资规模时,首先要根据企业内部融资与外部融资的不同性质。优先考虑企业自有资金,然后再考虑外部融资。二者之间的差额即为应从外部融资的数额。此外,企业融资数额多少,通常要考虑企业自身规模的大小、实力强弱,以及企业处于哪一个发展阶段,再结合不同融资方式的特点来选择适合本企业发展的融资方式。比如,对于不同规模的企业要进行融资,一般来说,已获得较大发展、具有相当规模和实力的股份制企业,可考虑在主权市场发行股票融资;属于高科技行业的中小企业可考虑在创业板市场发行股票融资;一些不符合上市条件的企业则可考虑银行贷款融资。再如,对初创期的小企业,可选择银行融资;如果是高科技型的小企业,可考虑风险投资基金融资;如果企业已发展到相当规模时,可发行债券融资,也可考虑通过并购重组进行企业战略融资。

财务分析法是指通过对企业财务报表的分析,判断企业的财务状况与经营管理状况,从而确定合理的筹资规模。由于这种方法比较复杂,需要创业者具有较高的分析能力,因而一般在筹资决策过程中存在许多不确定性因素的情况下运用。使用该方法确定筹资规模,一般要求企业公开财务报表,以便资金供应者能根据报表确定提供给企业的资金额,而企业本身也必须通过报表分析确定可以筹集的资金额。

(2)确定资金用途。

不同的资金用途影响资金能够回收的期限,不同的用途决定企业应该筹集什么样的资金,是长期的还是短期的。

固定资金是指企业需要的土地、厂房、设备、人员支出等固定的资金投入,一般常见于企业改扩建项目、房地产项目、生产加工项目等。一般企业的固定资金投入比较大,也比较常见。

流动资金是指企业出现的销售费用、市场推广及广告费用、购买原材料费用、工程项目中的预付款和垫资部分,流动资金投入一般较小。

过桥资金是一种短期资金的融通,期限以六个月为限,是一种与长期资金相对接的资金。比如,在等待银行贷款或政府审批、土地所有权属还需要一定时间(不超过六个月)办妥,资金问题只能通过自身解决,但是缺乏部分"过桥"资金,而延迟了创业企业主要资金的办理时间。提供过桥资金的目的是通过过桥资金的融通,达到与长期资金对接的条件,然后以长期资金替代过桥资金。"过桥"只是一种暂时状态。助保贷,是由政府和银行共同筛选企业组成"中小微企业池",由政府提供的风险补偿资金和企业缴纳的助保金共同组成"助保金池"作为风险缓释方式的信贷业务。过桥资金和助保贷充分显现了财政资金"四两拨千斤"的杠杆效应和引导作用,已成为企业普遍认可、最直接、最有效的政府服务中小微企业的有力措施。

(3)估算启动资金。

启动资金是指创业者进行创业时,前期的资本投入,是项目的前期开支。由于初创企业前期投入大,往往在几个月(大型项目甚至几年)后才能盈利,专家建议新企业启动阶段至少备注六个月的各种预备费用,主要包括固定资产投资、流动资金和开办费,如表6-1所示。

表6-1 创办企业启动资金表

资金类别	费用名称	明细
固定资产投资	设备及工具器具购置费用	设备购置费、工具器具及生产家具购置费
	建筑安装工程费用	直接费、间接费、利润、税金
	工程建设其他费用	土地使用费、项目建设有关的其他费用、未来生产经营有关的其他费用(联合试运转费、生产准备费)
	预备费	基本预备费、涨价预备费
	建设期贷款利息	
	固定资产投资方向调节税	暂停征收
流动资金	原材料或半成品采购费	原材料或半成品采购、存储费用
	员工工资	管理人员和工人工资
	广告费	促销费用
	租金	办公场所及仓库的租赁
	保险费用	社会保险、商业保险
	现金	一定比例的现金
	其他费用	办公用品、水电费、交通费、物业费等
其他资金	开办费	办公费、验资费、注册费、培训费、装潢费用、加盟费、技术转让费等

(4)估算融资成本。

融资成本是资金所有权与资金使用权分离的产物,融资成本的实质是资金使用者支付给资金所有者的报酬。由于企业融资是一种市场交易行为,有交易就会有交易费用,资金使用者为了能够获得资金使用权,就必须支付相关的费用。如委托金融机构代理发行股票、债券而支付的注册费和代理费,向银行借款支付的手续费等。企业融资成本实际上包括两部分,即融资费用和资金使用费。

(5)测算营业收入和利润。

营业收入是从事主营业务或其他业务所取得的收入,是指在一定时期内,商业企业销售商品或提供劳务所获得的货币收入,分为主营业务收入和其他业务收入。

$$营业收入=主营业务收入+其他业务收入$$

或 $$营业收入=产品销售量(或服务量)×产品单价(或服务单价)$$

主副产品(或不同等级产品)的销售收入应全部计入营业收入;企业所提供的不同类型服务收入也应计入营业收入

利润是企业经营的成果,是企业经营效果的综合反映,也是其最终成果的具体体现。利润可细分为毛利、纯利及除税前溢利,用以财务分析,了解企业的表现。

营业利润是企业在其全部销售业务中实现的利润,又被称为销售利润、经营利润。

营业利润=主营业务收入-主营业务成本+其他业务收入-其他业务成本-营业费用-管理费用-财务费用-增值税-税金及附加-资产减值损失+公允价值(有价证券变现、应收

账款可望收取的数额、重置成本)变动收益－公允价值变动损失＋投资收益－投资损失

2.创业融资决策的原则

融资决策是指为企业初创或企业并购筹集所需要的大量资金,制订出最佳的融资方案。融资决策是每个企业都会面临的问题,也是企业生存和发展的关键问题之一。融资决策需要考虑众多因素,税收因素是其中之一。利用不同融资方式、融资条件对税收的影响,精心设计企业融资项目,以实现企业税后利润或者股东收益最大化,是税收筹划的任务和目的。创业融资决策一般把握如下原则。

(1)适用性原则。

适用性原则是指企业融资决策应根据所需资金的种类和数量来决定融资的方式和数量。企业经营活动对资金的需求具有多样性,从资金的性质看,既有对债务的需求,也有对股本的需求;就资金的期限而言,既有对短期资金的需求,也有对长期资金的需求。企业融资决策要根据企业经营活动的具体情况,选择相应的融资方式,确定相应的融资量。

(2)安全性原则。

安全性原则是企业经营所遵循的一个基本原则,它是指企业融资决策应根据自身的负债能力来决定融资的方式和数量。由于不同融资方式下的融资风险的高低不同,企业融资决策时必须分析各种融资方式下的融资风险,合理选择融资方式并确定各种融资方式下的融资量,确定一个与企业风险承受能力相适应的融资结构。

(3)收益性原则。

收益性原则是指企业融资决策在融资方式和数量的确定上应以尽可能低的融资成本获取所需资金。企业是以盈利为目的的经济组织,企业经营活动必须注重成本核算,降低成本,遵循收益性原则。不同融资方式下的融资成本是不同的,因此,企业在融资决策时应分析各种融资方式下的融资成本,合理选择融资方式并确定融资量,确定一个使企业融资成本尽可能低的融资结构。

(4)可得性原则。

可得性原则是指企业融资决策应根据融资方式的难易程度来选择和确定融资的方式和数量。在外部环境既定的情况下,不同类型的企业和企业不同的经营状况以及融资方式的不同条件要求,决定了资金的可得性是不同的。

3.创业融资机会的选择

融资机会是指由有利于企业融资的一系列因素所构成的有利的融资环境和时机。企业选择融资机会的过程,就是企业寻求与企业内部条件相适应的外部环境的过程,这就有必要对企业融资所涉及的各种可能影响因素进行综合具体分析。一般来说,要充分考虑以下几个方面。

(1)由于企业融资机会是在某一特定时间出现的一种客观环境,虽然企业本身也会对融资活动产生重要影响,但与企业外部环境相比较,企业本身对整个融资环境的影响是有限的。在大多数情况下,企业实际上只能适应外部融资环境而无法左右外部环境,这就要求企业必须充分发挥主动性,积极地寻求并及时把握住各种有利时机,确保融资获得成功。

(2)由于外部融资环境复杂多变,企业融资决策要有超前预见性,为此,企业要能够及时掌握国内和国外利率、汇率等金融市场的各种信息,了解国内外宏观经济形势、国家货币及财政政策以及国内外政治环境等各种外部环境因素,合理分析和预测能够影响企业融资的各种有利和不利条件,以及可能的各种变化趋势,以便寻求最佳融资时机,果断决策。

（3）企业在分析融资机会时，必须要考虑具体的融资方式所具有的特点，并结合本企业自身的实际情况，适时制订出合理的融资决策。比如，企业可能在某一特定的环境下，不适合发行股票融资，却可能适合银行贷款融资；企业可能在某一地区不适合发行债券融资，但可能在另一地区却相当适合。

延伸阅读

会籍式众筹——3W 咖啡

互联网分析师许单单这两年风光无限，从分析师转型成为知名创投平台 3W 咖啡的创始人。3W 咖啡采用的就是众筹模式，向社会公众进行资金募集，每个人 10 股，每股 6000 元，相当于一个人 6 万。那时正是微博最火热的时候，很快 3W 咖啡汇集了一大帮知名投资人、创业者、企业高级管理人员，其中包括沈南鹏、徐小平、曾李青等数百位知名人士，股东阵容堪称华丽，3W 咖啡引爆了中国众筹式创业咖啡在 2012 年的流行。几乎每个城市都出现了众筹式的 3W 咖啡。3W 很快以创业咖啡为契机，将品牌衍生到了创业孵化器等领域。

3W 的游戏规则很简单，不是所有人都可以成为 3W 的股东，也就是说不是你有 6 万就可以参与投资的，股东必须符合一定的条件。3W 强调的是互联网创业和投资圈的顶级圈子。而没有人是会为了 6 万未来可以带来的分红来投资的，更多是 3W 给股东的价值回报在于圈子和人脉价值。试想如果投资人在 3W 中找到了一个好项目，那么多少个 6 万就赚回来了。同样，创业者花 6 万就可以认识大批同样优秀的创业者和投资人，既有人脉价值，也有学习价值。很多顶级企业家和投资人的智慧不是区区 6 万可以买的。

案例点评：

会籍式的众筹方式在中国创业咖啡的热潮中表现得淋漓尽致。会籍式的众筹适合在同一个圈子的人共同出资做一件大家想做的事情。比如 3W 这样开办一个有固定场地的咖啡馆方便进行交流。其实会籍式众筹股权俱乐部在英国的 M1NT Club 也表现得淋漓尽致。M1NT 在英国有很多明星股东会员，并且设立了诸多门槛，曾经拒绝过著名球星贝克汉姆，理由是当初小贝在皇马踢球，常驻西班牙，不常驻英国，因此不符合条件。后来 M1NT 在上海开办了俱乐部，也吸引了 500 个上海地区的富豪股东，主要以老外为主。

创业咖啡注定赚钱不易，但这和会籍式众筹模式无关。实际上，完全可以用会籍式众筹模式来开餐厅、酒吧、美容院等高端服务性场所。这是因为现在圈子文化盛行，加上目前很多服务场所的服务质量都不尽如人意。通过众筹方式吸引圈子中有资源和人脉的人投资，不仅是筹措资金，更重要的是锁定了一批忠实客户。而投资人也完全可以在不需经营的前提下拥有自己的会所、餐厅、美容院等，不仅可以赚钱，还可以在自己朋友面前拥有更高的社会地位。

资料来源：会籍式众筹 3W 咖啡［EB/OL］.(2015－01－21)(2020－12－12).https://www.gaodun.com/caiwu/734651.html.

思考题

1.简述创业资源整合的一般过程。

2.创业融资有哪些渠道？需要注意什么问题？

第7章
商业模式设计

学习要点及目标

1.熟悉商业模式的构成要素
2.掌握商业模式的设计工具

导读

诺奖得主让·梯诺尔:选择正确平台商业模式是成功关键

"近二十年来,世界范围内平台的重要性不断提高。"2020年4月23日,2014年诺贝尔经济学奖获得者让·梯诺尔出席2020贝壳新居住大会,并围绕"平台经济商业模式"发表演讲。他提出,"对于双边平台来说,选择正确的商业模式是成功的关键"。同时,对平台如何取得竞争优势,结合贝壳关于"数字新居住"的战略布局,从经济学角度提出了制胜策略。

随着大数据、人工智能、云计算等新技术飞速发展,全球各行业的引领者纷纷走向平台化,目前全世界最大七家公司中的阿里巴巴和腾讯就属于双边平台,平台经济已成为全球数字经济发展的重要模式。

"双边平台的本质是一个能够连接买家和卖家的双边媒介。"让·梯诺尔介绍道,"平台主要分为匹配平台和技术平台,前者解决经济学中的注意力问题,后者提供更流畅的服务和体验。"以贝壳找房为例,它主要是一个匹配平台,但同时也是一个技术平台。一方面,贝壳找房涵盖二手房、新房、租房、装修和社区服务等众多类目,能够提供多元化的居住服务连接;另一方面,贝壳找房通过大数据、AI、VR、IoT等技术,在看房、找房、委托、匹配等众多环节实现数字化,提升用户体验和交易效率。

平台的用户都具备"网络外部性",即用户倾向选择更大规模的平台。这是因为越多人使用某个平台,其业务数量、质量和预测准确性就越高,从而能够吸引更多人选择这个平台。

1.平台从垂直模式向开放模式发展

让·梯诺尔认为,在平台经济的商业模式中,企业需要考虑多方面的市场因素。首先是定价,平台在调价时,一方面要考虑需求弹性,一方面还要考虑跨群效应。对于平台来说,最重要的不是如何合理分摊成本,而是如何吸引双边用户。因此在平台中经常会出现倾斜式定价,即平台中的一方会非常划算,而另一方则不那么划算。很多平台一开始没有建立自己的生态系统,先自营,积累一定消费者之后开始运营平台,进而吸引第三方合作伙伴。贝壳就是这样慢慢建立起自己的生态系统的,也就是从垂直整合到更加开放的生态系统。

作为技术驱动的"新居住"服务平台,贝壳找房依托链家在房产经纪服务领域多年的数据积累,以"楼盘字典"为例,截至目前已覆盖全国330座城市的53万个小区,共包含2.19亿套房屋真实信息。贝壳找房将多年积累的数据和行业工具开放给平台上的合作伙伴,比如建立 ACN 经纪人合作网络,以及不断打造"VR 看房""线上签约"等数字化基础设施,携手合作伙伴逐步构建出品质服务的开放生态。

贝壳找房新居住平台的开放生态价值也不断得到合作伙伴的认可。贝壳找房上线两年以来,二手房交易服务已覆盖全国 110 个城市,连接新经纪品牌超过 250 个,实现近 4 万家门店的互联互通,约 37 万名经纪人提供服务。

2.开放式生态系统将创造更好的服务

在谈及合作竞争时,让·梯诺尔强调了开放式生态系统的重要性,指出在封闭和开放之间,其实有很多过渡区间。他表示,"这种与第三方开发商形成的建设性关系是非常有益的,其中最主要的益处是,平台将变得更具多样性,还将创造更好的服务,因为平台提供的将不只是自己的服务,而是来自全世界的优质服务。开放系统,特别是它所形成的建设性关系,将在平台与用户之间建立信任。"

以贝壳找房的新居住平台为例,随着 VR 售楼部、在线签约、在线贷签、资金存管等功能陆续上线,贝壳已经跑完居住服务线上化"最后一公里",实现居住服务数字化闭环。用户足不出户,就可以获得全流程的线上居住服务,而整个行业的作业模式也因此发生改变。比如,贝壳首创的"三方同屏"VR 带看功能,同时连接用户、经纪人与楼盘置业顾问,三方同屏,随看随讲,彻底打破了时间和空间的限制,既提升了用户体验,也改善了店东、经纪品牌、开发商的效率。贝壳推出的"线上贷签"服务,让交易双方足不出户就可以在线与银行完成贷款流程,贷款进度线上可视化,兼具效率与安全。

未来,贝壳找房将聚合和赋能更多生态合作伙伴,驱动行业进入数字化的新居住时代。在此次新居住大会上,贝壳找房也提出了未来愿景:连接 100 万服务者,全面满足 3 亿家庭买卖、租赁、装修家居、社区服务等全类目品质需求,构筑线上线下两张网,推动行业正循环。

资料来源:许维娜.诺奖得主让·梯诺尔:选择正确平台商业模式是成功关键[EB/OL]. (2020 - 04 - 23)[2020 - 12 - 28].http://finance.people.com.cn/GB/n1/2020/0423/c1004 - 31685415.html.

7.1　商业模式概述

7.1.1　商业模式的含义和特征

1.商业模式的含义

企业与企业之间、企业的部门之间,乃至企业与顾客之间、与渠道之间都存在的各种各样的交易关系和联结方式被称为商业模式。商业模式即创业者创意,商业创意来自于机会的丰富和逻辑化,并有可能最终演变为商业模式。有一个好的商业模式,成功就有了一半的保证。商业模式就是企业通过什么途径或方式来营利。简言之,饮料公司通过卖饮料来营利;快递公司通过送快递来营利;网络公司通过点击率来营利;通信公司通过收话费来营利;超市通过平台和仓储来营利等。只要有盈利的地方,就有商业模式存在。

所以,商业模式就是创业者为满足消费者价值最大化的需求系统,这个系统组织管理企业的各种资源(资金、原材料、人力资源、作业方式、销售方式、信息、品牌和知识产权、企业所处的环境、创新力,又称输入变量),形成能够提供消费者无法自力而必须购买的产品和服务(输出变量),是一个完整高效的具有独特核心竞争力的运行系统。

2.商业模式的特征

长期从事商业模式研究和咨询的人士认为,成功的商业模式具有以下三个特征。

(1)成功的商业模式要能提供独特价值。有时候这个独特的价值可能是新的思想,而更多的时候,它往往是产品和服务独特性的组合。这种组合要么可以向客户提供额外的价值;要么使得客户能用更低的价格获得同样的利益,或者用同样的价格获得更多的利益。

(2)成功的商业模式是难以模仿的。成功的商业模式是具有自己能复制且别人不能复制,或者自己在复制中占据市场优势地位的特性。企业通过确立自己的与众不同,如对客户的悉心照顾、无与伦比的实施能力等,来提高行业的进入门槛,从而保证利润来源不受侵犯。比如,直销模式,人人都知道其如何运作,但是戴尔公司是直销模式的标杆,一般人很难复制戴尔的模式,其原因在于"直销"的背后是一整套完整的、极难复制的资源整合和生产流程。

(3)成功的商业模式是脚踏实地的。企业要做到量入为出、收支平衡。这个看似不言而喻的道理,要想年复一年、日复一日地做到,却并不容易。现实当中的很多企业,不管是传统企业还是新型企业,对于自己的从何处获利、为什么客户看中自己企业的产品和服务,乃至有多少客户实际上不能为企业带来利润、反而在侵蚀企业的收入等关键问题,都不甚了解。

7.1.2 商业模式的构成要素和逻辑

1.商业模式的构成要素

近几年来,从主流讲话到网络媒体、从创业精英到投资基金,"商业模式"一词已经成为探讨新经济的必用词汇,越来越多的企业意识到,商业模式是资本市场甄别企业的关键要素,也是企业获得商业成功的根本原因。商业模式由不同的要素组成,不同的学者对商业模式的构成要素有不同的看法,本书主要介绍两种比较广泛认同的观点。

(1)六要素理论。

我们把商业模式的构成要素概括为战略定位、业务系统、关键资源能力、盈利模式、现金流结构、企业价值及其相互关系,如图7-1所示。

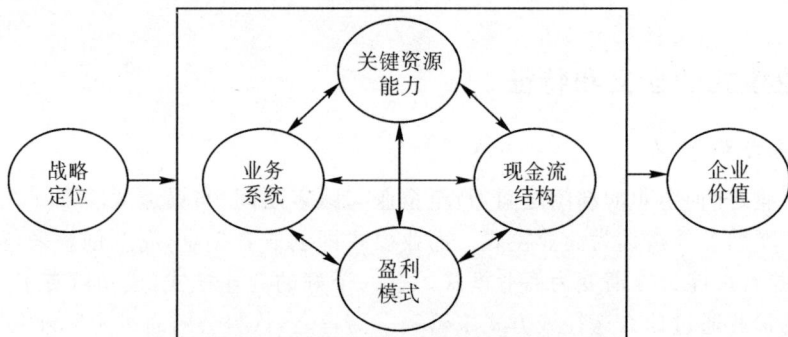

图7-1 商业模式六要素相互关系

①战略定位是企业战略选择的结果,也是商业模式体系中其他几个要素的起点。战略定位需要考虑三个方面,即长期发展、利润增长、独特价值。商业模式中的"定位"更多的是作为

整个商业模式的支撑点,同样的定位可以有不一样的商业模式,同样的商业模式也可以实现不一样的定位。

②业务系统是指企业达到战略定位所需要的业务环节、各合作方扮演的角色以及利益相关者合作方式。企业围绕战略定位所建立起来的业务系统将形成一个价值网络,明确了客户、供应商/其他合作方在通过商业模式获得价值的过程中扮演的角色。

③关键资源能力是指业务系统运转所需要的重要资源和能力,任何商业模式构建的重点工作之一就是了解业务系统所需要的重要资源和能力有哪些、如何分布,以及如何获取和建立。不是所有的资源和能力都同等珍贵,也不是每一种资源和能力都是企业所需要的,只有与战略定位、业务系统、盈利模式、现金流结构相契合并能互相强化的资源和能力,才是企业真正需要的。

④盈利模式是指企业获得收入、分配成本、赚取利润的方式。盈利模式是在给定业务系统价值链所有权和价值链结构的前提下,相关方之间利益的分配方式。良好的盈利模式不仅能够为企业带来利益,还能为企业编织一张稳定、共赢的价值网。传统盈利模式的成本结构往往和收入结构一一对应,而现代盈利模式中的成本结构和收入结构则不一定完全对应。同样是制造、销售手机,那些通过专卖店、零售终端销售手机的企业,其销售成本结构主要是销售部门的管理费用、销售人员的人工成本等,而通过与运营商提供的服务捆绑、直接给用户送手机的制造商的销售成本结构则完全不一样,尤其是在当今的移动互联网时代,创新性的盈利模式屡见不鲜。

⑤现金流结构是指企业经营过程中产生的现金收入扣除现金投资后的状况。不同的现金流结构反映了企业在战略定位、业务系统、关键资源能力以及盈利模式方面的差异,决定了企业投资价值的高低、投资价值递增的速度以及受资本市场青睐的程度。

⑥企业价值是指企业的投资价值,是企业预期未来可以产生的现金流的贴现值。企业的投资价值由其成长空间、成长能力、成长效率和成长速度等因素共同决定。

商业模式的六个要素是互相作用、互相影响的。相同的战略定位可以通过不一样的业务系统实现,同样的业务系统也可以有不同的关键资源能力、盈利模式和现金流结构。

(2)九要素理论。

亚历山大·奥斯特瓦德认为,价值主张、客户细分、分销渠道、客户关系、收入来源(或收益来源)、关键资源、关键活动(或关键业务)、伙伴网络、成本结构是商业模式九大构成要素,如图7-2所示。

①价值主张,即企业通过其产品和服务能向消费者提供何种价值,具体表现为标准化/个性化的产品/服务/解决方案、宽/窄的产品范围。

②客户细分,即企业经过市场划分后所瞄准的消费者群体,具体表现为本地区/全国/国际、政府/企业/个体消费者、一般大众/多部门/细分市场。

③分销渠道,即描绘企业用来接触、将价值传递给目标客户的各种途径,具体表现为直接/间接、单一/多渠道。

④客户关系,即阐明企业与其客户之间所建立的联系,主要是信息沟通反馈,具体表现为交易型/关系型、直接关系/间接关系。

⑤收入来源(或收益来源),即描述企业通过各种收入流来创造财务的途径,具体表现为固定/灵活的价格、高/中/低利润率、高/中/低销售量、单一/多个/灵活渠道。

⑥关键资源,即概述企业实施其商业模式所需要的资源和能力,具体表现为技术/专利、品牌/成本/质量优势。

⑦关键活动(或关键业务),即描述业务流程的安排和资源的配置,具体表现为标准化/柔性生产系统、强/弱的研发部门、高/低效供应链管理。

⑧伙伴网络,即企业同其他企业为有效提供价值而形成的合作关系网络,具体表现为上下游伙伴、竞争/互补关系、联盟/非联盟。

⑨成本结构,即运用某一商业模式的货币描述,具体表现为固定/流动成本比例、高/低经营杠杆。

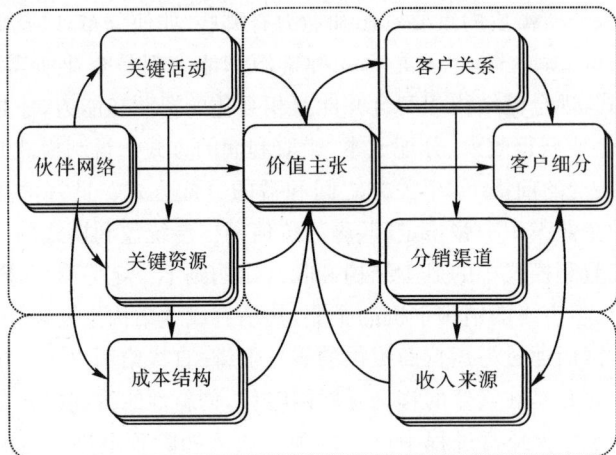

图 7-2　商业模式九要素相互关系

2.商业模式的逻辑

从对商业模式要素研究的各个观点来看,提及最多的是价值主张、盈利模式、价值传递和价值获取,由此构成商业模式的核心。商业模式是以顾客为中心来解决一般价值创造问题的核心逻辑,必须将其贯穿于商业模式之中。如图 7-3 所示,以科技企业孵化器商业模式为例分析。

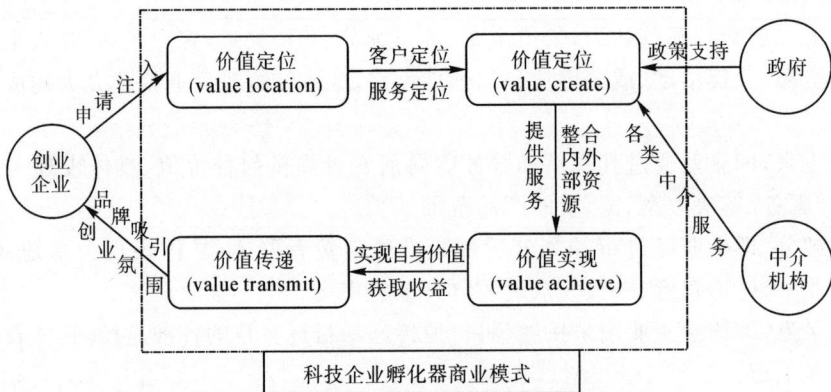

图 7-3　科技企业孵化器商业模式的逻辑

7.2　商业模式的设计工具及商业模式创新

如今企业之间的竞争早已不是简单的产品之间的竞争,更多是商业模式之间的竞争,说明了如今商业模式的重要性。对于初创的企业更是如此,所有的创业者都应该明白,企业的成功与否就是商业模式的成功与否。

7.2.1　商业模式设计的基本要求

好的商业模式要符合五个方面的标准,即定位要准、市场要大、扩展要快、壁垒要高、风险要低。因此,进行设计时就要重点从这五个方面入手。

1.定位要准

定位要准是指清楚地定义目标客户的问题和痛点,并通过对行业环境的梳理,制定企业产品发展战略,规划产品或服务。为这个市场提供满足顾客需要的、有价值、独有的产品,让顾客愿意为此付费。

2.市场要大

目标市场是创业企业打算通过营销来吸引的客户群,并向他们出售产品或服务。要寻找一个快速、大规模、持续增长的市场,这是确定是否为优秀市场定位的一个关键标准。

3.扩展要快

收入是否快速扩展,是衡量商业模式能否迅速做大规模的关键要素。商业模式从本质上讲就是如何获利、如何定价、收入现金流是否会满足所有的花费等问题。商业模式的设计可以从以下几个方面考虑:①产品或服务本身的收益;②提高产品附加值,形成新的利润;③围绕产品核心,设计新产品,形成新的利润;④给资金加速,挖掘沉淀利润;⑤流程优化,剔除无效流程,创造新的利润。

4.壁垒要高

好的商业模式一定要和自身独有的优势紧密结合。企业通过确立自己的独特优势,提供独特价值,来提高后进者的壁垒,使自己不容易被人赶超。

5.风险要低

风险要低是指要综合评估可能面临的各种风险。优秀的商业模式应当使企业具有发展成为龙头和链主的最大可能性,而不是在开始发展时就受制于人。评估风险的最终目标是要识别出所有可能的风险并制订相应的策略,使风险能够可控和被管理。

7.2.2　商业模式的设计工具

1.初创企业商业模式设计的工具——精益创业画布

精益创业画布是对创业项目聚焦的思考和精确的提炼。它能够让创业者抓住事物的本质,把握创业项目的核心。这一模型最早由美国学者莫瑞亚提出。莫瑞亚对精益创业画布(lean startup canvas)的最早的设想是来自于非常熟悉的商业模式画布(business model canvas)。精益创业画布主要有以下基本要素。

(1)客户细分。

创业者最先要思考的是客户是谁、为谁服务。为什么要考虑这些呢,为什么要做细分呢?这是因为,每个客户群体都是有差异的,没有一种产品能够满足市场的所有群体。只有对用户挖掘得足够准确,产品或服务的针对性才越强,越能贴近用户的核心需求。在创业的早期,一定是要从狭小的领域入手。满足这一领域的客户,然后才有机会慢慢延伸。有时候,创业者只有单边客户,比如早期的 QQ 用户;有时候,创业者可能有双边或者多边用户,比如滴滴出行平台,既要考虑乘客,也要考虑司机。

(2)需求痛点。

痛点就是目标人群未能被满足的需求。这里的需求要能够满足刚需、痛点、高频的特点,有可能是显性未能实现的需求或者是潜在的需求。比如滴滴出行平台满足用户的短途出行叫不到车的需求。而在分析这个需求的时候,要考虑一点,就是这个需求点,是不是目前用户有替代产品,能通过其他方式满足。市场上谁会是潜在的竞争对手,他们有什么特点。在滴滴出行平台出来之前,出租车是满足这些需求的。但是这一需求满足的并不好,因为乘客只有等待出租车经过时才会打到车,而出租车也不知道哪里有乘客。这个需求在被满足,但是满足得不高效。共享单车市场也是如此。过去人们对更短距离的出行,是通过乘坐公交、步行或者乘坐出租车来完成的。但是这些方式并不是很方便,要么耗时,要么耗钱。那单车短租的方式,解决了人们的时间和金钱的成本,也很好地满足了人们的需求。

(3)解决方案(产品/服务)。

这就是针对前面目标客户群存在的问题的具体解决方案。这个方案要能够帮助用户真正解决问题,而且用户愿意为此付出时间和金钱购买产品或服务。如果创业者的方案是自己认为满足用户需求的产品,但是到了客户那里客户并不愿意为之买单,那可能就存在问题。因此,在这个过程中,要用精益创业的方式,先开发出 MVP(最小化可行产品)去验证想法和方案是否正确。如果客户对的 MVP 接受了,那说明创业者的设计是正确的。反之,创业者就要重新回过头来去挖掘客户的需求,再设计产品。

(4)独特价值定位。

对解决方案的设计,创业者可能会有很多的选择和考虑。但是在创业团队的成员心中一定要有一个统一的认知,那就是创业团队到底能提供什么样的价值。这里的价值可以有两个层面。一个层面是来自于企业层面,就是创业企业的愿景,即企业存在的价值是什么。比如阿里巴巴,它存在的使命是"让天下没有难做的生意"。这个统一的认知很重要,因为它会决定企业做什么和不做什么。阿里巴巴因为有这样的使命,所以他们业务中的淘宝网、支付宝、菜鸟驿站等都是为了帮助人们做生意。价值定位的另外一个层面,是用户层面,就是用户为什么选择你,你为用户提供了什么样的价值,你在用户心目当中的那个印象到底是什么。比如小米手机,大家想起小米手机会说,产品品质不错,价格不贵。这是由小米手机建立的价值定位,但这个价值定位,后来就又可以延伸到小米品牌的其他产品,包括路由器、空气净化器、净水器等一系列产品。再比如京东,同样做电商,除了自营模式为主之外,京东给许多消费者的另一个影响就是"物流快"。京东的当日达是它投入巨资建立起来的。

(5)核心竞争力。

当企业进入一个市场后,一定会有其他的商家加入,这个时候该如何应对,创业者有什么撒手锏能够立于不败之地。什么样的能力才算核心竞争力呢?想要拥有核心竞争力,就是要掌握市场上稀缺的资源,这种资源就是核心竞争力。那这样的稀缺性资源有哪些呢?具体有以下四类。

第一类是无形资产,包括品牌、专利和牌照。说品牌是核心竞争力很好理解。例如,同样是咖啡,在普通咖啡馆 15 元一杯,在星巴克就要 35 元一杯。星巴克这一品牌是唯一的,全球不可能有第二家,这样的无形资产是无法超越的。说专利技术是核心竞争力就不用多说了。牌照对企业来说是一种准入资格,也是一种稀缺资源。比如在金融领域,要做保险、基金等业务,没有牌照是不可能进入行业的。

第二类是成本优势。如果创业者因为工艺、地理位置、规模效应或者独特资产的便利性而获得了成本上的优势,而且这些优势是竞争对手无法超越的,创业者便拥有了核心竞争力。

第三类是转换成本。当用户在使用产品或者服务后,如果转向其他品牌,要损失很高的成本时,这对企业来讲也是一种竞争优势。这是企业在客户关系管理中,运用忠诚度管理而带来的优势。中国国际航空股份有限公司会根据旅客的飞行记录给予两方面的奖励:一方面是里程积分,旅客可以用里程积分兑换机票或者其他商品;另一方面是差异化服务,比如为旅客提供贵宾休息室、免费升舱等。这些看似和钱没有直接关系,但是却挖掘了人性中很重要的一点,就是要"与众不同",显示了身份的差异感。当旅客拥有了中国国际航空股份有限公司提供的这些待遇以后,如果让旅客换乘其他航空公司,旅客一定会在心里衡量一下转换成本。因为,旅客会损失一些看不到的权益,即有形或者无形的成本。

第四类是网络效应。这一效应在互联网行业显得更加明显。当身边的同事、朋友都在使用微信进行沟通和交流的时候,让你去使用一个新的产品,你肯定会觉得不行。因为你的关系网络在微信这里,到另一个平台关系网络就不存在了,那关系网络也就失去了价值。

(6)触达用户。

企业的产品或服务如何才算真正触达用户,除了用户使用了产品或服务外,还应包括用户感知到了企业的核心价值定位。这就需要企业考虑如何销售产品或服务,通过直销还是通过传统渠道,通过线上销售还是线下推广,如何能够"引爆"用户,这些涉及很多操作层面的计划和措施。

(7)收入模型。

这一要素要求创业者考虑产品的营利模式是怎样的,该如何定价,是依据成本定价还是价值定价,利润率水平如何,在不同的阶段追求收入还是利润。在与客户的交易过程中,要考虑谁是真正的产品付费者,或者谁是产品的使用者。从收入来源来看,不同的收入模式有不同的收入来源,如销售商品的收入、提供服务的佣金收入、广告收费、订阅收费、中介收费。另外,定价模式决定利润来源。通常有三种不同的定价模式:一是基于成本的定价模式,这一模式在传统行业使用比较多。二是基于需求和用户认知的定价模式,在这一定价模式的产品中,品牌等无形价值在其中扮演着重要的角色。三是根据供需比例的动态定价模式,比如滴滴出行平台,在不同的时点,根据车辆的供应量,动态调整单价。

同时,还要考虑融资计划、股权结构及方式。

(8)成本结构。

这一要素要求创业者考虑资金如何分配,如何做预算。成本结构是决定利润来源的一个重要因素,成本结构由以下几方面决定。

一是创建企业与上游的关系以及自身讨价还价的能力。对创业公司来讲,这需要通过时间的积累。当企业自身积蓄了足够的优势后,就可以从上游供应商那里获得比较低廉的采购价格。二是企业的运营管理效率和水平。如果企业的运营管理水平较高,人均产出较高,那该企业的成本(管理费用)支出就可以有效降低,这也就可以为利润挤压出空间。三是融资。不论是股权融资还是债权融资,都需要考虑成本。债权融资要考虑利息的支出成本,股权融资要考虑股份的成本。同时,融资的时间点以及稀释的比例都是企业需要考虑的。

(9)战略目标。

在对前面几个要素模块进行分析之后,可以得出企业未来 1～2 年的目标,包括财务目标及其他方面要实现的目标。目标的设定应当是可以量化的。对早期创业企业来说,战略目标的确定需要兼顾以下两个方面。一方面是战略目标的内容,即企业应处于哪一个行业领域,针对哪些目标人群,提供什么样的服务或产品,达到什么样的效果。另一方面是战略目标的统一。然而,很多时候企业的高层非常清楚企业的战略目标和方向,但是员工甚至中间管理层都对企业的战略目标不明确了解。模糊的战略目标会导致企业中的各层人员各自朝着自己认为正确的目标前进,进一步导致资源分散,摩擦和扯皮现象频发。

(10)战略举措。

战略举措是对实现战略目标企业需要做的工作。这里的战略举措一定要考虑企业各层面的内容,不单单是从业务策略的层面,还应考虑支撑层面的内容,如产品体系、运营管理、技术架构、战略合作,以及企业的支撑体系组织架构、人员管理、财务管理等,都应相互匹配才能有利于目标的实现。

精益创业画布其实就是在一张纸上,有 13 个空格需要填写,分别是目标客户细分、需求/问题/机会、解决方案/产品、战略价值定位、竞争优势、种子用户、替代方案/竞争对手、传播点、营销、成本结构、收入来源、战略目标和战略举措,如图 7-4 所示。

目标客户细分	需求/问题/机会	解决方案/产品	战略价值定位	竞争优势	战略目标
种子用户	替代方案/竞争对手		传播点	营销	战略举措
成本结构			收入来源		

图 7-4 精益创业画布

制作精益创业画布的步骤如下:第一步是将初步计划写出来,这里不要刻意是追求最好的解决方案。第二步是找出计划中风险最高的部分,这才是要重点考虑的因素,是决定成败的关键。第三步是系统地测试计划,可以通过深度访谈、小范围试验,确定计划的可行性。

2.企业创新商业模式设计的工具——商业模式画布

商业模式画布是指一种能够帮助创业者催生创意、降低猜测,确保他们找对目标用户、合理解决问题的工具。商业画布不仅能够提供更多灵活多变的计划,而且更容易满足用户的需求。最重要的是,它可以将商业模式中的元素标准化,并强调元素间的相互作用。

商业模式画布图由 9 个方格组成,每一个方格都代表着成千上万种可能性和替代方案,创业者要做的就是找到最佳的方案,如图 7-5 所示。

重要伙伴	关键业务	价值主张	客户关系	客户细分
	核心资源			
			渠道通路	
成本结构		收益来源		

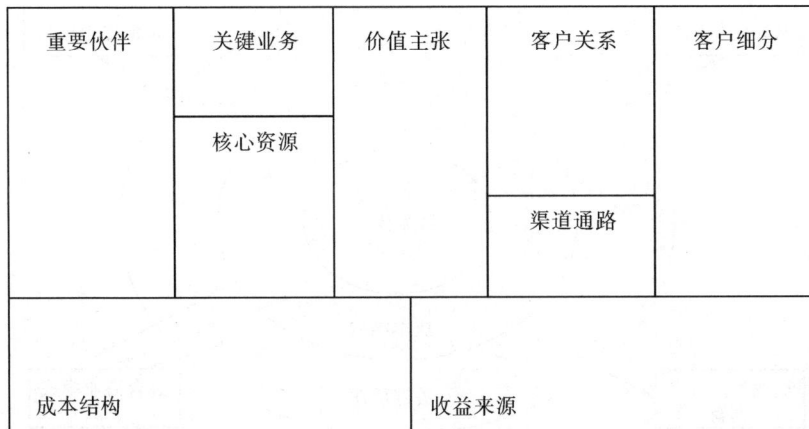

图7-5 商业模式画布

商业画布的使用者需要按照一定的顺序制作画布。首先要了解目标用户群(客户细分),然后确定他们的需求(价值主张),设计好如何接触到他们(渠道通路),怎样盈利(收益来源),凭借什么筹码实现盈利(核心资源),找到能向自己伸出援手的人(重要伙伴),根据综合成本定价(成本结构)。

7.2.3 商业模式创新

1.商业模式创新的含义

商业模式创新是改变企业价值创造的基本逻辑,以提升顾客价值和企业竞争力的活动。这既可能包括多个商业模式构成要素的变化,也可能包括要素间关系或者动力机制的变化。

2.商业模式创新的必要条件

商业模式创新企业具有以下几个共同特征,或者说是构成商业模式创新的必要条件。

(1)商业模式创新企业提供全新的产品或服务、开创新的产业领域,或以前所未有的方式提供已有的产品或服务。如京东商城平台卖的书和其他零售书店没什么不同,但其售卖的方式全然不同。

(2)商业模式创新企业其商业模式至少有四个要素明显不同于其他企业,而非少量的差异。如京东商场平台相比传统书店,其产品却具有选择范围广、通过网络销售、在自有仓库配货运送等特点。

(3)商业模式创新企业有良好的业绩表现,体现在成本、赢利能力、独特竞争优势等方面。如京东商场平台在一些传统绩效指标方面良好的表现,也表明了它商业模式的优势。京东商场平台数倍于竞争对手的存货周转速度给它带来独特的优势。

3.现代商业模式创新的四个维度

企业可以通过改变价值主张、目标客户、分销渠道、顾客关系、关键活动、关键资源、关键伙伴、收入来源和成本结构等多种因素来激发商业模式创新。归纳起来,主要是从四个维度,即战略定位创新、资源能力创新、商业生态环境创新以及这三种创新方式结合产生的混合商业模式创新,如图7-6所示。

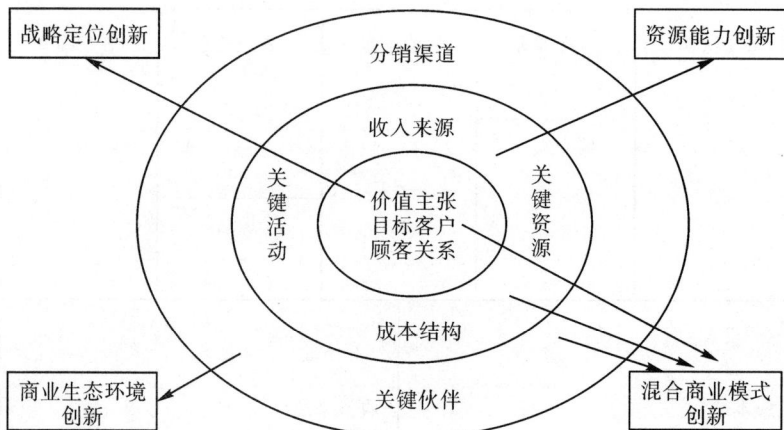

图 7-6　商业模式创新四个维度

（1）战略定位创新。

所谓战略定位创新，主要是围绕企业的价值主张、目标客户及顾客关系方面的创新。在激烈的市场竞争中，没有哪一种产品或服务能够满足所有的消费者，战略定位创新可以帮助企业发现有效的市场机会，提高企业的竞争力。

在战略定位创新中，企业首先要明白自己的目标客户是谁，其次是如何让企业提供的产品或服务在更大程度上满足目标客户的需求，在前两者都确定的基础上，最后分析选择何种客户关系。合适的客户关系也可以使企业的价值主张更好地满足目标客户。

王老吉将企业的产品定位于"饮料＋药饮"这一市场空隙，为广大顾客提供可以"防上火"的饮料，正是这种不同于以往饮料行业只在产品口味上创新而不在产品功能上创新的竞争模式，最终使王老吉在中国饮料行业独树一帜。

（2）资源能力创新。

所谓资源能力创新，是指企业对其所拥有的资源和能力进行整合和运用的创新，主要是围绕企业的关键活动，对商业模式所需要的关键资源进行创新。所谓关键活动，是指影响企业核心竞争力的行为。关键资源是指能够让企业创造并提供价值的资源，亦指那些其他企业不能代替的物质资产、无形资产、人力资本等。在确定了企业的目标客户、价值主张及顾客关系之后，企业可以进一步进行资源与能力的创新。

20世纪90年代，当通用电气公司发现传统制造行业的利润越来越低时，他们试图改变行业中为其关键活动提供产品的商业模式，创新性地提出以利润和客户为中心"出售解决方案"的模式。在传统的经营模式中，企业的关键活动是为客户提供能够满足其需求的机械设备，但在"出售解决方案"模式中，企业的关键活动是为客户提供一整套完整的解决方案，而设备则成为这一方案的附属品。这一创新带来了通用电气公司业绩的快速提升，在20世纪80年代中后期，通用电气公司年收入增长率达到了18％。

（3）商业生态环境创新。

商业生态环境创新是指企业将其周围的环境看作一个整体，打造出一个可持续发展的共赢商业环境。商业生态环境创新主要围绕企业的合作伙伴进行创新，包括供应商、经销商及其他市场中介，在必要的情况下还包括其竞争对手。

企业战略定位及内部资源能力都是企业建立商业生态环境的基础。没有良好的战略定位及内部资源能力,企业将失去挑选优秀外部合作者的机会以及与他们议价的筹码,一个可持续发展的、共赢的商业环境将为企业未来的发展提供保证。

(4)混合商业模式创新。

混合商业模式创新是一种战略定位创新、资源能力创新和商业生态环境创新相结合的方式。一般而言,企业的商业模式创新都是混合式的,因为商业模式的构成要素中,战略定位、内部资源、外部环境之间是相互依赖、相互作用的,每一部分的创新都会引起另一部分的相应变化。

总之,商业模式创新既可以是战略定位创新、资源能力创新、商业生态环境创新三个维度中某一维度的创新,也可以是其中的两个甚至三个维度的结合创新,有效的商业模式创新正在成为企业家重塑企业、追求超值价值的有效工具。

延伸阅读

从柞水木耳秒光的热搜,看企业营销策划新思路

2020年4月21日,以人民日报点赞的柞水木耳秒光冲上热搜的薇娅直播,出现在了支付宝首页。点开链接,可以直接触达薇娅带货直播间。这一举措无疑为直播带货注入了更多流量,也为企业的营销布局,提供了更多可行性的思路。

疫情之下,无论是明星还是央视名嘴,都纷纷"改行",成了电商带货达人。"薇娅带货柞水木耳一秒秒空""罗永浩带货1.1亿""'小朱配琪'带货4000万"等频上热搜。这一股直播热潮,势必将加速线上线下的融合,引发传统行业的数字化变革。

1.加速传统行业转型

疫情对餐饮业的冲击尤为严重,在餐饮业的"绝地求生"中,直播带货,无疑是一次重要的尝试。呷哺呷哺、真功夫等30多家传统餐饮企业,将后厨变成了直播间,在线上展示厨艺的同时,售卖饭菜的半成品,让大众只需动动手指,就能吃到与餐厅中所差无几的美食。这一举措,让消费者和企业通过线上平台相关联,企业将直观地了解客户的需求,依据客户的喜好来调整菜品的输出。

2.拉近企业与消费者的距离

21世纪是一个讲"温度"的时代,人与人之间如此,企业与消费者之间也是如此。企业借助线上直播渠道,从幕后走向幕前,通过直播平台与消费者"面对面",从而进一步拉近企业与消费者的距离。

除此之外,企业走线上,将拥抱5G时代的流量红利,拥抱更广阔的用户人群。在面对与线下迥乎不同的用户群体时,企业可以依据互联网的反馈,积极为不同群体分类,迎合大众喜好,定制不一样的专业服务/产品,为企业开拓新的产业线。

资料来源:千享传媒.从柞水木耳秒光的热搜,看企业营销策划新思路[EB/OL].https://zhuanlan.zhihu.com/p/135359024.

思考题

1.简述商业模式的构成要素和逻辑。

2.作为大学生如何设计出独一无二的商业模式?

第8章

创业风险防范

学习要点及目标

1. 了解创业风险的内涵及类型
2. 掌握企业生命周期理论
3. 掌握创业风险评估的方法

导读

细节决定成败

穆波是一位时尚前卫的女孩,正是对自己的独到眼光特别自信,所以,在大学毕业后,学外语的穆波没有急着找工作,而是开了一家时装店自己当起了老板。20平方米的临街铺面经过她的精心装修,花钱不多但是很前卫。前三个月穆波辛辛苦苦工作但还是赔了一些钱,半年之后她的生意开始走上正轨转亏为盈。第九个月的时候房东收回了店面,开始自己经营。穆波说起自己当老板的经历,脸上没有失败者的颓唐和消极,"如果我的房东不那么狠,也许我的小店会很红火。"

穆波认真地分析了自己失败的原因。第一是自己找店铺的时候操之过急,没有认真考虑店铺的位置。第二个致命硬伤就是在租用店铺的时候,没有和房东订立合同,以至于在问题出现时,自己不掌握有利的证据。第三就是在出现问题时,没有积极地思考对策,而是用一种消极的方式解决,最后吃亏的还是自己。穆波告诫那些刚刚跨出校门准备自己开店的创业者,作为一名学生,毕竟社会阅历较少,所以难免会在创业过程中遇到挫折,尤其在人际关系方面。在遇到问题时,千万不能冲动,要有心理上的承受能力,失败了也不要气馁,要及时总结,这样才能在以后的创业中更加成熟。穆波还建议那些想创业的年轻人,最好先将自己的梦想储存几年,先从别的地方学习经验,等到具备了心理、人际关系和经济的基础之后,再考虑自己的创业计划。

资料来源:创业失败的五个案例分析[EB/OL].(2012-03-07)[2020-12-12].https://m.hc360.com/info-biz/2012/03/070827193788.html.

8.1 创业风险

8.1.1 风险

1.风险的概念

风险,是相对于预期目标而言的,是指经济主体遭受损失的不确定性。理解风险的概念应该把握以下三要素：

一是不确定性是风险存在的必要条件。风险和不确定性是两个不完全相同但又密切相关的概念。如果某种损失必定要发生或必定不会发生，人们可以提前计划或通过成本费用的方式予以明确，风险是不存在的。只有当人们对行为产生的未来结果无法事先准确预料时，风险才有可能存在。

二是潜在损失是风险存在的充分条件。不确定性的存在并不一定意味着风险。因为风险是与潜在损失联系在一起的，即实际结果与目标发生的负偏离，包括没有达到预期目标的损失。例如，如果投资者的目标是基准收益率15％，而实际的内部收益率在20％～30％之间，虽然具体数值无法确定，但最低的收益率都高于目标收益率，绝无风险而言。如果这项投资的内部收益率估计可能在12％～18％之间，则它是一个有风险的投资，因为实际收益率有小于目标水平15％的可能性。

三是经济主体是风险成立的基础。风险成立的基础是存在承担行为后果的经济主体（个人或组织），即风险行为人必须是行为后果的实际承担人。如果有某位投资者对其投资后果不承担任何责任，或者只负盈不负亏，那么投资风险对他就没有任何意义，他也不可能花费精力进行风险管理。

2.风险的分类

（1）纯风险和理论风险。

根据风险与不确定性的关系，风险可分为纯风险和理论风险。纯风险是指不确定性中仅存在损失的可能性，即纯风险没有任何收益的可能，只有损失的可能。例如由于火灾或洪水造成对财产的破坏，以及由于事故或疾病造成的意外伤亡。理论风险是指不确定性中既存在收益的不确定性也存在损失的不确定性。高新技术开发活动和证券投资活动往往包含理论风险。

（2）静态风险和动态风险。

根据风险与时间的关系，风险可分为静态风险和动态风险。静态风险，是社会经济处于稳定状态时的风险。例如，由于诸如飓风、暴雨、地震等随机事件而造成的不确定性。动态风险则是由于社会经济的变化而产生的风险。例如经济体制的改革、城市规划的改变、日新月异的科技创新、人们思想观念的转变等带来的风险。

静态和动态风险并不是各自独立的，较大的动态风险可能会提高某些类型的静态风险。例如，与天气状况有关的损失导致的不确定性，这种风险通常被认为是静态的。然而，越来越多的证据显示，日益加速的工业化造成的环境污染，可能正在影响全球的天气状况，从而提高了静态风险发生的可能性。

（3）主观风险和客观风险。

按照风险与行为人的关系，风险可分为主观风险和客观风险。主观风险本质上是心理上的不确定性，这种不确定性来源于行为人的思维状态和对行为后果的看法。客观风险与主观风险的最大区别在于它从感官上可更精确的观察和测量。

主观风险提供了一种方法，用于解释人们面临相同的客观风险却得出不同的结论这一行为。因此，仅知道客观风险的程度是远远不够的，还必须了解一个人对风险的态度。

8.1.2 创业风险

创业风险是来自与创业活动有关因素的不确定性。在创业过程中,创业者要投入大量的人力、物力和财力,要引入和采用各种新的生产要素与市场资源,要建立或者对现有的组织结构、管理体制、业务流程、工作方法进行变革。这一过程中必然会遇到各种意想不到的情况和各种困难,从而有可能使结果偏离创业的预期目标。

创业环境的不确定性,创业机会与创业企业的复杂性,创业者、创业团队与创业投资者的能力与实力的有限性等都是创业风险的主要来源。大学生创业风险主要体现在以下几个方面。

(1)项目选择风险。

大学生创业时如果缺乏前期市场调研和论证,只是凭自己的兴趣和想象来决定投资方向,甚至仅凭一时心血来潮作决定,一定会碰得头破血流。大学生创业者在创业初期一定要做好市场调研,在了解市场的基础上再进行创业。一般来说,大学生创业者资金实力较弱,应选择一些启动资金不多、人手配备要求不高的项目,从小本经营做起比较适宜。

(2)创业技能风险。

很多大学生创业者眼高手低,当创业计划转变为实际操作时,才发现自己根本不具备解决问题的能力,这样的创业无异于纸上谈兵。一方面,大学生应利用在企业兼职或实习的机会,积累相关的管理和营销经验;另一方面,大学生应积极参加创业培训,积累创业知识,接受专业指导,从而提高创业成功率。

(3)资金风险。

资金风险在创业初期尤为突出。缺乏足够的资金创办企业是创业者遇到的第一个问题。企业创办后,就必须考虑是否有足够的资金支持企业的日常运作。对初创企业来说,如果连续几个月入不敷出或者因为其他原因导致企业的现金流中断,都会给企业带来极大的威胁。相当多的企业会在创办初期因资金紧缺而严重影响业务的拓展,甚至错失商机而不得不以失败而告终。另外如果没有广阔的融资渠道,创业计划只能是一纸空谈。除了银行贷款、自筹资金、民间借贷等传统方式外,还可以充分利用风险投资、创业基金等融资渠道。

(4)社会资源风险。

企业创建、市场开拓、产品推介等工作都需要调动社会资源,大学生在这方面会感到非常吃力。大学生应平时多参加各种社会实践活动,扩大自己人际交往的范围。创业前,大学生可以先到相关行业领域工作一段时间,通过这一平台为自己日后的创业积累人脉。

(5)管理风险。

一些大学生创业者虽然技术出类拔萃,但理财、营销、沟通、管理方面的能力普遍不高。要想创业成功,大学生创业者必须技术、经营两手抓,可从合伙创业、家庭创业或从虚拟店铺经营开始,锻炼创业能力,也可以聘用职业经理人负责企业的日常运作。创业失败者基本上都在管理方面存在一些问题,其中包括决策随意、信息不通、理念不清、患得患失、用人不当、忽视创新、急功近利、盲目跟风、意志薄弱等。特别是大学生由于知识单一、经验不足、资金实力和心理素质明显不足,所以更会在管理方面遇到以上风险。

(6)竞争风险。

寻找"蓝海"是创业的良好开端,但并非所有的新创企业都能找到"蓝海"。更何况,"蓝海"

也只是暂时的,竞争才是必然的。如何面对竞争是每个企业都要随时考虑的事,而对新创企业更是如此。如果创业者选择的行业是一个竞争非常激烈的领域,那么在创业之初极有可能受到同行的强烈排挤。一些大企业为了把小企业吞并或挤垮,常会采用低价销售的手段。对大企业来说,由于规模效益或实力雄厚,短时间的降价并不会对它造成致命的伤害;而对初创企业来说,则可能意味着彻底毁灭的危险。因此,考虑好如何应对来自同行的残酷竞争是创业企业生存的必要准备。

(7)团队分歧的风险。

现代企业越来越重视团队的力量。创业企业在诞生或成长过程中最主要依靠的是创业团队的力量,一个优秀的创业团队能使创业企业迅速地发展起来。但与此同时,风险也蕴含在其中,团队的力量越大,产生的风险也就越大。一旦创业团队的核心成员在某些问题上产生分歧不能达到统一时,极有可能会对企业造成强烈的冲击。事实上,做好团队的协作并非易事。特别是与股权、利益相关联时,很多初创时很好的伙伴都会闹得不欢而散。

(8)核心竞争力缺乏的风险。

对具有长远发展目标的创业者来说,他们的目标是不断地发展壮大企业,因此,企业是否具有自己的核心竞争力就是最主要的风险。一个依赖别人的产品或市场打天下的企业是永远不会成长为优秀企业的。核心竞争力在创业之初可能不是最重要的问题,但要谋求长远的发展,这却是最不可忽视的问题。没有核心竞争力的企业终究会被淘汰出局。

(9)人力资源流失的风险。

一些研发、生产或经营性企业需要面向市场,大量的高素质专业人才或业务队伍是这类企业成长的重要基础。防止专业人才及业务骨干流失应当是创业者时刻注意的问题。在那些依靠某种技术或专利创业的企业中,拥有或掌握这一关键技术的业务骨干的流失是创业失败的最主要风险源。

(10)意识上的风险。

意识上的风险是创业团队最内在的风险。这种风险来自无形,却有强大的毁灭力。风险性较大的意识有投机心理、侥幸心理、试试看的心态等。

8.2　创业风险评估

8.2.1　风险评估和创业风险评估概述

风险评估是指,在风险事件发生之前或之后(但还没有结束),该事件给人们的生活、生命、财产等各个方面造成的影响和损失的可能性进行量化评估的工作。风险评估即量化测评某一事件或事物带来的影响或损失的可能程度。创业风险评估就是对创业投资过程中有可能出现的风险,通过一定的方法进行系统剖析,以提升企业的风险意识和抗风险能力为目标。常用的风险评估方法有盈亏平衡分析法、敏感性分析法、SWOT 分析法、事故树分析法、模糊综合评价法、层次分析法等。

8.2.2　盈亏平衡分析法

盈亏平衡分析法就是通过盈亏平衡点分析项目成本与收益平衡关系的一种方法。对产品而言,随着产销量的变化,盈利与亏损之间一般至少有一个转折点,我们称这种转折点为盈亏平衡点(break even point,BEP),在这点上,营业收入与成本费用相等,既不亏损也不盈利。盈亏平衡分析就是要找出项目方案的盈亏平衡点。一般说来,对产品的生产能力而言,盈亏平衡点越低,项目盈利的可能性就越大,对不确定因素变化所带来的风险的承受能力就越强。

盈亏平衡分析的基本方法是建立成本与产量、营业收入与产量之间的函数关系,通过对这两个函数及其图形的分析,找出盈亏平衡点。

(1)线性盈亏平衡分析。

线性盈亏平衡分析的基本公式如下:

年销售收入方程 $\qquad R = P \cdot Q$

年总成本费用方程 $\qquad C = F + V \cdot Q + T \cdot Q$

年利润方程 $\qquad B = R - C = (P - V - T) \cdot Q - F$

式中:R 为年总营业收入;P 为单位产品销售价格;Q 为项目设计生产能力或年产量;C 为年总成本费用;F 为年总成本中的固定成本;V 为单位产品变动成本;T 为单位产品营业税金及附加;B 为年利润。

图 8-1 为线性盈亏平衡分析图。

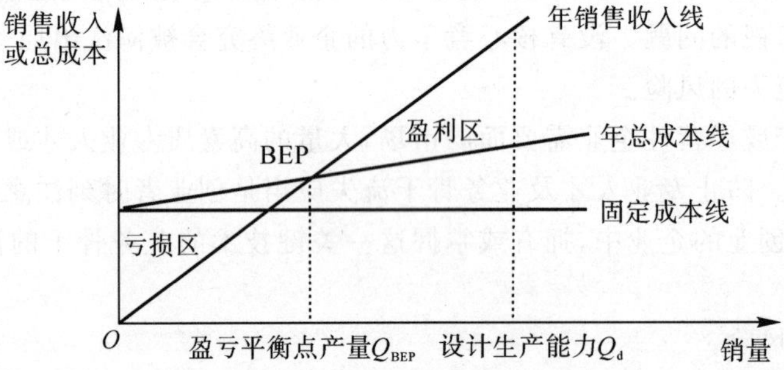

图 8-1　线性盈亏平衡分析图

由图 8-1 可知,当盈亏平衡时,$B = 0$,则盈亏平衡点上的年产量为:

$$Q_{BEP} = \frac{F}{P - V - T}$$

当采用含增值税价格时,上式中的分母还应扣除增值税。

盈亏平衡点上的销售收入为:

$$R_{BEP} = P \cdot \left(\frac{F}{P - V - T} \right)$$

盈亏平衡点上的生产能力利用率:

$$Y_{BEP} = \frac{Q_{BEP}}{Q} = \frac{F}{(P - V - T) \times Q} \times 100\%$$

经营安全率:

$$S_{BEP} = 1 - Y_{BEP}$$

盈亏平衡点上的生产能力利用率一般不应大于 75%,经营安全率一般不应小于 25%。

盈亏平衡点上的产品销售价格:

$$P_{\mathrm{BEP}} = \frac{F}{Q} + V + T$$

盈亏平衡点上的单位产品变动成本：

$$V_{\mathrm{BEP}} = P - T - \frac{F}{Q}$$

【例8-1】某工业项目设计方案年产量为12吨，已知每吨产品的销售价格为675元，每吨产品缴付的营业税金及附加（含增值税）为165元，单位变动成本为250元，年总固定成本费用为1500元，试求盈亏平衡点上的产量、生产能力利用率和销售价格。

解：已知 $Q = 12$ 万吨，$P = 675$ 元，$T = 165$ 元，$V = 250$ 元，$F = 1500$ 元，则：

$R = P \cdot Q = 675 \times 12 = 8100$（元）

$C = F + V \cdot Q + T \cdot Q = 1500 + (250 + 165) \times 12 = 3730$（元）

$$Q_{\mathrm{BEP}} = \frac{F}{P - V - T} = \frac{1500}{675 - 250 - 165} = 5.77\text{（吨）}$$

$$Y_{\mathrm{BEP}} = \frac{F}{(P - V - T) \times Q} \times 100\% = 5.77 \div 12 \times 100\% = 48.08\%$$

$$P_{\mathrm{BEP}} = \frac{F}{Q} + V + T = 1500 \div 12 + 250 + 165 = 540\text{（元/吨）}$$

（2）非线性盈亏平衡分析。

在垄断竞争条件下，随着产品销量的增加，市场上该产品的售价随之下降，因而营业收入与产销量之间是非线性关系。同时，企业增加产量时原材料价格可能上涨，此时要多支付一些加班费、奖金以及设备维修费，使产品的单位可变成本增加，从而总成本与产销量之间也成非线性关系。以上这些情况下盈亏平衡点可能为一个以上。

【例8-2】某项目投产以后，它的年固定成本为66000元，单位产品变动成本为28元，由于原材料整批购买，每多生产一件产品，单位变动成本可降低0.001元；售价为55元，销量每增加一件产品，售价下降0.0035元。试求在盈亏平衡点上的销售量及最大利润时的销售量。

解：已知 $F = 66000$ 元，$V = 28$ 元，则：

产品的售价 $= 55 - 0.0035Q$

单位产品的变动成本 $= 28 - 0.001Q$

（1）求盈亏平衡点的销售量 Q_1 和 Q_2。

$C(Q) = F + V \cdot Q = 66000 + (28 - 0.001Q)Q = 66000 + 28Q - 0.001Q^2$

$R(Q) = P \cdot Q = (55 - 0.0035Q)Q = 55Q - 0.0035Q^2$

根据盈亏平衡原理，$C(Q) = R(Q)$，则：

$66000 + 28Q - 0.001Q^2 = 55Q - 0.0035Q^2$

$0.0025Q^2 - 27Q + 66000 = 0$

$$Q_1 = \frac{27 - \sqrt{27^2 - 4 \times 0.0025 \times 66000}}{2 \times 0.0025} = 3470\text{（件）}$$

$$Q_2 = \frac{27 + \sqrt{27^2 - 4 \times 0.0025 \times 66000}}{2 \times 0.0025} = 7060\text{（件）}$$

（2）求最大利润时的销售量 $Q_{\max}$。

由 $B = R - C$ 得：

$$B(Q) = R(Q) - C(Q)$$
$$= 55Q - 0.0035Q^2 - 66000 + 28Q - 0.001Q^2 - 0.0025Q^2 + 27Q - 66000$$

令 $B'(Q) = 0$ 得：

$$-0.005Q + 27 = 0$$

得 $Q_{max} = 5400$（件）。

如果一个企业生产多种产品，可换算成单一产品，或选择其中一种不确定性最大的产品进行分析。运用盈亏平衡分析，在方案选择时应优先选择平衡点较低者，盈亏平衡点越低意味着项目的抗风险能力越强。

8.2.3　敏感性分析法

敏感性分析法是通过研究项目主要不确定因素发生变化时，项目经济效果指标发生的相应变化，找出项目的敏感因素，确定其敏感程度，并分析该因素达到临界值时项目的承受能力。

1.敏感性分析法的目的

(1)把握不确定性因素在什么范围内变化方案的经济效果最好，在什么范围内变化效果最差，以便对不确定性因素实施控制；

(2)区分敏感性大的方案和敏感性小的方案，以便选出敏感性小的，即风险小的方案；

(3)找出敏感性强的因素，向决策者提出是否需要进一步搜集资料进行研究，以提高经济分析的可靠性。

2.敏感性分析法的步骤

一般进行敏感性分析可按以下步骤进行。

(1)选定需要分析的不确定因素。这些因素主要有产品产量(生产负荷)、产品售价、主要资源价格(原材料、燃料或动力等)、可变成本、固定资产投资、创建期贷款利率及外汇汇率等。

(2)确定进行敏感性分析的经济评价指标。衡量项目经济效果的指标较多，敏感性分析一般只对几个重要的指标进行分析，如净现值、内部收益率、投资回收期等。由于敏感性分析是在确定性经济评价的基础进行的，故选为敏感性分析的指标应与经济评价所采用的指标相一致。

(3)计算因不确定因素变动引起的评价指标的变动值。首先，一般就所选定的不确定因素，设为若干级变动幅度(通常用变化率表示)。然后，计算与每级变动相应的经济评价指标值，建立一一对应的数量关系，并用敏感性分析图或敏感性分析表的形式表示。

(4)计算敏感度系数并对敏感因素进行排序。所谓敏感因素是指该不确定因素的数值有较小的变动就能使项目经济评价指标出现较显著改变的因素。敏感度系数的计算公式为：

$$\beta = \Delta A / \Delta F$$

式中，β 为评价指标 A 对于不确定因素 F 的敏感度系数；ΔA 为不确定因素 F 发生 ΔF 变化率时，评价指标 A 的相应变化率(%)；ΔF 为不确定因素 F 的变化率(%)。

(5)计算变动因素的临界点。临界点是指项目允许不确定因素向不利方向变化的极限值。超过极限，项目的效益指标将不可行。例如当项目投资上升到某值时，内部收益率将刚好等于基准收益率，此点称为项目投资上升的临界点。临界点可用临界点百分比或者临界值分别表示，其含义是某一变量的变化达到一定的百分比或者一定数值时，项目的评价指标将从可行转变为不可行。临界点可用专用软件计算，也可由敏感性分析图直接求得近似值。

根据项目经济目标,如经济净现值或经济内部收益率等所作的敏感性分析叫作经济敏感性分析,而根据项目财务目标所作的敏感性分析叫作财务敏感性分析。

依据每次所考虑的变动因素的数目不同,敏感性分析又分单因素敏感性分析和多因素敏感性分析。

8.2.4 创业风险评估的其他方法

(1)SWOT 分析法。

SWOT 分析是基于内外部竞争环境和竞争条件下的态势分析,是将与研究对象密切相关的各种主要内部优势、劣势和外部的机会和威胁等,通过调查列举出企业可能面临的各种风险,并依照矩阵形式排列,然后用系统分析的思想,把风险的各种因素相互结合起来加以分析,从中得出一系列相应的结论,而结论通常带有一定的决策性。前面章节已对 SWOT 分析进行过介绍,在此不再赘述。

(2)事故树分析法。

事故树分析(accident tree analysis,ATA)法起源于故障树分析法,是安全系统工程的重要分析方法之一,它能对各种系统的危险性进行辨识和评价,不仅能分析出事故的直接原因,而且能深入地揭示出事故的潜在原因。用它描述事故的因果关系直观明了,思路清晰,逻辑性强。该方法既可进行定性分析,又可进行定量分析。

(3)模糊综合评价法。

模糊综合评价法是一种基于模糊数学的综合评价方法。该综合评价法根据模糊数学的隶属度理论把定性评价转化为定量评价,即用模糊数学对受到多种因素制约的事物或对象作出一个总体的评价。它具有结果清晰、系统性强的特点,能较好地解决模糊的、难以量化的问题,适合各种非确定性问题的解决。

(4)层次分析法。

层次分析法是将决策问题按总目标、各层子目标、评价准则直至具体的备投方案的顺序分解为不同的层次结构,然后用求解判断矩阵特征向量的办法,求得每一层次的各元素对上一层次某元素的优先权重,最后再用加权和的方法递阶归并各备选方案对总目标的最终权重,此最终权重最大者即为最优方案。

8.3 企业发展不同阶段的风险防范

8.3.1 企业生命周期理论

1.企业生命周期理论概述

企业生命周期理论是指企业的发展与成长的动态轨迹,包括发展、成长、成熟、衰退几个阶段。企业生命周期理论的研究目的在于试图为企业找到能够与其特点相适应、一个相对较优的模式来保持企业的发展能力。

美国学者伊查克·爱迪思曾用 20 多年的时间研究企业如何发展、老化和衰亡。他把企业生命周期分为十个阶段,即孕育期、婴儿期、学步期、青春期、壮年期、稳定期、贵族期、官僚化早期、官僚期、死亡。爱迪思准确生动地概括了企业在生命周期不同阶段的特征,并提出了相应的对策,指示了企业生命周期的基本规律,提示了企业生存过程中基本发展与制约的关系。

2.组织生命周期理论

1972年,美国哈佛大学的葛瑞纳教授提出了组织成长与发展的五阶段模型,即组织生命周期理论。他认为,一个组织的成长大致可以分为创业、聚合、规范化、成熟、再发展或衰退五个阶段。每阶段的组织结构、领导方式、管理体制、员工心态都各具特点。每一阶段最后都面临某种危机和管理问题,都要采用一定的管理策略解决这些危机以达到成长的目的。

(1)创业阶段。

葛瑞纳认为,这是组织的幼年期,规模小,人心齐,关系简单,一切由创业者决策指挥。一般这些创业者属于技术型人才,不重视管理。但组织规模得以扩大,业务量增加,组织关系趋于复杂,依靠领导者个人的智慧和能力越来越不能有效解决组织面临的问题。因此创业阶段后期,组织内管理问题频发,领导者无能为力,组织陷于"领导危机"。

(2)聚合阶段。

这是组织的青年期,组织人员迅速增多,组织规模不断壮大并且具有很强的凝聚力,获得了成功的经济业绩。创业者经过锤炼成为管理者或引进了有经验的专门管理人才,这一阶段为了整顿正陷入混乱状态的组织,必须重新确立发展目标,建章立制,以铁腕的作风和集权管理来指挥各级管理者。久而久之,下层管理者由于事实必须请示汇报,听命于上级感到不满,要求获得更大的自主权,但高层管理一时间很难改变而产生"自主性危机"

(3)规范化阶段。

这是组织的中年期,此时组织已有相当的规模,基本形成了跨不同地区、不同产品的多元化经营格局。如果组织再要发展就需要采取授权管理方式,采取分权管理结构。但是时间长了,高层主管又感到权力过于分散与自由管理,各部门(分公司)各自为政,从而产生了"失控危机"。

(4)成熟阶段。

这一阶段组织制度趋于成熟,为了防止失控,组织又采取集权管理,收回一定管理权限,恢复到第二阶段命令式的管理。这时组织的成长更多地依赖于组织各部分上下、左右的协调,但随着业务发展和复杂,组织的运营效率和灵活性差,容易出现"僵化和官僚危机"。

(5)再发展或衰退阶段。

这个阶段的组织处于老年阶段,具有很大的不确定性。为了使组织更好发展,人员和各部门的相互合作特别重要。组织要想继续发展就需要进行组织的变革,更新组织成员的经营理念,开拓新的经营领域。

一个组织并不一定都要按照上述阶段顺序发展,但这一理论却说明了组织在不同时期面临的不同问题和危机,需要采取不同的管理模式。无论怎样,任何组织的生存和发展都需要变革(以人、技术、组织为中心的变革)。

互动游戏

你的第一份工作怎么选?

大学毕业生如果不知道如何选择合适的企业,不妨先思考以下7个问题。

1.我希望进入一家薪水普通但稳定性高的企业。

2.我希望进入一家工作消闲又能兼职的企业。

3.我希望进入一家以实力决定待遇的企业。

4.为了自己将来创业方便,我希望进入一家能充分学习的企业。

5.我希望进入一家环境安定、能从事新事业的开发、企划工作的企业。

6.我希望进入一家能重用年轻人的企业。

7.我希望做自己喜欢而且待遇又高的工作。

专家分析：

大学毕业生择业不妨依据企业的生命周期阶段来考虑。所谓"生命周期",就是指一般企业的寿命大致可分为5个阶段:开发期、成长前期、成长后期、成熟期与衰退期。

处于开发期的企业,刚起步,晋升的机会通常较多,短时间内就可能升到较高的位置,但相对而言,由于企业基础尚不够稳固,所以势必要承受较大的经营风险。

处于成长前期的企业,晋升的机会也较多,但速度则略微缓慢一些。处于成长后期的企业,制度、体系都已上了轨道,想在短期内获得晋升或加薪恐怕比较困难。而一般的大企业多属于此阶段。

如果你打算选择成熟期的企业,那你的工作生涯可能很漫长、辛苦,晋升的可能性也较小。选择衰退期的企业,除非你具有超凡的能力,可以使濒临关门的企业起死回生,否则根本不需要考虑。

选择"1"的人,适合进入"成熟期"的企业。

选择"2"的人,最好还是不要"脚踏两只船",不妨在本职之外,另外从事一些较不费时的投资渠道。

选择"3"的人,成长前期的企业最适合你。

选择"4"的人,适合进入开发期或成长前期的企业,这样才有机会学到所有工作的实务。

选择"5"的人,可以考虑成熟期企业中的企划或开发部门。

选择"6"的人,这个愿望恐怕很难在企业中实现,但可以尝试开发期或成长前期的企业。

至于选择"7"的人,只有一条路可行——自行创业当老板。

通过这个互动,同学们可以对职业规划有了一个初步认识。在真正找工作前我们需要很多的考虑,方能做到科学决策。先问清自己"我的优势在哪里?""我将来想在哪个领域获得发展?"然后在这个基础上为自己圈定一些行业和企业,不要指望能一步登天,马上就进入想发展的行业和企业,以及想做的工作。不能一步到位并不意味着将永远失去在该领域那个岗位上发展的机会。就像下跳棋,只要大方向正确,每一小步都在把你和目标之间的距离缩短。

8.3.2　创业者如何防范创业风险

1.改进管理模式

拒绝创业失败就要及时堵住管理方面出现的缺口。一般来说,创业者并不一定都是出色的企业家,也不一定都具备出色的管理才能。很多创业者是利用某一新技术进行创业,属于某个技术方面的专业人才,但却不一定具备专业管理才能,从而形成管理缺口。创业者往往有某个新的创业点子,但在战略规划上不具备出色才能,或不擅长管理具体事务,从而形成管理缺口。也有可能创业者在创业的路上已经摸索出了一套企业管理方法,但随着企业的不断发展壮大和市场千变万化,必须立即改进原来的企业管理模式,从而支持自己的创业健康发展。

2.增强员工认同感

拒绝创业失败，创业者就要在企业内部迅速凝聚人心，让企业员工心往一处想，劲往一处使，增强员工对企业的认同感。只有这样全体员工才能朝着预期的创业目标前行，形成一支坚不可摧的创业团队。如果企业内部的员工出现离心离德的前兆，企业技术骨干纷纷离开，创业者应立即检讨自己，并马上着手调查分析和调整企业制度和管理机制，迅速作出以人为本，安抚、稳定人心的方案。

3.广泛吸纳人才

也许创业已经初战告捷，创建企业也已经羽毛丰满。在这个时候，创业者要广泛吸纳社会各类人才，让这些人才与自己一同创业，一同发展。市场竞争的核心说到底就是人才的竞争，有了好的创业项目，又有了好的创业基础，并制定了好的利益分配机制，如果再加上拥有了本行业内的人才，创业之路必定更加顺利、长久。

4.打造企业文化

创业者要在创业的行业中与众不同，必须精心打造企业文化。比如农业企业是生产农产品的，作为创业者应懂得中国的农耕文化博大精深，只要稍加留意，就会发现在广阔的农村天地处处都是文化；只要稍加开发利用，就会感觉围绕着农业创业项目的创意相对容易获利。

5.强化危机意识

也许开始的创业之路一帆风顺，但这并不能表明创业没有风险，企业没有危机。恰恰相反，危机正潜伏在企业里，如果创业者没有抵御风险的准备，没有危机意识，风险突然来袭时，就只能坐以待毙了。创业本身是一件有风险的事，创业者需要具有风险意识提前做好相应的准备措施，降低和避免创业风险。

思考题

1.创业风险有哪些，如何合理规避风险？

2.谈谈企业生命周期理论对你的启发。

第9章
创业企业管理

学习要点及目标

1.了解企业和企业管理的含义和分类
2.掌握企业管理的五大职能
3.掌握创业企业的财务管理

导读

四大原因导致创业企业遭遇挫折

创业本身就是一项高风险的工作,创业企业的失败或遭遇严重的困难是一种常态。德鲁克管理学专家、中国人民财产保险有限公司独立董事那国毅接受记者采访时表示,归纳起来,创业企业的失败主要有以下四个方面的原因。

一是市场没有需求,初创企业不解决市场问题就会失败。根据美国一家专业公司的调研结果,解决有趣的问题而不是满足市场需求就是创业失败的最大原因,占比高达42%。

二是资金耗尽,钱和时间都是有限的。花光钱往往跟产品不符合市场和客户需求而失败的原因是联系在一起的。今天,有许多创业企业,尤其是互联网创业企业,是靠风险投资而生存。风险投资给创业带来启动和发展的资金,这无疑提高了创业企业成功的几率。但与此同时,风险投资也是一把双刃剑,由于风险投资的资金不是创业企业自己的钱,所以在资金的使用方面不够谨慎。经常会造成烧完了钱,没有新的资金投入,因此创业企业就失败了。一家成功的互联网企业的创始人曾说过,创业伊始不久,他们融到了500万美元,结果他们犯了和所有创业企业犯过的相同的错误:开始用高薪聘请高管、制订高额的市场推广计划,最后很快就烧光了这笔钱。

三是团队问题,一支拥有各种技能的多元化的团队是创业成功的关键。创业企业失败的一个重要原因,就是缺少管理团队。许多创业企业的创始人都是做技术出身的,他们只相信"如果发明了一个更好的捕鼠器,就会门庭若市"。

四是时机,美国著名的创业家比尔·格罗斯通过总结自己创办的100多家企业与另外100多家创业失败的企业案例对比,他得出了一个结论,创业失败的首要因素是时机。他以AIRBNB为例,许多精明的投资者都拒绝了这家公司,因为他们认为,没有人会把家里的空间租给陌生人,显然,之后的实践证明这个想法是错误的。AIRBNB的成功,除了优秀的商业模式之外,就是时机。这个公司的出现恰逢其时,当时社会正处于经济衰退的谷底,人们需要额外的钱,为此他们也许愿意克服心中的抗拒,从而把自己的房子租给陌生人。

那国毅表示,创业企业需要现金流分析、现金流预测和现金流管理。如果进行了现金流预测,现金管理也就比较可控了。银行界有一句古老的金科玉律:在预测现金收入和支出时,将应付账款以提前 60 天支付计算,而应收账款以拖后 60 天入账计算。一个创业企业应该提前 12 个月知道它将需要多少现金、何时需要、做何用途。有一年充沛的时间,它基本上能够筹措到所需资金。

"创业企业特别需要注意的是不要把创业企业当成公司来办。这意味着创业管理团体的报酬应以股权为主,而非薪酬。创业企业的员工的薪酬应该就低不就高,否则企业成本极高,企业文化成为朝九晚五。"那国毅说,与此相比,家族企业在创业阶段成功率高于非家族企业的一个重要原因,就是家族企业在创业阶段都不领取薪水或领取很低的薪水。企业所有的收入都投入市场的拓展和产品的销售。在这方面,创业企业应该向家族企业学习。"风险"一词在阿拉伯语里的含义是"赚取今天的面包",在这一点上,似乎家族创业企业比互联网创业企业更能深刻地理解这个词的含义。

"大众创业,万众创新"是正确的国策。尽管在创业过程中,有这样和那样的困难,有些创业企业甚至会遭遇失败。其实,企业经营的本质就是优胜劣汰;市场经济的本质就是有效地配置资源。即使是"百年老店",如果不能保持持续的创新,也会被市场淘汰。"从市场和客户的角度来讲,不能创造客户价值的企业,无论是创业企业还是'百年老店'的退出,都是市场经济的健康表现。"

"创新就是创造性地破坏。"那国毅举例说,苹果公司成立于 1976 年,直到 2007 年苹果才成功地推出 IPHONE,在这 30 年中,乔布斯不断地创新与创业才打造出改变世界的产品。"因此,创业者应该把创业与创新当作自己的生活方式,持之以恒。"

资料来源:张莫.四大原因导致创业企业遭遇挫折[EB/OL].(2016 - 12 - 30)[2020 - 12 - 30].http://finance.people.com.cn/n1/2016/1230/c1004 - 28988422.html.

9.1　企业

9.1.1　企业概述

企业一般是指以盈利为目的,运用各种生产要素(土地、劳动力、资本、技术和企业家才能等),向市场提供商品或服务,实行自主经营、自负盈亏、独立核算的法人或其他社会经济组织。

在商品经济范畴内,企业作为组织单元的多种模式之一,按照一定的组织规律,有机构成的经济实体,一般以营利为目的,以实现投资人、客户、员工、社会大众的利益最大化为使命,通过提供产品或服务换取收入。它是社会发展的产物,因社会分工的发展而成长壮大。企业是市场经济活动的主要参与者;在社会主义经济体制下,各种所有制企业并存共同构成社会主义市场经济的微观基础。

9.1.2　企业的分类

企业的分类有多种形式,具体如下。

(1)以投资人的出资方式和责任形式不同,企业可分为个人独资企业、合伙企业和公司制企业。公司制企业是现代企业中最主要的、最典型的组织形式。

(2)以投资者的地区不同,企业可分为内资企业、外资企业和港、澳、台商投资企业。

(3)按所有制结构不同,企业可分为全民所有制企业、集体所有制企业、私营企业和外资企业。

(4)按股东对公司所负责不同,企业分为无限责任公司、有限责任公司、股份有限公司。

(5)按公司地位类型不同,企业可分为母公司、子公司。

(6)按规模不同,企业可分为特大型企业、大型企业、中型企业、小型企业和微型企业。

(7)按经济部门不同,企业可分为农业企业、工业企业和服务企业等。

(8)按企业健康程度不同,企业可分为相对比较健康的随机应变型企业、军队型企业、韧力调节型企业,以及相对不健康的消极进取型企业、时停时进型企业、过度膨胀型企业、过度管理型企业。

9.1.3 公司制企业

创业者一般在创业时机成熟后成立公司。公司是依照《中华人民共和国公司法》在中国境内设立的有限责任公司和股份有限公司。它是适应市场经济社会化大生产的需要而形成的一种企业组织形式。

1.公司的优点

市场经济要求平等的市场主体按照等价交换的原则,通过公平竞争,从市场取得和向市场提供商品,促进生产要素合理流动,实现结构优化、资源合理配置。市场经济的要求决定了市场主体必须拥有明晰界定的财产权,而且必须是独立的、平等的。法人制度以其独特的性质使法人在市场经济中充当了主要的角色。公司作为法人的一种形态,其特质完全符合市场经济的要求,这使得公司必然成为市场经济的主体。与其他市场主体相比,公司的优点明显表现在以下几个方面。

(1)公司股东的有限责任决定了对公司投资的股东既可满足投资者谋求利益的需求,又可使其承担的风险限定在一个合理的范围内,增加其投资的积极性。

(2)公司特别是股份有限公司可以公开发行股票、债券,在社会上广泛集资,便于兴办大型企业。

(3)公司实行彻底的所有权与经营权分离的原则,提高了公司的管理水平。

(4)公司特有的组织结构形式使公司的资本、经营运作趋于利益最大化,更好地实现投资者的目的。

(5)公司形态完全脱离个人色彩,是资本的永久性联合,股东的个人生存安危不影响公司的正常运营。因此,公司存续时间长,稳定性高。

2.有限责任公司注册登记

(1)办理依据:《中华人民共和国公司法》第六、七、二十三、二十四条;《中华人民共和国公司登记管理条例》第二、三、四、二十、五十、五十一、五十二、五十三、五十四条。

(2)法定期限:20个工作日。

(3)申请材料:申请人应把以下申请资料送交当地市场和质量监督管理局窗口。

①"公司登记(备案)申请书"。

②"指定代表或者共同委托代理人授权委托书"及指定代表或委托代理人的身份证复

印件。

③全体股东签署的公司章程。

④股东的主体资格证明或者自然人的身份证复印件。股东为企业的,提交营业执照复印件;股东为事业法人的,提交事业法人登记证书复印件;股东为社团法人的,提交社团法人登记证复印件;股东为民办非企业单位的,提交民办非企业单位证书复印件;股东为自然人的,提交身份证复印件;其他股东提交有关法律法规规定的资格证明。

⑤董事、监事、经理的任职文件(股东会决议由股东签署,董事会决议由公司董事签署)及身份证复印件。

⑥法定代表人的任职文件(股东会决议由股东签署,董事会决议由公司董事签署)及身份证复印件。

⑦公司住所(办公场所)证明。

⑧"企业名称预核通知书"。

⑨法律、行政法规和国务院决定规定设立有限责任公司必须报经批准的,提交有关的批准文件或者许可证复印件。

⑩公司申请登记的经营范围中有法律、行政法规和国务院决定规定必须在登记前报经批准的项目,提交有关的批准文件或者许可证复印件。

审查书面审查申请人应满足以下条件:①申报资料齐全,并符合有限责任公司登记管理规定;②对申报材料的真实性和准确性负责。

9.2 企业管理概述

9.2.1 企业管理的含义

企业管理是对企业生产经营活动进行计划、组织、指挥、协调和控制等一系列活动的总称,是社会化大生产的客观要求。企业管理是尽可能利用企业的人力、物力、财力、信息等资源,实现快、省、多、好的目标,取得最大的投入产出效率。这一段话有三层含义。

第一层含义说明了管理采用的措施是计划、组织、控制、激励和领导这五项基本活动。这五项活动又被称之为管理的五大基本职能。

第二层含义是第一层含义的目的,即利用上述措施来协调人力、物力和财力方面的资源。所谓协调是指同步化与和谐化。一个组织要有成效,必须使组织中的各个部门、各个单位,直到各个人的活动同步与和谐;组织中人力、物力和财力的配备也同样要同步、和谐。

第三层含义又是第二层含义的目的。协调人力、物力和财力资源是为使整个组织活动更加富有成效,这也是管理活动的根本目的。

9.2.2 我国企业管理的现状

当前,我国企业管理正处在从传统的管理阶段向企业现代化转变的关键阶段。企业发展在社会经济发展中发挥着举足轻重的作用,但是,我国企业仍面临生产规模小、资金紧缺、设备落后、产品质量不高、竞争力不强、效益低下等突出问题与困难,已经严重影响和制约着我国企业持续快速健康发展。

(1)体制改革力度普遍不够。

我国企业体制改革的目的就是通过建立健全企业管理体制机制,使企业的资源、生产、管理、销售、服务达到最佳配置,与社会主义市场经济发展相互协调、相互促进,从而使企业在激烈的市场竞争中不断增强自主创新发展的能力,在国际国内市场中拥有立足之地。因此,逐步建立健全适应社会主义市场经济要求的管理体制机制,是发展现代企业的客观要求。当前我国企业管理的体制机制处在从传统向现代转变的关键阶段,改革力度依然不够。因此,必须加强企业管理,加快建立健全适应社会主义市场经济发展要求的体制机制,加大力度,促使我国企业不断变压力为动力、变危机为契机,不断提升生机与活力,逐步向现代企业管理方向迈进。

(2)管理手段普遍比较落后。

目前,我国企业管理的很多经验和水平已经接近了国际先进水平,有的甚至得到国外许多企业的效仿和借鉴。但是,我们必须清醒地认识到,由于我国企业管理整体依然处在从传统落后管理方式向现代先进管理方式转变的关键时期,我国企业的很多管理方法和水平依然跟不上现代企业建设的需要,与国际先进管理水平的差距依然比较大。由于管理方法的严重落后,致使我国企业的竞争能力不够强,生存适应能力比较弱。金融危机袭来后,诸多隐藏的弊端就暴露出来,有的甚至停产关闭。因此,加快转变企业管理理念,改变过去传统落后的企业管理体制机制,是我国企业管理当前和今后相当长一个时期的重要任务。要善于运用发展的眼光看待企业管理,学习和借鉴国外先进的经验,强化吸收与创新,促进我国企业管理跟上时代步伐。

(3)管理规范程度普遍不够。

从我国企业管理的状况看,企业管理存在很多弊端与不足,规范化、科学化、合理化程度严重不够,必然导致我国企业违规生产、违章操作、无序运行等问题的发生。由于企业管理不够规范,必然导致企业发展方向不明晰、目标不具体、定位不准确,致使企业内部各个环节之间相互脱节,推诿扯皮现象严重。如此,势必造成我国企业发展后劲不足、竞争不强、创新不够。面对危机,很多企业不是积极采取有效措施加以应对,而是手足无措。全面推动企业管理的规范化、科学化、合理化,既可以解决企业发展老大难的问题,也可以使管理理念得到改善与提升。因此,加快推进我国企业规范化、科学化、合理化的建设步伐,不仅对提升企业自身发展创新能力和竞争能力具有重要意义,对于推进我国企业全面持续发展同样举足轻重。

(4)专业管理人才比较缺乏。

随着经济全球化的不断加剧,人才构成、素质和活动已经呈现国际化发展趋势,人才的竞争集中体现在人才国际化的程度上。说到底,企业发展能力、创新能力和竞争能力最终就是人才之间的竞争,我国企业普遍存在人才特别是"高、精、尖"专业管理人才比较缺乏的问题。随着我国经济的不断复苏,对先进技术、人才和管理经验的需求与日俱增。我国企业必须吸引国际化专业管理人才,支撑企业的发展扩张,不断增强企业的发展后劲与动力。企业可以通过教育培训、出外考察、学习取经等多种方式,不断培养和引进"高、精、尖"专业技术人才和管理人才,实现企业人才队伍的优化配置,不断为企业发展注入新鲜血液和不竭动力。

9.2.3　企业管理的作用

对于一个企业来说,管理是至关重要的,这是让一切得以正常发挥的前提,能够让企业的组织活动在管理者的约束下变得有目的,有方向。企业管理的作用体现在以下几个方面:①可以增强企业的运作效率,提高生产效率;②可以让企业有明确的发展方向;③可以使每个员工都充分发挥他们的潜能;④可以使企业财务清晰,资本结构合理,投融资恰当;⑤可以向顾客提供满意的产品和服务;⑥可以更好地树立企业形象,为社会多作实际贡献。

9.2.4 企业管理的分类

按照不同的分类方法,企业管理有如下分类。

(1)按照管理对象不同,可将企业管理划分为对人力资源、项目、资金、技术、市场、信息、设备与工艺、作业与流程、文化制度与机制、经营环境等管理。

(2)按照成长过程和流程不同,可将企业管理划分为"项目调研—项目设计—项目建设—项目投产—项目运营—项目更新—项目二次运营—三次更新"等周而复始的多个循环。

(3)按照职能或者业务功能不同,可将企业管理划分为计划管理、生产管理、采购管理、销售管理、质量管理、仓库管理、财务管理、项目管理、人力资源管理、统计管理、信息管理等。

(4)按照层次上下不同,可将企业管理划分为经营层面、业务层面、决策层面、执行层面、职工层面等管理。

(5)按照资源要素不同,可将企业管理划分为人力资源、物料资源、技术资源、资金、市场与客户、政策与政府资源等管理。

9.3 企业管理的职能

从企业管理的定义可知,企业管理包括计划、组织、控制、激励和领导这五项基本活动,也被称之为五大职能。本书主要从计划职能、组织职能、控制职能、激励职能和领导职能分别讲解。

9.3.1 计划职能

1.计划的概念

所谓计划工作就是根据社会的需要以及组织的自身能力,确定组织在一定时期内的奋斗目标,通过计划的编制、执行和检查,协调和合理安排组织中各方面的经营和管理活动,有效地利用组织的人力、物力和财力资源,取得最佳的经济效益和社会效益。

计划的内容常用5个"W"和1个"H"来表示。

"what"(what to do)——做什么?(活动与内容)。

"why"(why to do)——为什么做?(原因与目的)。

"who"(who to do)——谁去做?(人员)。

"when"(when to do)——何时做?(时间)。

"where"(where to do)——何地做?(地点)。

"how"(how to do)——怎样做?(手段和安排)。

计划工作的概念有广义和狭义之分。广义的计划工作包括制订计划、执行计划和检查计划的执行情况等整个过程。狭义的计划工作指制订计划,即通过一定的科学方法,确定组织的目标和为了达到决策目标而提出实现目标的安排。我们通常采用狭义的计划工作的定义。

2.计划的类型

(1)长期计划、中期计划与短期计划。

计划可以按照时间期限的长短分为长期计划、中期计划和短期计划。

现有的习惯做法是将一年及其以内的计划称为短期计划,一年以上到五年以内的计划称为中期计划,五年以上的计划称为长期计划。但是对一些环境变化很快,本身节奏很快的组织活动,其计划分类也可能一年计划就是长期计划,季度计划就是中期计划,月计划是短期计划。

(2)业务计划、财务计划和人事计划。

按职能空间分类,可以将计划分为业务计划、财务计划及人事计划。我们通常用"人财物,供产销"六个字来描述一个企业所需的要素和企业的主要活动。业务计划的内容涉及"物、供、产、销",是组织的主要计划。财务计划的内容涉及"财",人事计划的内容涉及"人"。

(3)战略计划、战术计划与作业计划。

根据时间长短及其范围的广狭,可将计划分为战略计划、战术计划与作业计划。应用于整体组织的、为组织设立总体目标和寻求组织在环境中的地位的计划,称为战略计划。战术计划一般是一种局部性的、阶段性的计划,它多用于指导组织内部某些部门的共同行动,以完成某些具体的任务,实现某些具体的阶段性目标。作业计划则是给定部门或个人的具体行动计划。作业计划通常具有个体性、可重复性和较大的刚性,一般情况下是必须执行的命令性计划。

(4)具体性计划与指导性计划。

根据计划内容的明确性标准,可以将计划分为具体性计划和指导性计划。具体性计划具有明确规定的目标,不存在模棱两可。指导性计划只规定某些一般的方针和行动原则,给予行动者较大自由处置权,它指出重点但不把行动者限定在具体的目标上或特定的行动方案上。

(5)程序性计划与非程序性计划。

每当出现这类工作或问题时,就利用既定的程序来解决,而不需要重新研究,这类决策叫程序化决策。处理某类问题没有一成不变的方法和程序,因为这类问题或在过去尚未发生过,或因为其确切的性质和结构捉摸不定或极为复杂,或因为其十分重要需用个别方法加以处理。解决这类问题的决策叫作非程序化决策,与此对应的计划是非程序性计划。

(6)计划的层次体系。

①宗旨(purpose):组织是干什么的,应该干什么。

②目标(objective):行动的具体目的。

③战略(strategy):为实现组织或企业长远目标所选择的发展方向、所确定的行动方针,以及资源分配方针和资源分配方案的一个总纲。

④政策(policy):指导或沟通决策思想的全面的陈述书或理解书。

⑤程序(procedure):规定了如何处理那些重复发生的例行问题的标准方法。

⑥规则(rule):没有酌情处理的余地。

⑦方案(或规划)(programme):一个综合性的计划,它包括目标、政策、程序、规则、任务分配、步骤、所需资源以及其他因素。

⑧预算(budget):是以数字表示预期结果的一种报告书,即"数字化"的计划。

3.计划工作程序

考虑到计划的一般性,本书把计划工作程序分为八个步骤。

（1）估量机会。

计划工作的一个重要的工作环节是对组织的当前状况作出评估——估量机会，这是制订和实施计划工作方案的前提。从大的方面看，当前状况的估量要对组织自身的优势和劣势、外部环境的机会和威胁进行综合分析，即 SWOT 分析。当然，对于那些局部的作业性质的计划工作，往往并不需要特别复杂和综合的内外部环境分析。但即使如此，也要对内部的资源与外部关系作出基本的判断。

（2）确定目标。

分析了组织的现状之后，要回答"往何处去"这一问题，即要确定目标。目标是组织期望达到的最终结果。一个组织在同一时期可能有多个目标，但任何一个目标都应包括以下内容：①明确的主题，是扩大利润，提高顾客的满意度，还是改进产品质量。②期望达到的数量或水平，如销售数量、管理培训的内容等。③可用于测量计划实施情况的指标，如销售额、接受管理培训的人数等。④明确的时间期限，即要求在什么样的时间范围内完成目标。

（3）确定前提条件。

在计划的实施过程中，组织内外部环境都可能发生变化。如果能够及时预测内外部环境的可能变化，对制订和实施计划来说将十分有利。组织环境可分为两大类。一类为一般环境，包括自然环境和社会文化环境、社会经济和技术的发展水平、社会制度、人口等。它们对所有的社会组织都发生作用，但又不是全部因素都对某一组织发生直接作用。另一类为特殊环境或具体环境，它具体地与某一组织发生作用、直接影响组织的结构特点和活动方式。不同组织的具体环境各不相同，通常包括供应商、顾客、竞争者、政府和社会团体等。在现代社会，组织环境的基本特征是变化速度加快，综合性的作用日益显著。所以，计划工作人员应设法预见计划在未来实施时所处的环境，对影响既定计划实施的诸环境要素进行预测。在此基础上，设计可行的计划方案，即确定计划是以什么环境为前提。

（4）拟订可供选择的方案。

在上述各阶段任务完成之后，接下来应制订具体的计划方案。计划方案类似于行动路线图，是指挥和协调组织活动工作文件，要清楚地告诉人们做什么（what）、何时做（when）、由谁做（who）、何处做（where）以及如何做（how）等问题。通常，最显眼的方案不一定就是最好的方案。在过去的计划方案上稍加修改和略加推演也不一定会得到最好的方案，方案要发挥创造性。此外，方案也不是越多越好。虽然我们可以采用数学方法和借助电子计算机的手段，但还是要对候选方案的数量加以限制，以便把主要精力集中在少数最有希望的方案的分析方面。

（5）评价各种备选方案。

计划工作的第五步是按照前提和目标来权衡各种因素，比较各个方案的利弊，对各个方案进行评价。评价实质上是价值判断。它一方面取决于评价者所采用的标准；另一方面取决于评价者各个标准所赋予的权数。显然，确定目标和确定计划前提条件的工作质量直接影响到方案的评价。在评价方法方面，可以采用运筹学中较为成熟的阵评价法、层次分析法以及在条件许可的情况下采用多目标评价方法。

（6）选择方案。

计划工作的第六步是选定方案。这是在前五步工作基础上作出的关键一步，也是决策的实质性阶段——抉择阶段。可能遇到情况是，有时会发现同时有两个可取的方案。在这种情况下，必须确定出先采取哪个方案，而将另一个方案也进行细化和完善，并作为后备方案。

（7）拟订派生计划。

派生计划就是总计划下的分计划。总计划要靠派生计划来保证，派生计划是总计划的基础。制订派生计划主要是为了使之更具针对性和可操作性。例如，某公司决定在天津成立营销中心开拓天津及其周边市场，这一计划需要制订很多派生计划来支持，包括人员计划、资金计划、广告计划等。

（8）用预算使计划数字化。

计划工作的最后一步是把计划转化为预算，使之数字化。预算实质上是资源的分配计划。预算工作做好了，可以成为汇总和综合平衡各类计划的一种工具，也可以成为衡量计划完成进度的重要标准。

4.目标管理

（1）目标。

目标，一般是指人们从事某项活动所要达到的预期结果。组织目标，是指根据组织宗旨而提出的组织在一定时期内要达到的预期成果。

（2）目标管理。

目标管理（management by objectives，MBO）是一种程序和过程，它使组织中的上级和下级一起商定组织的共同目标，并由此决定上下级的责任和分目标，然后把这些目标作为经营、评估、奖励每个单位和个人贡献的标准（依据）。它用系统的方法使许多关键管理活动结合起来，有意识地瞄准并有效地实现组织目标和个人目标。目标管理的特点包括目标管理提倡参与管理，不主张独断专行；强调"自我控制"，不主张怀疑和压制；强调授权，主张下放权力；注重成果第一，看重实际贡献。

（3）目标管理过程。

①目标的设置。

目标的设置是目标管理过程中最重要的阶段，这一阶段可以细分为4个步骤：企业经营环境调查；初步在最高层设置目标；设置部门和员工的目标；反复循环修订目标。

②组织实施。

目标管理重视结果，强调自主、自治和自觉，并不等于领导可以放手不管，相反由于形成了目标体系，一环失误，就会牵动全局。因此领导层的工作是目标实施过程中不可缺少的。

首先，进行定期检查，利用双方经常接触的机会和信息反馈渠道自然地进行；其次，要向下级通报进度，便于互相协调；再次，要帮助下级解决工作中出现的困难问题，当出现意外、不可测事件严重影响组织目标实现时，也可以通过一定的程序，修改原定的目标。

③检查和评估。

目标管理的第三步就是检查和评估。对各级目标的完成情况，要事先规定出期限，定期进行检查。检查的方法可灵活地采用自检、互检和责成专门的部门进行检查。检查的依据就是事先确定的目标。

对于最终结果，应当根据目标进行评价，并根据评价结果进行奖罚。达到预定的期限后，下级首先进行自我评估，提交书面报告；然后上下级一起考核目标完成情况，决定奖惩；同时讨论下一阶段目标，开始新循环。如果目标没有完成，就分析原因总结教训，切忌相互指责，以保持相互信任的气氛。

9.3.2 组织职能

1.组织的含义

从管理学的角度来看,组织有静态和动态两种含义。

(1)静态。古典管理学派提出组织结构论,并认为组织是一个实体,或一个单位,是为了达到特定的目标,通过分工与合作及不同层次的权力和责任制度,而构成的人的集合。他们认为组织有三层含义:组织必须具有目标;没有分工和合作也不能称其为组织;组织要有不同层次的权力和责任制度。

(2)动态。组织是一种活动,是指将实现目标所必需的活动加以分类,并建立机构、选用人员、明确职责,并从整体上协调平衡的过程。

2.组织结构的类型

组织结构(organizational structure)是指对于工作任务如何进行分工、分组和协调合作。组织结构是表明组织各部分排列顺序、空间位置、聚散状态、联系方式以及各要素之间相互关系的一种模式,是整个管理系统的"框架"。

(1)直线制。

直线制是企业的一切管理工作,均由企业的厂长(或公司经理)直接指挥和管理,不设专门的职能机构的组织形式。直线制是最古老的一种企业管理组织形式,它需要企业领导精明能干,具有多种管理专业知识和生产技能知识。直线制不利于后备管理人员的选拔,对管理工作没有专业化。直线制适用于纵横不大,人员不多,生产管理比较简单的情况。

(2)职能制。

职能制组织机构是按分工负责原则组成机构,各级行政负责人都设有相应的职能机构,这些职能机构在自己的业务范围内都有权向下级下达命令和指令。下级行政负责人,除要服从上级行政领导的指挥外,还要服从上级职能机构的指挥。当外界环境稳定,技术相对例行,而不同职能部门间的协调相对不复杂时,这种结构是最有效的。组织的目标在于内部的效率和技术专门化。在职能型组织中,纵向控制大于横向协调,正式的权力和影响来自职能部门的高层管理者。

(3)直线职能制。

直线职能制组织机构是在吸收了上述两种组织机构的优点和克服了他们的缺点的基础上形成的一种组织机构。在直线职能制组织机构中,一方面,各级行政管理人员有相应的职能机构作助手,以充分发挥其专业管理的作用;另一方面,每个管理机构内又保持了集中统一的生产指挥和管理。这种组织机构是当前国内各类组织中最采用的一种结构,无论是机关、学校、企业或医院,这种机构随处可见。

(4)事业部制。

这是在欧美、日本各大企业所采用的典型组织形态。所谓事业部制,就是一个企业内对于具有独立的产品和市场、独立的责任和利益的部门实行分权管理的一种组织形态,有时也称之为"联邦分权化",或者叫作"斯隆模型"。事业部门必须具备三个要素:具有独立的产品和市场,是产品责任或市场责任单位;具有独立的利益,实行独立核算,是一个利润中心;是一个分权单位,具有足够的权力,能自主经营。最高管理层必须保持三方面的决策权事业发展的决策权、有关资金分配的决策权和人事安排权。

（5）矩阵结构。

矩阵式结构的出现是企业管理水平的一次飞跃。当环境一方面要求专业技术知识，另一方面又要求每个产品线能快速作出变化时，就需要矩阵式结构的管理。前面我们讲过，职能式结构强调纵向的信息沟通，而事业部式结构强调横向的信息流动，矩阵式就是将这两种信息流动在企业内部同时实现。在实际操作中，这种双重管理的结构建立和维持起来都很困难，因为有权力的一方常常占据支配地位。因此比较成熟的矩阵式管理模式为带有项目/产品小组性质的职能型组织。职能部门照常行使着管理职能，但公司的业务活动是以项目的形式存在的。项目由项目经理全权负责，由其向职能经理索要适合的人力资源，在项目期间，这些员工归项目经理管理。而职能经理的责任是保证人力资源合理有效的利用。

（6）委员会组织。

委员会组织是一种为执行某方面的职能而设置的管理者群体组织形式，它实行集体决策、集体领导的机制，委员会组织在企业管理中广泛应用。企业中的委员会既可以是临时的，也可以是常设的，其职权属性既可以是直线性质的，又可以是参谋性质的。

3.组织结构设计

（1）现代管理的组织设计原则。

①目标至上、职能领先原则。这一原则是指组织结构必须服从并服务于组织目标实现的需要。组织在一定时期内所要实现和开展的战略目标、核心职能，往往对组织结构的形式与构成起着决定性作用。

②管理幅度原则。所谓管理幅度，亦称管理跨度或管理宽度，就是一个主管人员有效领导的直接下属的数量。管理幅度过大，会造成指导监督不力，使组织陷入失控状态；管理幅度过小，又会造成主管人员配备增多，管理效率降低。

③统一指挥原则。这一原则指的是组织中的每个下属应当而且只能向一个上级主管直接汇报工作，以避免多头领导。这条重要的原则在组织实践中常遇到来自多方面的破坏。最常见的有两种情况，即多（双）头领导现象和越级指挥。

④权责对等原则。进行组织设计时，既要明确每一部门或职务的职责范围，又要赋予其完成职责所必需的权利，使职权和职责两者保持一致，这是组织有效运行的前提，也是组织设计中必须遵循的基本原则。

⑤因事设职与因人设职相结合原则。组织设计必须确保实现组织目标活动的每项内容都能落实到具体的职位和部门，做到"事事有人做"，而不是"人人有事做"。组织设计要求从工作特点和需要出发，因事设职，因职用人。组织设计也不可以忽视人的因素，忽视人的特点和人的能力。"人"与"事"的要求应该得到有机结合。

（2）组织设计。

组织设计就是对组织的结构和活动进行创构、变革和再设计。组织设计的目的就是发挥整体大于部分之和的优势，使有限的人力资源形成最佳的综合效果。组织设计通常可分为以下几个步骤。

①工作划分：按照组织的总目标、总任务自上而下划分成相互联系的具体任务。遵守目标一致、效率优先的原则。

②设立部门：按照工作程序和信息流程，把相近的工作归类，并设立相应部门。

③确定管理跨度:是指一名上级直接指挥下级的个数。

④确定职权关系:包括职务、权力、责任。

⑤通过组织运行不断调整和完善组织的结构。

设计、建立并维持一种科学的、合理的组织结构,是为成功地实现组织目标而采取行动的一个连续的过程,组织设计是一个动态不断修改和完善的过程。

9.3.3 控制职能

1.控制概述

(1)控制的含义。

控制有狭义和广义之分。从狭义的角度来看,控制作为一项管理职能,就是由管理人员对组织实际运行是否符合计划的要求进行测定并采取措施确保组织目标实现的过程。从广义的角度来看,控制工作并不仅限于按照既定的计划标准来衡量和纠正计划执行中的偏差,它同时还包含着在必要时修改计划标准,甚至重新制订计划,以使计划更加适合于实际情况这样一层含义。

控制就是检查工作是否按既定的计划、标准和方法进行,发现偏差,分析原因,进行纠正,以确保组织的目标实现。

(2)控制与计划的关系。

计划是对组织未来活动的一种预先筹划,指明了组织活动的方向,并保证各项活动有序进行。控制就是按既定目标和标准对组织的活动进行监督、检查,发现偏差,采取纠正措施,使工作能按原定计划进行,或适当调整计划以达预期目的。控制和计划的关系相对密切,是一个问题的两面。计划为控制提供衡量的标准,计划和控制的效果分别依赖于对方,一切有效的控制方法首先就是计划方法(如预算、政策、程序、规划)等,计划工作本身也必须有一定的控制。

(3)控制的类型。

控制按照不同的划分依据可分为多种类型。按控制的业务范围不同,控制可分为技术控制、质量控制、资金控制、人力资源控制等;按控制的时间不同,控制可分为日常控制、定期控制;按控制活动的性质不同,控制可分为预防性控制和更正性控制;按控制点的位置不同,控制可分为预先控制、过程控制和事后控制;按控制内容的覆盖面不同,控制可分为专题控制、专项控制和全面控制;按管理者控制和改进工作的方式不同,控制可分为间接控制和直接控制等;依据纠正偏差措施的作用环节不同,控制可分为前馈控制、同期控制和反馈控制。

(4)控制过程。

管理控制过程是指运用现代控制论按照计划标准,衡量计划的完成情况,纠正计划执行中的偏差,以确保计划目标的实现的管理实施过程。管理控制过程包括以下三个步骤。

①确立标准。由于计划是控制工作据以设计的标准,所以控制过程的第一步是制订计划。但由于计划的详尽程度和复杂程度各不相同,因而需要建立专门的标准。它们是在一个完整的计划程序中选出的,对工作成果进行计量的一些关键点。理想的标准是一些可以考核的目标,它们不管是定量的还是定性的,都要正式地纳入目标管理的正常体系中。以目标本身作为标准的,可以用实物来说明,如产品数量、工作时间等;也可用货币数量来表示,如销售额、成本和利润等。

②衡量成效。按照标准衡量成效,应当建立在"向前看"的基础上,从而使差错在发生之前

就被发现,并采取适当措施加以避免。

③纠正偏差。偏差是指实际结果与标准要求之间的不符合程度。如果制订的标准反映了组织机构的实际情况,那么出现偏差就可以迅速纠正。主管人员可以通过重新制订计划或修改目标来纠正偏差,也可以通过其他的组织工作职能来纠正偏差。管理控制在宣传活动中的运用十分广泛,利用新闻媒介进行大众宣传,阐明目标、指明错误,就是最典型的管理控制过程。

9.3.4 领导职能

1.领导的含义

所谓领导就是指挥、带领、引导和鼓励部下为实现组织目标而努力的过程。实施并完成领导职能的主体是领导者。这一定义包括以下四个要素:领导者必须有部下或追随者;领导需要拥有影响追随者的能力或力量;领导的目的是通过影响部下来达到组织的目标;领导职能的过程主要包括领导者的协调、激励和控制等内容。

2.领导的作用

(1)指挥作用。

在组织活动中,需要头脑清晰、胸怀全局,能高瞻远瞩、运筹帷幄的领导者帮助组织成员认清所处的环境和形势,指明组织目标和达到目标的途径。领导者只有站在群众的前面,用自己的行动带领组织成员为实现组织目标而努力,才能真正起到指挥作用。

(2)协调作用。

在许多人协同工作的组织活动中,即使有了明确的组织目标,但因组织成员的才能、理解能力、工作态度、进取精神、性格、作风、地位的不同,加上外部各种因素的干扰,在思想上容易发生各种分歧,所以,在行动上出现偏离目标的情况是不可能避免的。因此就需要领导者来协调人们之间的关系和活动,把组织成员团结起来,朝着共同的组织目标前进。

(3)激励作用。

在组织活动中,尽管大多数人员都具有积极工作的愿望和热情,但是这种愿望并不能自然地变成现实的行动,这种热情也未必能自动地长久保持下去。如果一个人的学习、工作和生活遇到困难、挫折或不幸,某种物质的或精神的需要得不到满足,就必然会影响工作的热情。在复杂的社会生活中,组织的每一位成员都有各自不同的经历和遭遇,怎样才能使每一位成员都保持旺盛的工作热情、最大限度地调动他们的工作积极性呢? 这就需要有通情达理、关心群众的领导为他们排忧解难,激发和鼓舞他们的斗志,发掘、充实和加强他们积极进取的动力。

(4)控制作用。

在组织活动过程中,领导者能够及时获取较为全面的信息,通过对活动效果和组织目标的比较,迅速发现组织问题之所在,保证组织活动按照组织目标的要求实施。领导者的控制主要包括制度控制和创新控制。制度控制要求领导者在准确把握组织目标的基础上,制定并运用相应的标准体系进行组织活动的过程控制。创新控制要求领导者培育良好的组织文化,准确把握持续变化的组织内部和外部环境,通过引导有效的组织学习和变革来更好地实现组织目标。

3.领导的特征

领导者在组织中处于指挥、信息中心的位置。领导者主要处理以下三方面的关系。

(1)处理与人的关系。

领导工作者首先是做人的工作。在工商企业的所有资源中,第一位是人力资源,管理是以人为本的管理。领导面对的是人,是通过一系列的措施,了解、掌握人的需要,从而有目的地引导、指挥和协调人的行为,千方百计地通过提高员工的满足度来调动人的积极性。

(2)处理与事的关系。

作为一个组织或群体,均有一定的存在目的,为实现目的要进行大量工作。领导的一个职能就是处理这些事务,特别是制定各种决策,进行现场指挥,使各项工作有条不紊地进行。

(3)处理与时间的关系。

一方面领导需合理安排个人和组织的时间,有计划、有条理地根据轻重缓急原则安排组织的各项活动,从而充分有效地利用时间,达到组织目标;另一方面,领导是面向未来的工作,需要预测未来,走在时间的前面,把握时机,使组织持续发展。

4.领导影响力的来源——权力

领导过程中影响他人的基础是权力。从广义上来说,如果某人能够提供或剥夺别人想要却又无法从其他途径的获得之物,此人就拥有高于他人的权力。在组织中,权力可分为两大类。

(1)职位权力。

职位权力是因为在组织中担任一定的职务而获得的权力,职位权力大小受以下几方面因素影响。

①职务因素:职务越高,权力越大,影响力也就越强,这就是职务效应。

②资历因素:组织里的资格和经历也具有影响力,较深的资历往往会使人产生一种敬重感。

③传统因素:人们一般都有这种观念,领导者应该比一般人更有能力和水平,因而就会让人产生一种服从感。

职位权力具体体现在三个方面:合法权,就是组织中等级制度所规定的正式权力;奖赏权,就是决定提供还是取消奖励、报酬的权力;惩罚权,就是指通过精神、感情或物质上的威胁,强迫下属服从的一种权力。以上三种权力都与组织中的职位联系在一起,是从职位中派生出的权力,因此统称为职位权力。

(2)非职位权力。

非职位权力是指与组织的职位无关的权力,这是由领导者自身的素质和行为所形成的,也称为自然性影响力。非职位权力大小受以下几方面因素影响。

①品格因素:主要包括领导者的道德、品行、性格、作风等。

②才能因素:领导者的才干和能力,是形成威信和号召力、影响力的相当重要的因素,有德无才者,组织成员可能会比较喜欢,但这样的人却难以被人敬重和信赖。事业成功的领导者往往会令人敬佩和信赖。

③知识因素:领导者具有丰富的知识和理论修养,也会得到群众的尊重。

④情感因素:领导者与组织成员关系密切,组织成员就会对其产生亲切感,心理距离就会缩小,领导者的影响力就会增强。反之,情感对立,关系紧张,领导者的影响力就低,甚至产生负面影响。

非职位权力具体表现在四个方面:专长权,这种权力源于信息和专业特长;个人魅力,是一种无形的,很难用语言来描述或概括的权力;背景权,是指个体由于以往的经历而获得的权力;感情权,是指个体由于与被影响者感情较融洽而获得的权力。

9.3.5 激励职能

1.激励概述

人为什么要激励呢?行为科学理论认为,现代领导与管理的一个核心问题就是人的管理。管理人就是要调动人的积极性和创造性,发挥人的聪明才智,积极主动、自觉自愿、心情舒畅地工作。积极性、创造性都要通过人的行为才能实现。人的行为有巨大的潜在力、创造力,是社会创造的有待开发的巨大能源库。我们经常看到这样的现象,即两个能力相同的人会做出不相等的成绩,而一个能力差的人可以比一个能力强的人工作干得好。哈佛大学威廉·詹姆士通过对员工激励的研究发现,在按时计酬的制度下,一个人要是没有受到激励,仅能发挥能力的 $20\%\sim30\%$;如果受到正确的、充分的激励,就能发挥其能力的 $80\%\sim90\%$,甚至更高。

激励就是创设满足员工各种需要的条件,激发员工的工作动机,使之产生实现组织目标的特定行为的过程。这一定义包含以下几方面的内容。

(1)激励的出发点是满足组织成员的各种需要,即通过系统的设计适当的外部奖酬形式和工作环境,来满足企业员工的外在性需要和内在性需要。

(2)科学的激励工作需要奖励和惩罚并举,既要对员工表现出来的符合企业期望的行为进行奖励,又要对不符合员工期望的行为进行惩罚。

(3)激励贯穿于企业员工工作的全过程,包括对员工个人需要的了解、个性的把握、行为过程的控制和行为结果的评价等。因此,激励工作需要耐心。

(4)信息沟通贯穿于激励工作的始末,从对激励制度的宣传、企业员工个人的了解,到对员工行为过程的控制和对员工行为结果的评价等,都依赖于一定的信息沟通。企业组织中信息沟通是否通畅,是否及时、准确、全面,直接影响着激励制度的运用效果和激励工作的成本。

(5)激励的最终目的是在实现组织预期目标的同时,也能让组织成员实现其个人目标,即达到组织目标和员工个人目标在客观上的统一。

2.激励原则

(1)目标结合原则。

在激励机制中,设置目标是一个关键环节。目标设置必须同时体现组织目标和员工需要的要求。

(2)物质激励和精神激励相结合的原则。

物质激励是基础,精神激励是根本。在两者结合的基础上,逐步过渡到以精神激励为主。

(3)引导性原则。

外激励措施只有转化为被激励者的自觉意愿,才能取得激励效果。因此,引导性原则是激励过程的内在要求。

(4)合理性原则。

激励的合理性原则包括两层含义:其一,激励的措施要适度,要根据所实现目标本身的价值大小确定适当的激励量;其二,奖惩要公平。

(5)明确性原则。

激励的明确性原则包括三层含义。第一是明确。激励的目的是要员工明确需要做什么和必须怎么做。第二是公开。特别是分配奖金等大多数员工关注的问题时，更为重要。第三是直观。实施物质奖励和精神奖励时都需要直观地表达授予奖励指标和惩罚的方式。直观性与激励影响的心理效应成正比。

(6)时效性原则。

要把握激励的时机，"雪中送炭"和"雨后送伞"的效果是不一样的。激励越及时，越有利于将员工的激情推向高潮，使其创造力连续有效地发挥出来。

(7)正激励与负激励相结合的原则。

所谓正激励就是对员工符合组织目标的期望行为进行奖励。所谓负激励就是对员工违背组织目的的非期望行为进行惩罚。正负激励都是必要而有效的，不仅作用于当事人，而且会间接地影响周围其他人。

(8)按需激励原则。

激励的起点是满足员工的需要，但员工的需要因人而异、因时而异，并且只有满足最迫切需要（主导需要）的措施，其效果才明显，其激励强度才大。因此，领导者必须深入地进行调查研究，不断了解员工需要层次和需要结构的变化趋势，有针对性地采取激励措施才能收到实效。

3.常用的激励方法

常用的四种激励方法为工作激励、成果激励、批语激励和培训教育激励。

(1)工作激励是指通过分配恰当的工作来激发员工内在的工作热情。

(2)成果激励是指在正确评估工作成果的基础上给员工以合理奖惩，以保证员工行为的良性循环。

(3)批语激励是指通过批评来激发员工改正错误行为的信心和决心。

(4)培训教育激励则是指通过思想、文化教育和技术知识培训提高职工的素质，从而增强其进取精神，激发其工作热情。

延伸阅读

A 工厂的激励机制

针对公司员工流动量大、员工工作效率低下、员工心态不稳等问题，该公司本着以精神鼓励为主，适度配合物质激励的原则为该企业量身定做了五条员工激励方案。

一、目标激励

由人事及生产部门共同确定各岗位的岗位职责，明确告知员工应从事的工作，并由生产部门负责人与员工一起结合员工目前的工作效率制每月生产目标（注：应是一个可以达到的目标）。对达到目标的员工给予口头表扬及言语鼓励，对达不到目标的员工应适度安慰并给予帮助，如培训等，帮助员工达到工作目标。

效果分析如下：

(1)属于员工自我激励，完成目标的员工会增加自豪感从而增加工作热情。

(2)完不成目标的员工在被安慰的情况下会更加努力工作。

二、参与激励

对某些不涉及公司原则的问题决定时(如购买饮水机放几楼或公司考勤 1 天需打几次卡之类的问题)以及制订生产方面某些规定时,可挑选 1～2 名员工参与讨论,听取员工意见。

效果分析如下:

(1)员工感觉自己受到公司重视,从而增强了工作积极性。

(2)便于了解一线员工的思想。

(3)可表明公司制度是在了解员工想法以后制定的,从而体现出公平性及人本思想。

三、评选优秀员工

公司可分季度评选优秀员工,具体评选方法可根据员工工作绩效、工作态度、出勤情况等。从员工中挑选出 2～3 名表现良好的员工,颁发奖状并给予一定的物质奖励。(比如,奖励可为一等奖 1000 元人民币、二等奖 800 元人民币、三等奖 500 元人民币,奖励以工资的形式发放)但要注意评选的公平性,否则会起反作用。

效果分析如下:

(1)荣誉激励及物质激励结合的方式可提升员工积极性。

(2)通过评选优秀员工可在员工中间形成竞争,提升员工的工作积极性。

(3)获评优秀的员工其稳定性会增强。

四、员工生日问候

每逢员工生日时,由公司总经理签发员工生日贺卡,表达对员工的祝福。一定要总经理亲自签发,否则效果不明显。

效果分析如下:

(1)可以使员工感受到公司的重视。

(2)总经理的鼓励会增强员工的工作热情。

五、工资激励

在员工工资方面,可制订工龄工资,在本公司每工作满半年的员工每月可给予一定工龄工资。每满一年的员工每月给予更高一些的工龄工资。

效果分析如下:工龄工资便于员工长期在公司工作,以及防止培训后熟练工跳槽。

9.4　创业企业的财务管理

财务管理是在一定的整体目标下,对资产购置(投资)、资本融通(筹资)、经营中现金流量(营运资金),以及利润分配的管理。财务管理是企业管理的一个重要组成部分,它是根据财经法规制度,按照财务管理的原则,组织企业财务活动,处理财务关系的一项经济管理工作。简单地说,财务管理是组织企业财务活动、处理财务关系的一项经济管理工作。

9.4.1　财务规划

财务规划可以帮助企业设立指导方针来制订运营和财务计划,将企业的关键目标合理化并兼顾到资本投资,并将企业目标转化成有形的财务指标。财务规划是投资决策和目标产生整合的财务报表,把财务目标和财务指标联系起来,然后整个组织围绕这些目标和指标进行运营。财务规划包含三项活动,即设立目标、设立有形指标、衡量并调整目标和指标。

在财务规划流程中,关键是要建立整合的财务报表及其与运营规划的链接。关键的财务规划与预测将产生损益表、资产负债表、现金流量表,并最终形成财务指标。财务规划与预测的典型工作流程通常从建立财务目标开始,财务目标通常与近期和长期目标(3~5 年)相关,并且常常与有形的硬指标相联系,然后使用整合的财务报表对财务目标建立模型。可考虑把收入、盈利能力和现金流作为关键的财务和非财务指标。建立好模型后,高层管理者经常会同董事会对其进行审查。审批后,财务报表以一组财务指标的形式发布到整个组织。组织的其余人员使用财务指标创建来年的战术运营规划。规划通常基于驱动因素,且与销售量、产品组合等关键业务因素相连。审查并通过规划后,将其重新绑定到整合的财务报表中,确保规划能达成企业目标。通过一系列的反复,企业资源和规划需要经常更新以达到财务目标。整个流程中,要不断地把运营规划转换为一组财务数据。

9.4.2 财务评价

财务评价是从企业角度出发,使用市场价格,根据国家现行财税制度和现行价格体系,分析计算项目直接发生的财务效益和费用。编制财务报表,计算财务评价指标,考察项目的盈利能力、清偿能力和外汇平衡等财务状况,借以判别项目的财务可行性。

1. 财务评价的指标分类

(1)根据是否考虑资金时间价值,可将财务评价指标分为静态评价指标和动态评价指标。

其中:静态评价指标包括投资回收期、总投资收益率、资本金净利润率、利息备付率、偿债备付率、资产负债率、借款偿还率;动态评价指标包括财务净现值、财务内部收益率。

(2)根据指标评价的对象,可将财务评价指标分为反映盈利能力、偿债能力和财务生存能力的评价指标。

其中:反映盈利能力的评价指标有财务内部收益率、财务净现值、投资回收期、总投资收益率、资本金净利润率;反映偿债能力的评价指标有利息备付率、偿债备付率、资产负债率;反映财务生存能力的评价指标有净现金流量、累计盈余资金。

2. 财务评价的主要内容

(1)编制财务报表。

进行财务评价时,首先需要编制财务报表,财务报表是进行财务评价的主要依据。基本的报表有现金流量表、损益表、资金来源与运作表、资产负债表和外汇平衡表;辅助报表有固定资产投资估算表、流动资产估算表、投资计划与资金筹措表、主要产出物与投入物的价格依据表、单位产品生产成本估算表、无形资产与递延资产摊销估算表、固定资产折旧费估算表、总费用估算表、产品销售收入和销售税金及附加税估算表、借款还本付息计算表、财务外汇流量表等。这些财务报表有通用的格式和要求。

(2)盈利能力分析。

项目盈利能力指标,是计算财务内部收益率、投资回收期的主要评价指标,根据项目特点及实际需要,也可计算财务净现值、投资利润率、投资利税率和资本金利润率等指标。

财务内部收益率,即项目在整个计算期内各年净现金流量现值累计等于零时的折现率,它反映了项目所占用资金的盈利率,是考察项目盈利能力的主要动态评价指标。财务内部收益率可根据财务现金流量表中的净现金流量用试差法求得,该值愈大愈好。当所求得的财务内部收益率不小于行业基准收益率或设定的折现率时，即认为其盈利能力已满足最低要求，在财务评价上是可以考虑接受的。

投资回收期是指以项目的净收益抵偿全部投资所需要的时间，它是考察项目在财务上的投资回收能力的主要静态评价指标。其计算公式为：

投资回收期＝（累计净现金流量开始出现正值的年份）－1＋上年累计净现金流量的绝对值/当年净现金流量

该值愈小愈好，当所求得的投资回收期不大于行业的基准投资回收期或设定的回收期时，即表明项目是可行的。

财务净现值，是指按行业的基准收益率或设定的折现率，将项目计算期内各年净现金流量折现到投入期初的现值之和。它是考察项目在计算期内盈利能力的动态指标，该值愈大愈好。财务净现值可根据财务现金流量表计算求得，当财务净现值大于或等于零时可认为项目是可行的。

投资利润率、投资利税率和资本金利润率这三项指标均是反映项目盈利水平的静态相对指标，可根据损益表中的有关数据计算，其计算公式为：

投资利润（税）率＝[年利润（税）总额或年平均利润（税）总额/项目总投资]×100％
资本金利润率＝（年利润总额或年平均利润总额/资本金）×100％

这些指标愈大愈好，当所求得的数值不小于行业平均水平时，即认为项目是可行的。

（3）清偿能力分析。

项目清偿能力指标，主要包括计算资产负债率、借款偿还期、流动比率、速动比率等。

资产负债率是反映项目各年所面临的财务风险及偿债能力指标，可根据资产负债表计算求得。其计算公式为：

资产负债率＝（负债总额/全部资产总额）×100％

一般来说，在项目投入期时资产负债率较高（100％左右），但在投产后应逐年下降，最后达到一个合适的水平（如60％左右）。需指出的是，资产负债率的衡量并没有一成不变的指标，其大小受各种因素的影响，如企业盈利的稳定性、营业额的增长率、行业竞争大小、资产结构、企业实力和负债期限等，比如对一个实力较强的企业或对一个极具市场潜力和回报丰厚的项目就可以定高一些。

流动比率和速动比率是反映项目各年偿付流动负债的指标，可根据资产负债表计算求得。其计算公式为：

流动比率＝（流动资产/流动负债）×100％
速动比率＝（速动资产/流动负债）×100％

一般来说，流动比率以2∶1较合适，速动比率以1∶1较合适。

借款偿还期，是指项目投产后可用于还款的资金偿还借贷款本利所需的时间。可由资金来源与运作表以及国内借款还本付息计算表直接推算。该值愈小愈好，当借款偿还期满足贷款机构的要求期限时，即认为项目是有清偿能力的。

（4）外汇效果分析。

外汇效果分析是涉及产品出口创汇及替代进口节汇的项目，应对其进行分析，其分析指标包括财务外汇净现值、财务换汇成本及财务节汇成本。

财务外汇净现值可通过外汇流量表，以外汇贷款利率为折现率，采用净现值计算方法进行计算。该值愈大愈好,该值大于零时,即认为该项目可行。

财务换汇成本,是指换取 1 美元外汇所需人民币金额,即等于项目计算期内生产出口产品所投入的国内的现值与财务外汇净现值之比。该值愈小愈好,当该值不大于国家标准汇率时即认为可行。

财务节汇成本,是指节约 1 美元外汇所需要的人民币金额,它等于项目计算期内生产替代进口产品所投入的国内资源的现值与替代进口节约外汇的净现值之比,主要用于生产替代进口产品的项目。该值愈小愈好,当该值不大于国家标准汇率时,即认为该项目可行。

在财务评价过程中需要一系列参数,这些是由国家计划委员会定期测定发布,主要通过公布各行业的投资平均(基准)收益水平,为项目评价提供权威性参考标准。

3.企业主要经济指标

经济指标是反映一定社会经济现象数量方面的名称及其数值。经济现象的名称用经济范畴表述,经济范畴的数量方面则通过数值反映。企业主要经济指标有销售收入、销售成本、营业利润、利润总额、流动比率、速动比率、资产总额、负债总额、所有者权益等。

思考题

1.简述企业管理的含义。

2.创业企业如何进行有效的财务管理?

第10章
大学生创新创业实践载体

学习要点及目标

1. 了解大学生常见的创新创业活动载体
2. 掌握大学生创新创业竞赛体系
3. 掌握相关大学生创新创业竞赛的竞赛机制

导读

启动创新创业"新引擎"

当前,我国经济发展进入新常态,创新驱动发展战略正在深入实施,需要在更高层次、更深程度上推进大众创业、万众创新。"互联网+"能够充分激发当代大学生创新创业活力,对高校如何厚培创新创业土壤、为建设创新型国家源源不断输送人才提出了新的时代课题。

20世纪五六十年代兴起的电子技术以及随后兴起的微电子技术,尤其是2010年以来移动互联网与各行各业的交叉渗透、深度融合,把人类带入了信息社会。当前,信息技术发展呈现两大趋势:一是信息技术与其他关联技术融合发展,正不断产生新的交叉领域;二是信息技术向其他行业全面渗透,尤其是与制造业和现代服务业深度融合,正在颠覆传统行业的生产方式和商业模式。这样,在"互联网+"时代,依靠个人智慧进行的大众创业、万众创新就具备了更多可能,而移动互联网和数字化技术的广泛运用使得很多行业打开了大门。"互联网+"的"+"意味着跨界,就是鼓励跨界创新创业、交叉创新创业。只有抓住跨界创新创业这个关键,才能看到交叉边缘上的无限风光,才能把互联网技术发展与经济社会各领域发展融合起来,使"互联网+"成为驱动经济转型升级的重要力量。

经过改革开放30多年的发展,我国高校基本具备了支撑经济转型升级的硬件条件和创新创业人才培养能力。当务之急是如何引导高校尤其是行业高校把主要精力用在与地方经济相结合上,释放人的活力,激发人的创造力。我国高校中超过一半是行业高校,如果一所行业高校带动一个行业中的一个主流方向和一批主打产品升级发展,那么,整个中国的创新能力就会大幅度提高。可以说,"互联网+"把高校推到了创新创业前台,为高校提供了创新创业"新引擎"。把"新引擎"发动起来,当前需要关注以下几个方面。

主动面向行业和区域经济主战场,构建充满活力、可持续发展的创新创业生态链。一般而言,一所行业高校在一个行业中具有相对完整的创新链。实施创新驱动发展战略,迫切需要高校将科研方向的重点转到与经济社会发展结合上,使实验室里的成果成为现实生产力。在"互联网+"时代,高校要打开大门"接地气",真正将相关领域的综合优势渗透到各个行业中去,在交叉中找机遇、在渗透中找方向、在融合中找突破。在这一过程中,高校与地方、产业和行业同向前进、协同发展,将有利于构建充满活力、可持续发展的创新创业生态链,推动形成大众创业、万众创新的良好局面。

加强"专门教育""泛化教育",培养"泛信息化"创新创业人才。"互联网+"为高校提高人才培养质量特别是培养学生的创新创业精神和能力提供了新载体。大力倡导创新创业,并不是鼓励人人都去开公司,但可以通过创新创业实践使学生获得一定的创新体验、创业历练,使其具备基本的创新创业素质和能力。高校需要着力培养的并不是学生的某种狭义的创新创业能力,而是创新创业的综合素质和学科底蕴,这需要依靠通识教育和人文教育来完成。因此,培养创新创业人才,既需要"专门教育",也需要"泛化教育"。进入信息社会,高校只有探索培养"泛信息化人才",才能使学生有能力将互联网创新成果深度融入经济社会各领域。

充分发挥自身优势,形成"1+1+1"的创新创业组织育成模式。相对于传统自上而下的高校科研组织方式,大学生创新创业应探索新的模式。可以让三五个以上的学生经过碰撞、交流提出创新创业的思想和理念,再让青年导师加入团队进行引导,最后引入国家级科技平台或科研大团队的软硬件资源作为支撑,形成"1+1+1"的创新创业组织育成模式,从而提高大学生创业的成功率。这种模式也有利于将高校的科研优势转化为人才培养优势。

资料来源:李言荣.启动创新创业"新引擎"[N].人民日报,2015-11-20(07).

10.1　常见的大学生创新创业活动载体

10.1.1　大学生创新创业训练计划项目

大学生创新创业训练计划项目是根据《教育部 财政部关于"十二五"期间实施"高等学校教学质量与教学改革工程"的意见》(教高〔2011〕6号)《教育部关于批准实施"十二五"期间"高等学校本科教学质量与教学改革工程"2012年建设项目的通知》(教高函〔2012〕2号)决定实施的,其目的在于促进高等学校转变教育思想观念,改革人才培养模式,强化创新创业能力训练,增强高校学生的创新能力和在创新基础上的创业能力,培养适应创新型国家建设需要的高水平创新人才。

1.计划内容

国家级大学生创新创业训练计划内容包括创新训练项目、创业训练项目和创业实践项目三类。

创新训练项目是本科生个人或团队,在导师指导下,自主完成创新性研究项目设计、研究条件准备和项目实施、研究报告撰写、成果(学术)交流等工作。

创业训练项目是本科生团队,在导师指导下,团队中每个学生在项目实施过程中扮演一个或多个具体的角色,通过编制商业计划书、开展可行性研究、模拟企业运行、参加企业实践、撰写创业报告等工作。

创业实践项目是学生团队,在学校导师和企业导师共同指导下,采用前期创新训练项目(或创新性实验)的成果,提出一项具有市场前景的创新性产品或者服务,以此为基础开展创业实践活动。

2.经费支持

国家级大学生创新创业训练计划面向中央部委所属高校和地方所属高校。中央部委所属高校直接参加,地方所属高校由地方教育行政部门推荐参加。国家级大学生创新创业训练计划由中央财政、地方财政共同支持,参与高校按照不低于1∶1的比例,自筹经费配套。中央部委所属高校参与国家级大学生创新创业训练计划,由中央财政按照平均一个项目1万元的资助数额,予以经费支持。地方所属高校参加国家级大学生创新创业训练计划,由地方财政参照中央财政经费支持标准予以支持。各高校可根据申报项目的具体情况适当增减单个项目资助经费。对中央部委所属高校创业实践项目,每个项目经费不少于10万元,其中,中央财政经费应资助5万元左右。各地方教育厅按照国家级大学生创新创业训练计划项目的要求实施省级大学生创新创业项目,经费由教育厅和相关高校共同支持。

中央部委所属高校分为A、B、C三组。2012年,中央财政经费支持A组高校各200项,B组高校各150项,C组高校各70项。为保持学生项目的连续性,各高校可以将2012年的部分项目余额用于支持各校2011年已经立项的学生项目。2013年及以后各年的实际项目数额,将根据上一年的年度评价决定。鼓励各参与高校利用自主科研经费或其他自筹经费,增加立项项目。

3.组织实施

中央部委所属高校直接向教育部提交工作方案,非教育部直属的中央部委所属高校同时报送其所属部委教育司(局)。地方教育行政部门将推荐的地方所属高校的工作方案汇总后,一并提交给教育部。由教育部组织专家论证,通过论证后即可实施。

各高校制定本校大学生创新创业训练计划学生项目的管理办法。规范项目申请、项目实施、项目变更、项目结题等事项的管理,建立质量监控机制,对项目申报、实施过程中弄虚作假、工作无明显进展的学生要及时终止其项目运行。

各高校在公平、公开、公正的原则下,自行组织学生项目评审,报教育部备案并对外公布。项目结束后,由学校组织项目验收,并将验收结果报教育部。验收结果中,必需材料为各项目的总结报告,补充材料为论文、设计、专利以及相关支撑材料。教育部将在指定网站公布项目的总结报告。

国家级大学生创新创业训练计划项目面向本科生申报,原则上要求项目负责人在毕业前完成项目。创业实践项目负责人毕业后可根据情况更换负责人,或是在能继续履行项目负责人职责的情况下,以大学生自主创业者的身份继续担任项目负责人。创业实践项目结束时,要按照有关法律法规和政策妥善处理各项事务。

各高校根据本校实际情况,适当安排创新训练项目和创业训练项目的比例,并逐步覆盖本校的各个学科门类。A组和B组高校,要设立一定数量的创业实践项目。

中央财政支持国家级大学生创新创业训练计划的资金,按照财政部、教育部《"十二五"期间"高等学校本科教学质量和教学改革工程"专项资金管理办法》(另行制订)进行管理。各高校参照制订相应的专项资金管理办法,负责创新创业训练计划项目经费使用的管理。项目经费由承担项目的学生使用,教师不得使用学生项目经费,学校不得截留和挪用,不得提取管理费。

教育部对各高校实施国家级大学生创新创业训练计划进行整体评价。每年组织一次分组评价,根据评价结果,适度增减下一年度的项目数。

4.相关要求

(1)高度重视大学生创新创业训练计划对推动人才培养模式改革的重要意义。参与高校要成立由主管教学的校领导牵头负责,由教务、科研、设备、财务、产业、学工、团委等职能部门参与的校级组织协调机构,制定切实可行的管理办法和配套政策,将大学生创新创业训练计划的日常管理工作纳入本科生教学管理体系。

(2)大学生创新创业训练计划要进入人才培养方案和教学计划。参与计划高校教学管理部门要从课程建设、学生选课、考试、成果认定、学分认定、灵活学籍管理等方面给予政策支持。要把创新创业训练项目作为选修课程开设,同时要组织建设与创新训练有关的创新思维与创新方法等选修课程,以及与创业训练有关的项目管理、企业管理、风险投资等选修课程。

(3)要重视大学生创新创业训练计划导师队伍建设。对参与大学生创新创业训练计划的学生实行导师制。参与计划高校要制订相关的激励措施,鼓励校内教师担任大学生创新创业训练计划的导师,积极聘请企业导师指导学生创业训练和实践。

(5)重视大学生创新创业训练计划实施的条件建设。参与计划高校的示范性实验教学中心、各类开放实验室和各级重点实验室要向参与项目的学生免费提供实验场地和实验仪器设备。参与计划高校的大学科技园要积极承担大学生创新创业训练任务,为参与计划的学生提供技术、场地、政策、管理等支持和创业孵化服务。

(6)参与计划高校要营造创新创业文化氛围。搭建项目学生交流平台,定期开展交流活动。鼓励表现优秀的学生,支持项目学生参加校内外学术会议,为学生创新创业提供交流经验、展示成果、共享资源的机会。学校还要定期组织项目指导教师之间的交流。

(7)参与计划的学生,如发现本校实施该计划时有违反教育部要求的情况,可以向教育部投诉。投诉的问题要确切,并且署真实姓名。教育部将在调查核实之后予以处理。

10.1.2 大学本科生科研训练(SRT)计划项目

SRT 是"student research training"的简称,即大学生研究训练计划,是针对在校本科生开展的科学研究训练项目,是在本科教育阶段实施实践教学改革的一项措施。在国外,有美国麻省理工学院实行的 UROP 计划(undergraduate research opportunities program),即给本科生一个参与科学研究训练的机会,麻省理工学院已经有 70%的本科生在大学四年期间参加过这一活动。在国内,清华大学首先借鉴 UROP 计划,从 1996 年开始创建并实施 SRT 计划。目前已经有众多国内高校开展了 SRT 计划。

SRT 计划的形式是在教师指导下,以学生为主体开展课外科学研究活动。参加对象主要为本科生。SRT 计划实行导师和学生双向选择,学生可以根据自己的情况选择项目。与课堂教学相比,SRT 计划项目中涉及的知识领域更广泛。在这个过程中能充分发挥学生的独立工作能力和能动性,培养学生独立思考和敢于怀疑的批判精神。学生能做到"以我为主",进行调查研究、查阅文献、分析论证、制订方案、设计或实验、分析总结等方面的独立能力训练,导师则发挥其主导作用。完成 SRT 计划的学生可以获得相应的学分和成绩,其中达到一定水平的还可以取代其相关的课程设计乃至毕业设计。

10.1.3 创新创业竞赛

创新创业是指基于技术创新、产品创新、品牌创新、服务创新、商业模式创新、管理创新、组织创新、市场创新、渠道创新等方面的某一点或几点创新而进行的创业活动。创新是创新创业的特质,创业是创新创业的目标。从本质上讲,创业就是一种具有特色的创新行为,创新则是发展的第一动力,是建设现代化经济体系的战略支撑。我国在近年来多次提到全面深化教育改革,推进创新创业教育。《国家中长期教育改革和发展规划纲要(2010—2020 年)》明确提出要加强大学生就业创业教育和就业指导服务,深化教育体制改革,创新人才培养模式,创新教育教学方法。在 2020 年的政府工作报告中提出要为高校毕业生提供不断线就业服务。国家近年来不断颁布相关政策,要求高校加强就业指导和创业创新教育,实施好大学生创新创业引领计划,支持大学生创新创业。在党的十九大报告中也鲜明地提出,必须把教育事业放在优先位置,深化教育改革,加快教育现代化,不断促进产教融合,并加快建设创新型国家。大学生是国家创新创业的主力军,高校是创新创业的桥头堡。创新创业教育不仅助力解决大学生就业难题,更在于培养学生创新创业精神和意识,提升大学生的综合素质竞争力。推进创新创业教育将积极推动高校人才培养模式的改革和国家经济创新驱动的发展。而创新创业竞赛是高校创新创业教育的重要组成部分,对培养大学生创新意识和创业能力具有十分重要的意义。

10.1.4　创新创业竞赛体系

目前,我国的创新创业竞赛数量众多,种类齐全。当前大多高校都是根据创新创业竞赛的组织机构、竞赛层次、社会影响和获奖难度等方面的综合评价,结合学科(专业)建设,将创新创业竞赛分为一类、二类、三类和四类竞赛科目。其中一类至三类竞赛科目为省级及以上创新创业竞赛,四类竞赛科目为校内创新创业竞赛,创新创业竞赛名单由学校负责定期认定发布。

(1)一类竞赛科目。

这一般是指由国际协会、联合会及国家政府部门、专指委、教指委等主办的具有重大影响力的国际、国内创新创业竞赛,分为 A、B、C 三个层级。

(2)二类竞赛科目。

这一般是指除一类竞赛科目之外,由上述组织及部门主办的具有一定影响力的国际、国内创新创业竞赛。

(3)三类竞赛科目。

这一般是指除一类、二类竞赛科目之外的国际、国内大学生创新创业竞赛,以及由省级教育主管部门、学会、行业部门等主办的创新创业竞赛。

(4)四类竞赛科目。

这一般是指以学校名义组织并已在校创新创业教育办公室备案的全校性创新创业竞赛。

现阶段,高校重点推进的是纳入中国高等教育学会竞赛评估体系中的竞赛,纳入学科竞赛评估体系竞赛名录是一个动态的过程,会根据竞赛的知名度、影响力、参与面等因素实行动态管理。2017 年 12 月 14 日,自中国高等教育学会高校竞赛评估与管理体系研究专家工作组在杭州发布 2012—2016 年我国普通高校学科竞赛排行榜以来,中国高等教育学会针对高校竞赛研究工作正式拉开序幕。当时纳入评估体系的竞赛总共有 19 项。2018 年 2 月 2 日,中国高等教育学会在北京继续发布 2013—2017 年普通高校学科竞赛排行榜,并于当年 4 月份在武汉发布我国首部《全国普通高等大学生竞赛白皮书(2012—2017)》,为进一步规范管理,推动和发挥学科竞赛类活动在教育教学、创新人才培养等方面的重要作用,提供了规范和引导。2019 年 1 月 19 日,高校竞赛评估排行榜专家委员会第二次会议在杭州召开,会议通过无记名投票,通过 15 项竞赛新增列入 2014—2018 年高校竞赛排行榜,其中本科类竞赛 12 项,高职类竞赛

3项,列入排行榜的竞赛项目从原来的"18+1"项转变为"30+4"项。2020年2月22日中国高等教育学会高校竞赛评估与管理体系研究专家工作组发布2015—2019年和2019年全国普通高校学科竞赛排行结果。此次评估在原有竞赛体系基础上又作了优化与调整,将纳入高校学科竞赛评估的竞赛项目调整为44项,新增12项竞赛,另有2项竞赛退出榜单。

10.2 主要的大学生创新创业竞赛

10.2.1 中国"互联网+"大学生创新创业大赛

"互联网+"大学生创新创业大赛旨在深化高等教育综合改革,激发大学生的创造力,培养造就"大众创业、万众创新"的生力军;推动赛事成果转化,促进"互联网+"新业态形成,服务经济提质增效升级;以创新引领创业、创业带动就业,推动高校毕业生更高质量创业就业。该创业大赛重在把大赛作为深化创新创业教育改革的重要抓手,引导各地各高校主动服务创新驱动发展战略,创新人才培养机制,切实提高高校学生的创新精神、创业意识和创新创业能力。

(1)组织机构。

大赛由教育部、中央网络安全和信息化领导小组办公室、国家发展和改革委员会、工业和信息化部、人力资源和社会保障部、生态环境部、农业农村部、国家知识产权局、国务院侨务办公室、中国科学院、中国工程院、国务院扶贫开发领导小组办公室、共青团中央和举办地人民政府共同主办。

(2)竞赛内容。

参赛项目能够将移动互联网、云计算、大数据、人工智能、物联网等新一代信息技术与经济社会各领域紧密结合,培育新产品、新服务、新业态、新模式;发挥互联网在促进产业升级以及信息化和工业化深度融合中的作用,促进制造业、农业、能源产业、环保产业等转型升级;发挥互联网在社会服务中的作用,创新网络化服务模式,促进互联网与教育、医疗、交通、金融、消费生活等深度融合。

(3)竞赛形式。

大赛采用校级初赛、省级复赛、全国总决赛三级赛制。校级初赛由各高校负责组织,省级复赛由各省(区、市)负责组织,全国总决赛由各省(区、市)按照大赛组委会确定的配额择优遴选推荐项目。

(4)参赛资格。

参赛申报人须为普通高等学校在校生(可为本专科生、研究生,不含在职生)或毕业5年以内的毕业生。

(5)竞赛时间。

一般在每年10月中下旬召开。

(6)奖项设置。

大赛设金奖、银奖、铜奖,设最佳创意奖、最具商业价值奖、最佳带动就业奖、最具人气奖。获奖项目颁发获奖证书,提供投融资对接、落地孵化等服务。设高校集体奖、省市优秀组织奖和优秀创新创业导师,颁发获奖证书及奖牌。

（7）大赛目的与任务。

以赛促学，培养创新创业生力军。大赛旨在激发学生的创造力，培养造就"大众创业、万众创新"生力军；鼓励广大青年扎根中国大地了解国情民情，在创新创业中增长智慧才干，在艰苦奋斗中锤炼意志品质，把激昂的青春梦融入伟大的中国梦，努力成长为德才兼备的有为人才。

以赛促教，探索素质教育新途径。把大赛作为深化创新创业教育改革的重要抓手，引导各地各高校主动服务国家战略和区域发展，开展课程体系、教学方法、教师能力、管理制度等方面的综合改革。以大赛为牵引，带动职业教育、基础教育深化教育改革，全面推进素质教育，切实提高学生的创新精神，创业意识和创新创业能力。

以赛促创，搭建成果转化新平台。推动赛事成果转化和产学研用紧密结合，促进"互联网＋"新业态形成，服务经济高质量发展。以创新引领创业、以创业带动就业，努力形成高校毕业生更高质量创业就业的新局面。

10.2.2　"挑战杯"全国大学生课外学术科技作品竞赛

"挑战杯"全国大学生课外学术科技作品竞赛是由共青团中央、中国科协、教育部、全国学联主办的大学生课外学术科技活动中一项具有导向性、示范性和群众性的竞赛活动。

（1）竞赛宗旨。

崇尚科学、追求真知、勤奋学习、锐意创新、迎接挑战。

（2）竞赛目的。

引导和激励高校学生实事求是、刻苦钻研、勇于创新、多出成果、提高素质，培养学生创新精神和实践能力，并在此基础上促进高校学生课外学术科技活动的蓬勃开展，发现和培养一批在学术科技上有作为、有潜力的优秀人才。

（3）竞赛形式。

高等学校在校学生申报自然科学类学术论文、哲学社会科学类社会调查报告和学术论文、科技发明制作三类作品参赛；聘请专家评定出具有较高学术理论水平、实际应用价值和创新意义的优秀作品，给予奖励；组织学术交流和科技成果的展览、转让活动。

（4）参赛资格。

凡在举办竞赛终审决赛的当年7月1日以前正式注册的全日制非成人教育的各类高等院校在校中国籍专科生、本科生、硕士研究生和博士研究生（均不含在职研究生）都可申报作品参赛。

（5）竞赛时间。

每两年举办一届（具体时间届时通知）。

（6）奖项设置。

全国评审委员会对各省级组织协调委员会和发起高校报送的参赛作品进行预审，评出80％左右的参赛作品进入终审决赛。参赛的自然科学类学术论文、哲学社会科学类社会调查报告和学术论文、科技发明制作三类作品各设特等奖、一等奖、二等奖、三等奖。各等次奖分别约占进入终审决赛各类作品总数的3％、8％、24％和65％。竞赛以学校为单位计算参赛得分，团体总分按名次排列，按位次公布。最高荣誉"挑战杯"为流动杯，授予团体总分第一名的学校；设"优胜杯"若干，分别授予团体总分第二至第二十一名的学校。累计三次捧得"挑战杯"的学校，可永久保存复制的"挑战杯"一座。

10.2.3 "创青春"全国大学生创业计划竞赛

创业计划竞赛是近几年风靡全球高校的重要赛事。它最早起源于美国,又称商业计划竞赛,在中国,创业计划竞赛最早于1998年在清华大学举行。目前,创业计划竞赛已与课外学术科技作品竞赛一道成为"挑战杯"旗帜下的重要赛事,并形成两赛来年举办的格局。

(1)组织机构。

共青团中央、中国科协、教育部、全国学术联合会共同主办。

(2)竞赛宗旨。

"创青春"全国大学生创业计划竞赛旨在宣传风险投资理念,传播自主创业意识,激发广大青年学生适应时代要求,勇于创新,投身实践,努力成为新世纪的复合型骨干人才。

(3)参赛资格。

全日制高等学校(含社会力量举办高校)在校学生。

(4)竞赛时间。

每两年举办一届(具体时间届时通知)。

(5)奖项设置。

大赛设金奖、银奖、铜奖及优秀奖。

10.2.4 全国大学生数学建模竞赛

全国大学生数学建模竞赛是面向全国大学生的群众性科技活动,目的在于激励学生学习数学的积极性,提高学生建立数学模型和运用计算机技术解决实际问题的综合能力,鼓励广大学生踊跃参加课外科技活动,开拓知识面,培养创造精神及合作意识。

(1)组织机构。

教育部高等教育司和中国工业与应用数学学会共同主办。

(2)竞赛内容。

竞赛题目一般来源于工程技术和管理科学等方面经过适当简化加工的实际问题,不要求参赛者预先掌握深入的专门知识,只需要学过高等学校的数学课程。

(3)竞赛形式。

全国统一竞赛题目,采取通信竞赛方式,以相对集中的形式进行。竞赛期间学生可以查阅有关纸介或网络技术资料,队内学生可以集体商讨解题思想,确定方案,分工负责、团结协作,以队为基本单位独立完成竞赛任务。

(4)参赛资格。

大学生以队为单位参赛,每队3人(须属于同一所学校),专业不限。竞赛分本科、专科两组进行,本科生参加本科组竞赛,专科生参加专科组竞赛(也可参加本科组竞赛),研究生不得参加。

(5)竞赛时间。

竞赛每年9月某个周末前后的三天内举行。

(6)奖项设置。

各赛区组委会评选本赛区的一等奖、二等奖(也可增设三等奖),获奖比例一般不超过三分之一,其余凡完成合格答卷者可获得成功参赛证书。各赛区组委会按全国组委会规定的数量将本赛区的优秀答卷送全国组委会。全国组委会聘请专家组成全国评阅委员会,按统一标准从各赛区送交的优秀答卷中评选出全国一等奖、二等奖。

10.2.4　全国大学生英语竞赛

全国大学生英语竞赛(简称 NECCS)是教育部高等学校大学外语教学指导委员会和高等学校大学外语教学研究会组织的全国唯一一个考查大学生英语综合能力的竞赛活动。

(1)竞赛宗旨。

该竞赛旨在配合教育部高等教育教学水平评估工作,贯彻落实教育部关于大学英语教学改革精神,促进大学生英语水平的全面提高,激发广大大学生学习英语的兴趣,鼓励英语学习成绩优秀的大学生。开展此项竞赛活动,有助于全面展示全国各高校大学英语教学水平和教学改革的成果,保证高校教学水平评估有关大学英语教学的各项指标的落实,有助于学生夯实和扩展英语基础知识和基本技能,全面提高大学生英语综合运用能力,推动全国大学英语教学上一个新台阶。

(2)组织机构。

由教育部高等学校大学外语教学指导委员会和高等学校大学外语教学研究会联合主办。

(3)竞赛内容。

初赛赛题包括笔答和听力两部分。初赛听力采取播放录音的形式。

决赛分两种方式,各地可任选一种:第一种是只参加笔试(含听力),第二种是参加笔试(含听力)和口试。只参加笔试(含听力)的学生的决赛成绩满分为 150 分;既参加笔试(含听力)又参加口试的学生满分是 200 分,其中笔试分数为 150 分(含听力),口试分数为 50 分。决赛赛题和口试方案、题目由全国竞赛组委会统一命制。各省级竞赛组委会选择是否统一参加口试,并决定口试地点、时间、形式等具体事宜。

(4)参赛资格。

该竞赛分 A、B、C、D 四个类别,全国各高校的研究生及本、专科所有年级学生均可自愿报名参赛。A 类考试适用于研究生参加;B 类考试适用于英语专业本、专科学生参加;C 类考试适用于非英语专业本科生参加;D 类考试适用于体育类和艺术类本科生和非英语专业高职高专类学生参加。该竞赛面向全国各高校各类学习英语的大学生,大学生可自愿报名参赛,提倡"重在参与"的奥林匹克精神。

(5)竞赛时间。

①初赛时间及形式:初赛定于每年的 4 月中旬(4 月第二个星期日)上午 9:00—11:00 在全国各地同时举行。

②决赛时间及形式:决赛笔试(含听力)定于每年 5 月中旬(5 月第二个星期日)上午 9:00—11:00在全国各地同时举行。

(6)奖项设置。

该竞赛四个类别均设四个国家奖励等级:特等奖、一等奖、二等奖和三等奖。二等奖和三等奖通过初赛产生,分别依据各参赛高校初赛人数的 15‰和 30‰评选。特等奖和一等奖通过决赛产生,由省(自治区、直辖市)竞赛组织机构根据决赛成绩确定。总获奖比例为参加初赛人数的 51‰,特等奖获奖比例为 1‰,一等奖获奖比例为 5‰,二等奖获奖比例为 15‰,三等奖获奖比例为 30‰,参赛人数不足 167 人,但不低于 100 人的学校可以有一名学生参加决赛。计算时,保留至小数点后一位,然后按四舍五入的原则评选。另设优秀组织奖,颁发给竞赛组织工作成绩突出的省(自治区、直辖市)竞赛组委会、各级竞赛组织单位和个人,评奖比例为1∶3,由全国竞赛组委会统一评选和颁奖。

10.2.5 全国大学生结构设计竞赛

全国大学生结构设计竞赛由教育部、住房和城乡建设部、中国土木工程学会联合主办,由高校轮流承办,为教育部确定的全国九大大学生学科竞赛之一。

(1)竞赛宗旨。

该竞赛旨在培养大学生的创新意识、合作精神,提高大学生的创新设计能力、动手实践能力和综合素质,加强高校间的交流与合作。

(2)参赛资格。

参赛学校原则上以通过全国高等学校土木工程专业教育评估的学校为主,已有省、直辖市、自治区级竞赛的地区,可由各地区推荐优秀作品参赛;根据需要,可适当邀请其他高校参加;参赛队员应为全日制在校本、专科生,每件作品参赛者不超过3人。

(3)竞赛时间。

全国大学生结构设计竞赛原则上每年举办一次,竞赛时间一般安排在下半年。

(4)奖项设置。

全国大学生结构设计竞赛设立等级奖、单项奖和优秀组织奖三类奖项。等级奖设特等奖一项(可空缺)、一等奖、二等奖、三等奖和参赛奖若干项。一、二、三等奖的获奖比例由竞赛委员会根据参赛规模和队数实际情况确定。单项奖设最佳创意奖和最佳制作奖各一项。优秀组织奖若干项。对参赛获奖学生和单位,由全国大学生结构设计竞赛委员会颁发获奖证书和奖牌。

10.2.6 全国大学生电子商务"创新、创意及创业"挑战赛

全国大学生电子商务"创新、创意及创业"挑战赛(以下简称"三创赛")是由教育部主管,教育部高等学校电子商务类专业教学指导委员会主办的全国性竞赛。

(1)竞赛宗旨。

该竞赛旨在激发大学生兴趣与潜能,培养大学生创新意识、创意思维、创业能力以及团队协同实战精神的学科性竞赛。

(2)竞赛内容。

竞赛内容有企业需求、推荐选题、创意发挥三种来源。

①企业需求:竞赛网站上发布的企业需求项目。

②推荐选题:包括但不仅限于以下范围,即网络营销与搜索技术、电子金融与电子支付、电子商务安全与信任、电子商务物流与供应链、互联网信息服务与增值服务、网页游戏与互动平台、移动商务与商务智能、金融危机下的电子商务监管服务、互联网经济下的商业创新模式、面向行业的电子商务应用、三农电子商务、移动电子商务、新兴电子商务。

③创意发挥:鼓励参赛队根据本地区或行业的社会经济发展需求。

(3)参赛资格。

全日制本科生及一年级和二年级研究生均可参加。

（4）竞赛时间。

每年举办一次，第一年12月到次年8月。

（5）奖项设置。

评选特、一、二、三等奖若干名，还可以设置单项奖。

10.2.7　全国大学生节能减排社会实践与科技竞赛

全国大学生节能减排社会实践与科技竞赛是由教育部高等教育司主办的全国大学生学科竞赛。该竞赛充分体现了"节能减排、绿色能源"的主题，紧密围绕国家能源与环境政策，紧密结合国家重大需求，在教育部的直接领导和广大高校的积极协作下，起点高、规模大、精品多、覆盖面广，是一项具有导向性、示范性和群众性的全国大学生竞赛。

（1）竞赛内容。

竞赛内容为以"节能减排、绿色能源"为主题，体现新思维、新思想的实物制作（含模型）、软件、设计和社会实践调研报告等作品。

（2）参赛资格。

全日制非成人教育的本科生、专科生、硕士研究生和博士研究生均可参加。参赛者必须以小组形式参赛，每组不得超过7人，可聘请指导教师1名。

（3）竞赛时间。

每年1—8月份举办。

（4）奖项设置。

竞赛设立等级奖、单项奖和优秀组织奖三类奖项，等级奖设特等奖（可空缺）、一等奖、二等奖、三等奖。各等级的获奖比例由竞赛委员会根据参赛规模的实际情况确定。

10.2.8　全国大学生工程训练综合能力竞赛

全国大学生工程训练综合能力竞赛是教育部高等教育司发文举办的全国性大学生科技创新实践竞赛活动。以各高校综合性工程训练教学中心为平台，为深化实验教学改革，提升大学生工程创新意识、实践能力和团队合作精神，促进创新人才培养而开展的一项公益性科技创新实践活动。

（1）组织机构。

该竞赛由教育部高等教育司主办，每届由国内一所高校承办，比赛设秘书处、竞赛评委会与竞赛组委会。

（2）竞赛宗旨。

该竞赛宗旨为人才培养服务、为教育质量助力、为创业就业引路。

（3）竞赛内容。

该竞赛以"基于理论、注重创新、突出能力、强化实践"为方针，以节能增效为主题，内容涉及机械、电子、自动化、经济、管理和工艺设计等多个学科的知识。

（4）竞赛形式。

该竞赛过程包含了方案设计、结构设计、现场加工、成本分析、现场比赛等环节，综合考查学生理论、实验、设计、工艺、成本、管理、检测和操作等多方面的能力和素质。

（5）参赛资格。

全国高校在校全日制本科学生均可参加,无专业限制。要求以组队的形式通过所在学校报名参赛;参赛队的领队和指导教师总数不超过 2 人,参赛学生不超过 3 人。参赛作品的设计及制作统一按照每届竞赛秘书处发布的命题及其规则进行。

（6）竞赛时间。

每两年举办一次,大致时间安排在每年 9 月至次年 6 月份。

（7）奖项设置。

设一等奖、二等奖、三等奖若干,并设立优秀组织奖。

10.2.9 "外研社杯"全国英语演讲大赛

"外研社杯"全国英语演讲大赛于 2002 年创办,在国内外广受关注,已成为全国参赛人数最多、规模最大、水平最高的英语演讲赛事。大赛以高远的立意和创新的理念,汇聚全国优秀学子,竞技英语表达与沟通艺术,为全国大学生提供展示外语能力、沟通能力与思辨能力的综合平台。

（1）竞赛宗旨。

大赛的设置,以演讲能力的提高为"驱动力",全面提升学生的外语综合应用能力。赛题以国际化人才要求为标准,融入思辨性、拓展性和创造性等关键要素,增强学生的跨文化交际意识,开拓其国际视野,提升其国际素养。

（2）组织机构。

主办方为由外语教学与研究出版社联合教育部高等学校大学外语教学指导委员会和教育部高等学校英语专业教学指导分委员会。

（3）竞赛形式。

初赛为校园选拔赛;复赛为省赛;决赛为全国决赛。

（4）参赛资格。

全国具有高等学历教育招生资格的普通高等学校在校本、专科学生、研究生(不包括在职研究生),35 岁以下,中国国籍,均可参加。曾获得往届"外研社杯"全国英语演讲大赛、"外研社杯"全国英语辩论赛出国及港澳交流奖项的选手不包括在内。2017 年起,允许在华的外籍留学生参加。

（5）竞赛时间。

①地面赛场:初赛时间各校自行安排,复赛时间在每年 11 月,决赛时间一般每年 12 月。

②网络赛场:初赛每年自赛题公布起,至 10—11 月初截止。复赛一般在 11 月中、下旬,决赛时间一般每年 12 月,同地面赛晋级选手共同比赛。

（6）奖项设置。

各省赛每年设特等奖三名(晋级全国赛),并依据每年比赛参赛人数设定一、二、三等奖若干。全国赛设定特等奖、一、二、三等奖若干,及其他个人奖项。

10.2.10 全国大学生机器人大赛 RoboMaster

RoboMaster 全国大学生机器人大赛,是一个为全世界青年工程师打造的机器人竞技平台。大赛下设全国大学生机器人大赛 RoboMaster 机甲大师赛和 ICRA RoboMaster 人工智能挑战赛。比赛要求参赛队员走出课堂,组成机甲战队,独立研发制作多种机器人参与团队竞技。他们将通过大赛获得宝贵的实践技能和战略思维,将理论与实践相结合,在激烈的竞争中打造先进的智能机器人。

(1)竞赛宗旨。

自办赛以来,始终坚持"让思维沸腾起来,让智慧行动起来"的宗旨,在推动广大高校学生参与科技创新实践、培养工程实践能力、提高团队协作水平、培育创新创业精神方面发挥了积极作用,为社会培养出众多爱创新、会动手、能协作、勇拼搏的科技精英人才。

(2)组织机构。

主办单位:共青团中央、中华全国学生联合会、深圳市人民政府;

承办单位:深圳市大疆创新科技有限公司(DJ-Innorations,DJI);

支持单位:中国青少年发展基金会、全国学校共青团研究中心;

协办单位:教育部应用技术大学(学院)联盟、教育部高等学校机械类专业教学指导委员会、教育部高等学校计算机类专业教学指导委员会。

(3)竞赛影响力。

全国大学生机器人大赛 RoboMaster 机甲大师赛是由共青团中央、全国学联、深圳市人民政府联合主办,DJI 大疆创新发起并承办的机器人赛事,作为全球首个射击对抗类的机器人比赛,在其诞生伊始就凭借其颠覆传统的机器人比赛方式、震撼人心的视听冲击力、激烈硬朗的竞技风格,吸引到全球数百所高等院校、近千家高新科技企业以及数以万计的科技爱好者的深度关注。ICRA RoboMaster 人工智能挑战赛是由 DJI RoboMaster 组委会与 IEEE 国际机器人与自动化学术会议(IEEE International Conference on Robotics and Automation,ICRA)联合主办的挑战赛事。2017 至 2018 年,RoboMaster 与 ICRA 携手先后在新加坡、澳大利亚联合举办该赛事,进一步扩大了赛事在国际机器人学术领域的影响力,吸引了大量全球的顶尖学府、科研机构参与竞赛和学术研讨。同时为提升单个机器人的技术水准、提高参赛队整体的技术实力,RoboMaster 组委会在原有的赛事体系内衍生出侧重单个机器人实现某种功能的单项赛,该项赛事针对机器人某一技术领域的深入探索和学术研究,旨在培养前沿的机器人技术,激励参赛队员术业专攻。

10.2.11 全国环境友好科技竞赛

全国环境友好科技竞赛是在教育部环境科学与工程教学指导委员会指导下,由清华大学、同济大学及西安建筑科技大学共同主办,由河南理工大学及中国地质大学(武汉)协办,由美国哈希公司大力赞助的面向全国高校在校学生环境领域的顶级竞赛。

(1)竞赛宗旨。

在大学生中倡导资源节约和环境友好的理念,以科技竞赛的方式,鼓励大学生以其独创的科技理念和发明制造参与到资源节约型与环境友好型的和谐社会建设中来,引导高校学生特别是与环境专业相关的学生在环境保护领域进行科技创新。

(2)组织机构。

主办单位:清华大学、同济大学、西安建筑科技大学。

协办单位:河南理工大学、中国地质大学(武汉)、清华 x-lab。

(3)竞赛内容。

参赛作品分为科技理念作品、科技实物作品和绿色创业作品三类,科技理念作品可以是能够有效体现资源节约和环境友好内涵的一种创意、理念、产品的概念设计或者实践调研报告，可以以论文或者调研报告的形式提交；科技实物作品可以是已经制造出来的能够体现资源节约和环境保护效果的发明制造或者计算机软件作品，必须以实物或者软件的形式提交；绿色创业作品反映了对于环保行业的创业想法或者创意，需要以商业计划书的形式提交。

(4)参赛资格。

理念类、实物类：凡在全国各高校正式注册的学生(含博士生、硕士生、本科生)均可申报作品参赛，参赛者在报名参赛时需要提供有效的学生身份证明。

创业类：需以团队形式报名参加比赛，凡成员含有在全国各高校正式注册的学生(含博士生、硕士生、本科生)、毕业两年内校友的团队均可以报名参加创业类比赛。

(5)竞赛进程(略)。

(6)奖项设置。

全国环境友好科技竞赛奖项按不同作品类型分为三类，具体设置如下：

理念类：一等奖1～2名、二等奖2～3名、三等奖若干名、创意鼓励奖若干名。

实物类：特等奖0～1名、一等奖1～2名、二等奖2～3名、三等奖若干名、创意鼓励奖若干名。

创业类：特等奖0～1名、一等奖1～2名、二等奖2～3名、三等奖2～3名。

思考题

1.常见的大学生创新创业活动载体有哪些？

2.简单介绍一下你了解的大学生创新创业大赛。

第11章
商业计划书与创业路演

学习要点及目标

1.了解编写商业计划书的目的
2.掌握商业计划书的内容
3.掌握创业路演及其相关活动的技巧

导读

计划书是创业者的"另一张脸"

大多数创业者都希望自己成为被投资人选中的"幸运儿"。一份"吸睛"的创业计划书必不可少。

创业计划书容易陷入哪些误区?在2019年全国大学生创业实训营创业计划与商业评估培训中,创业大咖为大学生创业者抽丝剥茧,帮助他们对项目计划加深理解和认识,选好创业行业和发展方向,教他们迈好创业的关键一步。

"宁愿在纸上犯错误,也不要在实践中犯错误。"哈尔滨工程大学团委书记、创业教育学院常务副院长史波说,很多人看不起创业计划书,但实际上它可以帮助创业者理清思路、查找错误,让整个团队步伐一致,也可以让投资人进一步了解理念,取得投资人的信任。

创业计划书由5个部分组成,包括市场调研、数据证据、文档优化、换位思考、团队合作。在史波看来,创业计划书制作的核心是数据和证据,"怎么能让人相信你?一定要用数据和证据说话"。

数据的来源是什么?是否具有权威性?这些都需要外部的证明,也就是证据。史波举例,有些数据来自政府工作报告、行业分析报告或者年检等,这些都是有利的出处,而获得这些数据和证据的途径就是进行翔实的市场调查。

在看过大量创业项目后,史波发现,大学生创业最缺乏的就是市场调研,"往往没有深入地去了解项目真正的目标客户是谁,需求量有多大,是否愿意为产品买单。"

"市场调研其实是分析的基础,在创业计划书中行业与市场分析越详细越好。"史波说,市场调查可以从直接和间接两种途径展开。直接调查需要亲赴一线,对目标客户群体进行问卷调查或深度访谈,以此了解他们的真正需求;间接调查就是把别人的数据为自己所用,既可以通过网站、报告等公开信息中获得数据,也可从他人创业项目的商业计划书中来获得。

在澳盈资本创始合伙人肖毅看来,创业计划书就是创业者的"另一张脸",它是创业者与投资人接触的第一步。投资人见创始人第一面首先要过初筛,如果创业计划书没能在短时间吸引到投资人,就不可能拥有跟投资人面对面的机会,而打动他人的关键,就在于对于市场的洞察、了解。

肖毅从投资人的角度为大学生分析了创业计划书的重要性,无论是找 FA 机构还是去融资,没有一个完美的创业计划书都无法与投资人沟通。创业计划书必须规划合理、拥有严谨的逻辑,"如果创业计划书很简单或者应付,其实就是在拒绝你的潜在投资人"。

从公司简介到发展方向、内容、团队,再到融资的规模、用在何处,这种创业计划书的顺序往往是投资人最喜欢的。

肖毅提到,创业者在设计商业逻辑和模式时,也一定要考虑清楚项目的逻辑,而不是表象。"怎么去探寻细分市场,调查清楚用户的核心诉求,怎么从表象一直驱动用户去追随核心,在创业计划书中也都需要体现。"

"创业梦想实现的前提要以商业计划为依托,创业的每一个细节都值得大家去思考,每一个细节和问题都要认真区别对待。"在史波看来,文档优化也是吸人眼球的关键,根据信息传递的角度,图片表达方式要优于表格,表格要优于文字,创业计划书要做到图文并茂。同时,还要特别注意细节,如果计划书里存在很多错别字、排版格式的问题,将失去投资人和评委的信任。"大学生不缺乏创意,缺乏的是怎么把创意转化成行动,这些细节都体现执行力。"

肖毅建议,大学生创业一定不能"干现在的事"。他解释,现在哪个风口创业比较好,你发现了,别人也发现了,等你做好准备,这个风口也就过了。"拿着创业计划书就可以融资的时代已经过去了,做平台已经没有太多机会了。现在资本、用户都更精明了,你要寻找无人区,去干别人没有干的事。"

创业总部合伙人陈荣根也认为,创业者需要搞清楚每个产业的体量,分析创业项目是不是发展的趋势、是不是产业的趋势、是不是社会体验上的趋势。他建议,大学生可以多关注以航天航空、生物技术、光电芯片、信息技术、新材料、新能源、智能制造等硬科技领域,科技的创新将带来更多的创业机会。

根据多年带学生和当大赛评委的经验,史波特意为大学生创业者梳理了创业计划书的十大禁区:整体内容抄书模式、篇幅结构详略不一、产品性能阐述模糊、目标市场定位不清、竞争对手轻描淡写、人员组合不够均衡、知识产权归属不明、财务数据过于乐观、创业团队没有投资、细节疏忽随处可见。

"创业计划书虽然无法代替真正的创业实践,但对大学生创业具有指导性意义,可以不停地督促他们砥砺前行。"史波说。

资料来源:谢宛霏.计划书是创业者的"另一张脸"[N].中国青年报,2019-09-03(12).

11.1 商业计划书的含义和作用

11.1.1 商业计划书的含义

商业计划书,是企业或项目单位为了达到招商融资和其他发展目标,根据一定的格式和内容要求而编辑整理的一种向受众全面展示企业和项目目前状况、未来发展潜力的书面材料。一份优秀的创业计划书往往会使创业者达到事半功倍的效果,是创业者叩响投资者大门的"敲门砖",是创业者计划创立业务的书面摘要,是用以描述与拟创办企业相关的内外部环境条件和要素特点,可为业务的发展提供指示图和衡量业务进展情况的标准。通常创业计划是市场营销、财务、生产、人力资源等职能计划的综合。

11.1.2　商业计划书的作用

1.吸引投资者的目光

商业计划书是一份全方位的项目计划,其主要意图是递交给投资商,以便于他们能对企业或项目作出评判,从而使企业获得融资。商业计划书有相对固定的格式,它几乎包括反映投资商所有感兴趣的内容,从企业成长经历、产品服务、市场营销、管理团队、股权结构、组织人事、财务、运营到融资方案。只有内容翔实、数据丰富、体系完整、装订精致的商业计划书才能吸引投资商,让他们看懂项目商业运作计划,才能使融资需求成为现实,商业计划书的质量对项目融资至关重要。

2.梳理创业者的思路

在商业计划书的编写过程中,整个创业团队应针对企业的未来发展进行思考和讨论,最终达成共识。作为创业者创建新企业的蓝图,商业计划在本质上是一座沟通理想与现实的桥梁。最初没有在脑海里看到预期的最终结果,创业者是不可能看到企业成为物质实体的。商业计划书首先把计划中的创业或经营活动推销给创业者自己。在做一份商业计划书的同时,创业者心目中会对自己要做的事情有越来越深入的了解。

3.凝聚团队的沟通工具

商业计划书首先是一个计划工具,它能引导创业者预先设想企业发展的不同阶段。一份有想法的计划书能帮助创业者认清挡路石,从而绕过它。很多创业者都与他们的雇员分享商业计划书,以便让团队更深刻地理解自己的业务到底走向何方。大企业也在利用商业计划,通过年度周期性的反复讨论和仔细推敲,最终确定组织未来的行动纲要和当年的行动计划,并让上级和下级的意志得到统一。商业计划书也能帮助企业跟踪、监督、反馈和度量业务流程。优秀的商业计划书将是一份有生命的文档,随着团队知识与经验的不断增加,它也会随之成长。

当建立好企业的时间轴及里程碑,并在一个时间段后,就能衡量企业实际的路径与开始的计划有什么不同了。越来越多的企业都在开始利用年度周期性的计划工作,总结上一周期的成功与不足,以便调整集体的方向与步骤,并进而奖优罚劣,激励团队的成长。

4.承诺工具

最容易被人忽略的是,商业计划书也是一个承诺的工具。这点在企业利用商业计划书执行融资工作的时候体现最为明显。和其他的法律文档一样,在企业和投资人签署融资合同的同时,商业计划书往往将作为一份合同附件存在,共同构成了一个业绩承诺。其中包含当管理人完成或没有完成商业计划书中所约定的目标,投资人和企业家之间将在利益上如何重新分配等内容。

商业计划书也体现了上级对下级的承诺。在辅助执行企业内部管理时,商业计划书也是一个有效的承诺工具。在上级和下级就某一特定目标达成一致以后,他们合作完成的商业计划书就记录下了对目标的约定。这样的约定将成为各类激励工具得以实施的重要基础。

5.获得政府及相关方的支持

政府和相关机构每年都会在科技、资金、政策等方面选择一些有潜力的项目并提供支持。

要获得支持,就必须借助公共关系和完整的商业计划书。相关方在这里可以是学习借鉴者、提供帮助的咨询者、创新创业大赛专家,或包括政府在内的其他利益相关者。商业计划书是创业团队集体智慧的结晶,有的商业计划涉及核心机密,需要做好相应的保护措施。

11.2 商业计划书的要求和内容

11.2.1 商业计划书的基本范式

商业计划书的基本范式即 6C 规范。

(1)concept(概念)。这是指在计划书中,要写得让别人很快知道要卖的东西是什么。

(2)customers(顾客)。这是指在计划书中,要写清东西要卖给谁,谁是顾客。顾客的范围要明确,比如说企业认为所有的女人都是顾客,那适合的年龄层在哪要界定清楚。

(3)competitors(竞争者)。这是指在商业计划书中,要写清东西有没有人卖过,如果有人卖过是在哪里,有没有其他的东西可以取代,这些竞争者的关系是直接还是间接。

(4)capabilities(能力)。这是指在商业计划书中,要写清要卖的东西自己会不会或者懂不懂。譬如说开餐馆,如果厨师辞职,那创业者会不会炒菜?如果没有这个能力,至少合伙人要会做,或者要有对菜品的鉴赏能力,不然最好不要涉足餐饮。

(5)capital(资本)。资本可能是现金也可以是无形资产。那么,资本在哪里、有多少、自有的部分有多少、可以借贷的有多少,创业者一定要很清楚。

(6)continuation(持续经营)。当企业业务做得不错时,计划书中应写清将来的计划是什么,企业正常的生产经营活动能否永远地进行下去。

11.2.2 商业计划书的编写要求

编写一份内容真实、有效,并对以后的生产经营有帮助的商业计划书,需要遵循以下原则和要求。

1.信息准确可靠

在编写前,创业者需要做大量的调研工作,要确保收集的数据和资料信息准确性和可靠性。进入信息时代,创业者可以多渠道收集信息,真实可靠的信息不仅对商业计划的实用性做了保证,还可以让读者更加信服。

2.内容全面清晰

商业计划书要全面覆盖到各个方面以及创业者的思想,内容要充实详尽。商业计划书虽有固定的模式,但要将每一个问题以及所需要的东西清晰有条理地展示出来。

3.表达简洁明了

商业计划书的全面性和简洁性并不冲突。简洁性是指在语言叙述上应当平实,并且力求通俗易懂。在创新创业大赛上,一份商业计划书评委可能只有十几分钟,甚至更短的时间来阅读,因此务必要做到开门见山,简洁明了,好读易懂。

4.计划合理可行

商业计划书无论多么全面,多么精致,最终都要能落地实施。商业计划书撰写前除了调查研究,还可以在一定范围进行试验,反复修改不断完善。通过这个过程,计划书的可实施性会大大增强,从而构建出让人信服的蓝图。

11.2.3 商业计划书的形式要求

明确商业计划书的五大必备要素为:必须和创业计划书同时提供一套现金流规划;必须记住使用者的需要;必须说明企业的所有职能之间的协调;必须显示所有者、管理者的决心、责任和能力;创业计划书必须付诸行动。商业计划书形式上要符合以下几个方面的要求。

1.封面页

封面应该包括企业名称和标志、地址、联系电话、网址、日期以及核心创业者的联系方式等内容。

2.目录

目录包括商业计划书的所有内容及对应页码,一般设置二级或三级目录。

3.摘要及计划书主体部分

摘要是创业计划中最重要的部分,是打开风险投资之门的钥匙。这部分是向风险投资商提供他想了解的新企业独特性质的所有信息。按照编写要求,每一个部分都要清晰有条理地阐述。

4.附录

除主题内容外,创业团队认为需要说明的部分,是对主体部分的佐证,不适宜放入创业计划正文而又十分重要的材料都应放在附录当中。如科技发明证书、高层管理团队简历、产品或产品原型的图示或照片、具体财务数据和市场调查计划等。若内容较多的话,需要单独装订。

11.2.4 商业计划书的内容

商业计划书编制有相对固定的格式,包括反映投资商所有感兴趣的内容,从企业成长经历、产品服务、市场营销、管理团队、股权结构、组织人事、财务、运营到融资方案。下面是关于商业计划书的编写内容。

1.企业基本情况

企业基本情况主要包括:企业成立时间、注册资本及变更情况(法人代码、有形资本、无形资本)、企业性质、经营范围(是否有特许经营权),股东及股份比例目前资产情况(总资产、总负债净资产,上一年的销售收入和纯利润),企业下属公司、合资公司及关联公司等情况,企业所属行业,企业的发展战略及企业发展的宗旨、近期和远期目标。

2.产品和服务

产品和服务主要包括:企业的主营产品,产品的独特性,产品是否经过政府或行业有关部门鉴定(提供资料),产品获得过何种奖励或荣誉,产品是否申请知识产权保护(专利、商标、版权),现有生产设备的生产情况,需要增加设备情况及实施计划,企业是否还在准备其他产品的开发,生产成本详细说明及控制。

3.企业的管理

企业的管理主要包括:企业的组织结构(画出结构图);企业主要管理者的性别、年龄、出生地、学历、学位、毕业院校、工作年限,在目前行业工作年限、获得的成就等;企业对主要管理和技术人员采取的激励机制;企业是否聘请外部管理人员(会计师,律师、顾问、专家);说明企业对知识产权、专利权、特许经营权等情况;说明企业的商业机密、技术机密等保护措施;企业是否存在关联经营和家族管理问题说明。

4.行业及市场分析

行业及市场分析主要包括:企业所属行业的历史、现状和未来发展趋势;企业产品是行业里的上游、中游或下游产品;企业产品所在的行业段,目前全世界(全国)的市场容量有多大,这一容量增加或减少趋势,每年实际的市场销售达到市场容量的百分比,这一需求以每年怎样速度增加或减少;企业目前每年的销售收入占市场实际销售份额的百分比。

5.市场竞争及营销策略

市场竞争及营销策略主要包括:企业产品所在的市场范围里有哪些竞争对手,占市场份额是多少,企业的市场份额是多少;与竞争对手产品相比,企业产品有哪些独特之处,这些独特之处对客户是否有用;企业产品的独特之处能否被竞争对手效仿,企业是否采取实际措施保护自己的产品特点;如果企业产品与竞争对手产品相比没有技术上、设计上或其他方面的独特之处,企业采取那些有效手段与对手竞争,竞争的结果能否提高企业产品的市场份额,预计经过竞争企业的份额能提高到多少;企业产品的客户是哪些人,他们的分布情况,他们怎样知道企业的产品;企业采取那些市场营销手段(广告、展销会、培训班、电脑直销,电话销售,上门直销,分销网,零售网,邮购);简述销售过程和步骤;营销成本;准备拓展哪些新市场;推出新产品的市场准备;现有的几家大客户。

6.研究与开发

研究与开发主要包括:企业现有技术开发人员数量;企业有哪些开发设备;企业现有产品的技术水平(国内、国际先进、领先);技术负责人的技术水平和管理能力;与同行业其他企业相比,企业技术人员的收入水平;技术人员每年流失的比例;企业采取哪些措施保护关键技术;企业每年的技术开发投入占销售收入的比例。

7.生产过程

生产过程主要包括:生产是委托生产或自己生产;是否能够保证原材料的供应,选择了几家供应商;生产设备性能质量如何;生产设备的最大生产能力能否满足市场增长的需要;交通运输条件是否方便;周边生产配套情况;采取了那些生产管理制度,是否完善,执行情况如何;检测设备;成品率、返修率、废品率等情况。

8.资金需求情况及融资方案

资金需求情况及融资方案主要包括:资金需求计划,为实现企业发展计划所需要的资金额,资金需求的时间性,资金用途(详细说明资金用途,并列表说明),融资方案,企业所希望的投资人及所占股份的说明,资金其他来源。

9.项目实施进度

项目实施进度主要包括:项目实施的计划进度及相应的资金配置和进度表。

10.财务计划

财务计划主要包括:当前资产负债平衡表,第一年12个月每月销售收入预测,3~5年销售收入预测;在上述数据中,实际回款预测,上述月份和年份销售费用预测,上述月份和年份财务费用预测,上述月份和年份管理费用预测,上述月份和年份其他费用预测;第一年12个月每月现金流量表,3年现金流量表,3~5年的资产负债平衡表,投资回收期计算,盈亏平衡计算,结论。

11.风险因素评估

风险因素评估主要包括:该项目实施过程中可能遇到的风险,提出有效的风险控制和防范手段。这里的风险包括技术风险、市场风险、管理风险、财务风险、其他不可预见的风险等。

12.退出策略

风险投资者通常对创业投资的退出策略极为关注。在创业计划中,最好考虑设计适当的退出路径。常见的创业投资退出方式主要包括公开上市、兼并收购和回购等。

11.3　创业路演及其相关活动的技巧

11.3.1　创业路演

创业路演就是企业或创业代表在讲台上向投资方讲解项目属性、发展计划和融资计划,一般分为线上路演和线下路演。线上项目路演主要是通过QQ群、微信群,或者在线视频等互联网方式对项目进行讲解。线下项目路演主要是通过活动专场对投资人进行面对面的演讲以及交流。

11.3.2　创业路演的作用

创业路演的作用在于可以让多个投资者认真地倾听创业者的讲解和说明,同时还可以提供一个思考和交流的过程。通常情况下,投资者每天看到的计划书和接触的项目很多,甚至有的投资家一天阅读上百份项目计划书,所以筛选项目往往只能凭借一些市场份额、盈利水平等硬性指标,很难了解项目的精彩之处,很多优质的企业都是因此而与投资擦肩而过。

采用创业路演就可以让投资者在安静的环境里,在创业者声情并茂的展示下,真正读懂企业的项目,从而作出更为准确的判断。特别对一些技术性强的项目,更能减少出现投资者看不懂和不理解项目的弊端。创业者可以通过自己的精辟讲解和投资者之间的交流,快速对接自己的项目,减少融资方面的弯路。

11.3.3　创业者路演的技巧

(1)制作精美的PPT。PPT展示的内容包括市场痛点、产品梗概、市场分析(市场细分)、产品定位、产品优势及壁垒、目前现状、商业模式、项目团队、未来规划等。

(2)选好汇报人并作充分汇报准备。如果演讲人自己都不够自信,那凭什么要求投资者投资呢?汇报人必须要有饱满的精神状态和良好的精气神,展示出热情,充满自信心。汇报前一定要提前练习PPT的内容,保证汇报时内容的连续性和完整性,以防在答辩现场出现回答不上来的现象。同时汇报人要机智多变,提前思考可能出现的意外,并作充分应急准备。

(3)路演一定要预估好时间。路演时创业者要简单明了说明产品的目标用户和满足用户的哪些需求,产品的市场容量和盈利模式,团队成员和目前项目所处的状态。避免将过多的时间花在陈述材料上,导致时间不够用。

(4)汇报时抓重点、明诉求。创业者在汇报时一定要抓重点,突出企业或项目的亮点和高度,对产品的运营方式需要思考清楚,明白如何通过亮点去吸引用户、如何通过差异化的体验去打败对手。

(5)良好的团队合作精神。路演绝不是汇报者一个人的战斗,需要团队全体队员通力合作,每一位成员都要从整体考虑问题,具备大局观念。创业团队要向优秀的团队学习,取长补短,要虚心向相关领域的专家请教,然后汇总意见并不断修改提升演讲稿和 PPT。

✿ 经验分享

创业路演 PPT 制作

创业计划路演通常是由项目负责人及团队核心成员(一般不超过 3 人)完成。通常由项目负责人担任汇报人,团队其他成员负责补充和临场服务,如 PPT 翻页、产品展示和给评审专家递送项目相关资料等。特殊情况下,也有团队为提升汇报效果,由具有演说天赋的成员进行汇报,但前提是此成员必须详细清楚作品的整体详情。西安建筑科技大学薛福举老师结合自己的创业大赛经验,就路演时的 PPT 制作分享了自己的看法。

1. 项目简介

这一部分用 1~2 页 PPT 讲清楚项目是做什么的,可以理解为项目摘要。但切记不要整页 PPT 都是大段文字,一般一两句话即可。最好能够配上项目的标志图或示意图,以加深评委的理解。每页 PPT 文字不超过 100 字,注意突出专业性、创新性,表明项目就想做一件事,而且是想集中解决这件事中的某一个关键问题。不要追求大而全,也不要产业链太长。

2. 行业背景、市场现状及痛点

这一部分用 2~4 页 PPT 讲清楚行业背景、市场痛点、市场发展趋势以及市场空间,体现出项目非做不可,也以此说明创业项目选择了正确的时间做正确的事,而且市场空间大。关于市场痛点的介绍,要体现出在目前的市场背景下项目抓住特点用户的具体"痛点"或项目可以为用户带来更高性价比的产品或服务。必要时,应列出与市场竞争对手的对比分析,以此表明当前的商业机会。

3. 项目具体介绍

这一部分用 4~8 页 PPT 介绍具体项目方案,包括产品的研发、生产、商业模式。具体来说,在这一部分就是描述创业项目是如何实施的,最终达到了什么样的效果,重点要突出项目的核心与创新点。建议多研究他人的成功案例,产品规划和创业步伐要小步快走,并阶段性地验证、调整产品思路和商业模式。

4. 项目优势

这一部分也经常与项目具体介绍在一起介绍,用 1~2 页 PPT 介绍项目优势与团队优势。通过介绍项目创新点和独特性,让评委及投资者相信创业项目非常具有前景,而这一创业项目只有现在的团队才能完成,并且团队成员具备完成项目的先天优势。这种优势可以是技术壁垒,也可以是团队优势、数据优势等。

5. 创业团队

这一部分用 2~3 页 PPT 介绍团队的分工及股份。具体来说,一个优秀的创业团队包含项目顾问(也就是比赛中的指导老师,可以是一名,也可以是多名)、创始合伙人(一般有 3~5 名核心成员)。团队成员分工要合理,在介绍时主要介绍团队成员的背景和特长。背景内容主要以成长经历或职业为主。特长内容主要以介绍团队成员获得的奖励荣誉为主。

但是在这一部分切记三点:一是在介绍团队成员时,不要泛泛介绍;二是团队成员介绍的内容要与项目相关;三是每页 PPT 文字不宜过长,必要时可以用关键词代替语段介绍。

6.财务预算与融资计划

这一部分用 2~3 页 PPT 介绍短期(1~3 年)、中长期(3~10 年)的财务预测。此外,还要介绍项目的融资计划。资金需求一般做 1~2 年的规划,介绍这一段时间要实现什么目标。转让的股份要少于 30%,一般以 10%~20% 居多。

7.注意事项

一般答辩 PPT 要制作多个版本。从初赛到决赛,答辩 PPT 要根据不同场合、答辩时长进行调整。答辩包括网评与现场答辩两种。网评一般没有时长要求,但是由于缺乏现场讲述过程,所以 PPT 在内容上要丰富一些,以便于在没有项目负责人介绍的情况下网评专家能够清楚了解项目。现场答辩可通过项目负责人的讲解将评委专家及投资者带入到 PPT 当中,因此 PPT 一定要简单明了,能用图片表达的内容坚决不用文字描述。答辩时长一般为 5~10 分钟不等。制作 PPT 时可按照 1 分钟介绍 2~3 页 PPT 准备,如 5 分钟的 PPT 则要求总页数不超过 15 页(含首页与目录页等)。

此外,在不能确定现场答辩所用的 Office 软件版本时,一定要准备带 4:3 和 16:9 两个版本的 PPT,以便能够在答辩现场将 PPT 完全展示清楚。

思考题

1.一份完整的商业计划书应包括哪些内容?

2.创业路演的技巧有哪些?

第12章
社会调查研究与社会调查报告

学习要点及目标

1. 了解社会调查研究的基本类型
2. 掌握社会调查研究的基本程序
3. 掌握社会调查报告的撰写结构

导读

创业实践报告可当毕业论文

2016年6月,浙江农林大学的应届毕业生王帅凭着自己的创业实践报告《打造大学生最有格调的旅行社交活动平台》,通过了学校组织的审核及相关领域专家的评审,获学校答辩委员会认定,已经达到专业毕业设计(论文)同等要求。

王帅是浙江农林大学林学121班的学生,从2014年底开始,他与另外4名同学成立公司,构建为大学生提供特惠旅游产品的微信平台"简玩校园",已开发草莓采摘烧烤游、百元苏州一日游、厦门鼓浪屿半自助游等产品。他们创办的公司入驻浙江农林大学创业孵化园,月销售额近10万人民币,合作景区商家超过30家。大学最后一个学期,王帅得知学校今年出台了《本科生发表论文、参加创新创业实践活动替代毕业设计(论文)实施办法》,学生可以用创业实践报告代替毕业论文。王帅成为学校第一个以创业实践报告毕业的学生。

资料来源:江南.创业实践报告可当毕业论文[N].人民日报,2016-6-13(12).

12.1 社会调查研究概述

12.1.1 社会调查研究的概念

社会调查研究是人们有计划、有目的地运用一定的手段和方法,对有关社会事实进行资料的收集整理和分析研究,进而对有关现象作出描述、解释和提出对策的社会实践活动和认识活动。它是一个由系统的理论和方法组成的完整的知识体系,其主要内容包括社会调查研究的基本理论、基本类型、基本方法、基本程序和基本原则等。

社会调查研究的基本理论是指社会调查研究的指导思想和有关社会调查研究对象、目的、方法的一般概念、一般原理、基本原则和公式等。这些基本理论贯穿于任何一个具体的社会调查研究全过程之中,主要包括哲学原理和具体科学原理。

12.1.2　社会调查研究的基本类型

根据不同的要素(目的、时序、范围、性质等),社会调查研究可以分为不同的类型。

(1)按照目的的不同,调查研究可分为描述性和解释性研究。

描述性的调查研究是结论性研究的一种,顾名思义,这种研究的结果就是要描述某些事物——通常指事物总体的特征或功能,具体地说就是描述市场的特征或功能。

解释性研究是指通过某种方法和手段对调查搜集来的各种资料进行整理分析,以阐明所了解到的社会现象发生原因,并预测其变化趋势的社会实践活动。许多调查研究不但描述社会现象,而且力求解释社会现象,即阐述社会现象是为何发生和如何发生的。

(2)按照时序不同,社会调查研究可分为横剖研究与纵贯研究。

横剖研究指的是在某一时刻点上,对社会现象或事物横截面所进行的研究。它可以把握研究对象在一定时空范围内的基本结构状况及特征。横剖研究有助于分析和比较属于不同群体、不同阶层或具有不同性别、不同年龄、不同职业和不同文化程度等特征的研究对象在一定时空范围内的分布状况和特征。其优点是能迅速、全面地了解事物各个部分的现实情况,了解所研究的事物或现象的要素、成分、结构特征及各种比例关系。缺点是往往只能搜集和分析被调查对象在某一特定时期中的资料,难以深究事物发展变化的原因和趋势。

纵贯研究是指在一段长时间内的不同时刻点上对所研究对象进行若干次观察和资料搜集,以描述事物发展的过程、趋势和变化的研究类型。纵贯研究包括三种不同的类型。一是趋势研究,指对一般总体随时间推移而发生的变化的研究,特点是在不同时间点所研究的对象不同。二是同期群研究,也称作人口特征组研究,指对某一特殊人群(即特征组)随时间推移而发生的变化进行的研究。三是定组研究,与前两者的唯一区别在于定组研究的每次研究所用的都是同一个样本,所研究对象都是同一群被调查者。

(3)按照调查的性质不同,社会调查研究可分为定性研究和定量研究。

定性研究是指通过发掘问题、理解事件现象、分析人类的行为与观点以及回答提问来获取敏锐的洞察力。几乎每天在每个工作场所和学习环境下都会进行定性研究。定性研究是研究者用来定义问题或处理问题的途径。具体目的是深入研究对象的具体特征或行为,进一步探讨其产生的原因。如果说定性研究解决的是"为什么"的问题,那么定量研究就是解决"是什么"的问题。

要考察和研究事物的量,就要用数学的工具对事物进行数量分析,这就叫定量的研究,也称量化研究,是社会科学领域的一种基本研究范式,也是科学研究的重要步骤和方法之一。定量研究设计的主要方法有调查法、相关法和实验法。

(4)按照调查对象的范围不同,社会调查研究可分为全面调查和非全面调查两大类。

全面调查是对调查对象的所有单位一一进行调查的调查方式。例如要掌握全国人口总数及构成情况,就需要对全国每一户居民进行调查。各种普查和多数定期统计报表都属于全面调查。全面调查需要耗费较多的人力、物力、财力和时间,因此通常只用来反映最基本最重要的社会经济现象资料。

非全面调查是指只对总体中的一部分单位进行登记或观察的调查方式。这种调查方式所涉及的调查单位少,可以用较少的人力、物力、财力和时间调查较多的内容,搜集到较深入、细致的情况和资料。但由于它未包括总体范围内的全部单位,因此常常需要与全面调查结合起来运用。

不同类型的社会调查研究在调查方式、方法、适用范围上具有不同的特点。

12.2 社会调查研究的基本程序

要想写出具有科学性、指导性的社会调查报告,必须进行深入细致的社会调查。与此同时,正确的指导思想、实事求是的态度以及科学的调查方法是必不可少的。一般而言,社会调查研究可以分为五个阶段,即选题阶段、准备阶段、调查阶段、分析阶段与总结应用阶段,各阶段都有其具体的工作内容。

12.2.1 选题阶段

根据当前国家经济形势和相关的方针政策,以及自己的兴趣和学识,并结合社会调查的要素特征,选定一个值得研究的问题,如乡村振兴、环境保护等。一篇优秀的社会调查报告和论文有一个共同特点就是与时代热点的结合性和社会实用性特别强。选题时应当采用必要的查阅文献资料,咨询相关专家和老师等方法。对参加创新创业竞赛的大学生而言,要认真研读竞赛通知和竞赛指南,了解竞赛规则和流程,制订科学合理的规划。

12.2.2 准备阶段

准备阶段有四项工作,即制订计划、设计指标、拟定提纲、培训工作。

(1)制订计划。写作前目的明确,认真选择调查对象,认真制订调查计划。计划内容具体如下:

①确定调查对象(范围、程度),选择公众关心、有调查价值、自己也有能力驾驭的社会现象。

②确定调查目的、调查项目、调查方法。

③准备调查需用的工具(如照相机、笔记本、电脑等)、经费,安排好调查日程。

(2)设计指标。指标就是用一定的数量和单位来描述调查对象,如某地区的人口和人均收入等。设计时要用各种数量指标和质量指标从各方面完整地揭示调查对象的本质特征,保证其纵向和横向的可比性。

(3)拟定提纲。提纲是一种概括地叙述纲目、要点的公文。它不把全文的所有内容写出来,只把那些主要内容,提纲挈领式地写出来。调查研究前,拟定提纲就是用提纲的形式将以上的准备确定下来,对所有提出的问题和项目加以精选,分轻重缓急,使调查活动系统完整。

(4)培训工作。正式调查出发前,需要邀请有关专家对调查人员进行必要的培训,包括调查态度和调查技能的培训。

此外,还应该注意筹备必要的资金和物质条件,要做好与被调查单位的接洽工作,并争取有关单位的支持,保证调查工作的顺利开展。对于大学生开展社会调查,还要从交通、饮食、疾病、纪律等方面做好安全预案。

12.2.3 调查阶段

常用的调查方式有普遍调查、典型调查、个案调查。普遍调查是对调查对象毫无遗漏地逐个调查。典型调查是选择一个或若干个具有代表性的单位作全面、系统、周密的调查。个案调查是对社会的某个个人、某个人群,或某个事件、某个单位所作的调查。

常用的调查方法有问卷法、文献法、访问法、观察法等。问卷法通过合理设计问卷,采用开放式、封闭式或混合式问卷收集信息。文献法通过书面材料、网络资源、统计数据等文献对研究对象进行间接调查。访问法是通过访员与调查对象接触,收集有关资料的社会调查方法。观察法是指研究者根据一定的研究目的、研究提纲或观察表,用自己的感官和辅助工具去直接观察被研究对象,从而获得资料的一种方法。

社会调查阶段还必须遵循一定的原则,概括起来主要有客观性原则、科学性原则、系统性原则、理论与实践相结合原则、伦理道德原则。

12.2.4　分析阶段

这一阶段也称为研究阶段,是在实地调查完成后,调查者对所收集的资料进行审核、整理、统计分析、理论分析的过程。该阶段的具体工作如下。

(1)在全面掌握调查资料的基础上,通过对资料进行系统的整理、分类、统计和分析,达到去粗取精、去伪存真的目的。

(2)通过对资料的检查、核对、归类,把大量的原始资料进行简化、系统化和条理化,使之适合作进一步分析。

(3)在分析资料时,要采取由此及彼、由表及里、层层深入、具体分析的原则,然后从事物的相互联系中进行综合、抽象和理论分析,从整体上把握现象的本质特征和必然联系,找出事物发展的趋势和一般规律。

(4)针对研究假设的检验结果展开讨论并进行理论分析,在补充、修正的基础上深化原有的假说,从中得出新的理性认识。

12.2.5　总结应用阶段

总结应用阶段实际上是返回研究的出发点,即对社会领域中某一理论问题或应用问题进行解答,以便深化对社会的认识或制定解决问题的方针、政策和措施。该阶段的主要任务如下。

(1)撰写调查研究报告,阐述调查结果或研究结论。报告的撰写要对研究过程、研究方法、政策建议等进行系统的叙述和说明。对研究中发现的重要问题以及进一步研究的设想应该给予特别的说明。

(2)对调查研究的研究成果进行评估。要从科学性和应用价值这两方面进行系统分析,检查该项调查研究在方法、程序、事实、数据、统计分析、逻辑推理、研究结论等方面是否有错误,对研究成果的理论价值和应用价值进行客观评价。

(3)将调查报告中的研究成果应用到实践领域或理论领域。应用的方式主要有公开出版、学术讨论和交流、政策论证、内部简报或汇编等。不要把调查研究报告停留在"纸上谈兵",而应把主要研究成果落在实处,服务于社会,造福于人民。

(4)认真总结调查和研究工作中的优缺点,为今后的社会调查研究提供正反两方面的经验和案例。

12.3　社会调查报告的撰写

社会调查报告是针对社会生活中的某一情况、某一事件、某一问题,进行深入细致的调查研究,然后把调查研究得来的情况真实地表述出来,以反映问题,揭露矛盾,揭示事物发展的规律,向人们提供经验教训和改进办法,为有关部门提供决策依据,为科学研究和教学部门提供研究资料和社会信息的书面报告。

12.3.1 社会调查报告的特点

1.真实性

真实性就是以事实为根据。这体现在不仅报告中涉及的人物、事件要真实,而且事件发生的时间、地点、背景、过程、原因和结果也必须真实。

2.客观性

客观性,指客观地反映事实,忠于事实,不带有调查者的主观随意性。不能对客观事实随意引申,或不切实际地渲染。

3.针对性

社会调查报告就是有针对性地调查研究一些社会实践中的具体问题,回答广大群众关心的问题,解决"面"上迫切需要解决的问题。

4.实效性

社会调查报告是深入社会实效观察,询问访谈,得到真实准确的结果。

5.评价性

社会调查报告是对社会行为客观深刻的评价,即将矛头直接指向了社会。

12.3.1 社会调查报告结构

社会调查报告结构一般有四个部分,即题目、前言、正文、结语,有的社会调查报告还有附录。

1.题目

题目要写明调查对象的名称及内容,如《关于下岗工人再就业问题调查》《关于重庆市社会治安问题的调查》。社会调查报告题目可分为以下两类。

(1)单行标题,即只有一个正题,直接写明调查的事项、对象、范围,如《关于成都市国有企业科技人员作用发挥情况的调查与思考》。

(2)双行标题,即正题下加一个副题,正题概括文章的主要内容,主题思想,副题补充说明调查对象和调查内容,如《感情越拉越近——对江苏省"三下乡"活动的调查》。

2.前言

社会调查报告的前言一般包括以下三点内容:调查研究的缘由和目的——调查什么,解决什么问题;调查对象、范围;调查的经过——时间、地点、过程及调查方法。

3.正文

正文是社会调查报告分析问题、解决问题的部分。具体包括三部分内容:一是情况部分,介绍调查所得到的基本情况,应注重具体事实、统计数据、文字应简明、准确,条理分明,也可兼用数字、表格、图示说明。二是分析部分,重点分析所调查事情或现象的产生背景、原因、实质,有事件有依据,抓住问题的实质、规律,揭示出其重要意义或危害性,给人印象深刻,提醒人们或领导注意。三是建议部分,在有力的分析下,根据实际情况,提出解决问题的建议,为有关部门恰当处理提供参考。

社会调查报告的正文部分常见的结构方式有以下六种。

(1)纵式结构。

纵式结构是指按照事情发生、发展的先后顺序安排材料,即根据事件发展过程的先后次序或按调查的顺序安排结构层次。有些反映新生事物的调查报告即采用此种结构。有些揭露问题的调查报告,有时也要按调查的经过或事件本身演变的顺序反映。如果是针对某一件事情,通常可采用这种结构方式,如《××公司不正当广告炒作的调查》。

(2)横式结构。

横式结构是指把调查得来的情况、经验、问题等,分成几个部分并列结构,分别冠以小标题或序号,从不同的方面围绕全文中心叙述说明。这种结构多适应于反映情况、介绍经验或研究问题的调查报告。根据材料的内容、特点、性质的不同进行分类处理,如果是针对某类社会现象,通常采用此种结构方式,如《关于中、小学实行强行补课的调查》。社会调查报告一般立足于某类社会现象,故横式结构是常见的一种结构方法。

(3)纵横交叉式结构。

纵横交叉式结构就是将纵横两种结构结合起来使用。以纵为主或以横为主,纵横交错,以便灵活透彻地说明问题。

(4)对比式结构。

这是一种特殊的横向结构,适合于先进与后进、正确与错误的两件事物相互比较,明确肯定什么,否定什么。

(5)逻辑结构。

逻辑结构是指按各部分内容之间内在的逻辑联系来安排结构。这种结构多适用于总结典型经验,并进行一定的理论剖析的调查报告。

(6)逐点结构。

逐点结构是指按调查的几个点或几个方面,分成几个相对独立的部分的结构。

12.3.4 结语

社会调查报告的结语,主要用于总结全文、深化主体、警策世人,也可在建议部分结束。这部分可有可无,可长可短,其内容有时是总括全文,深化主题;有时是交代社会调查报告中未能解决而又须引起注意的问题;有时提出继续调查的希望和建议。总之,结语应视具体情况而定。

12.3.5 附录

有的社会调查报告还有附录部分。附录部分主要包括:部分原始资料、少数典型个案资料、调查统计图表的诠释和说明,正文中有关材料的出处,参考文献,旁证材料,以及其他必须说明的问题或情况。

思考题

1.简述社会调查研究的基本程序?

2.一份完整的社会调查报告应包括哪些内容?

第13章
学术论文写作

📖 学习要点及目标

1.了解学术论文分类和特点
2.掌握学术论文的写作流程和技巧
3.掌握学术论文的撰写方法

🔴 导读

规范和思想是学术写作的"铁门槛"

2019年5月23日"学术写作会诊"讨论会在清华大学李文正馆举行。清华大学哲学系肖鹰教授、孙晶助理教授、袁艾助理教授与十余名学生共同参与了这次讨论。讨论会由孙晶主持。

袁艾首先在讨论会上做了发言,为大家介绍了她在英国牛津大学的学习经历与收获、牛津大学学术写作的规范要求,以及她自己从事学术写作的经验心得。她以清华大学哲学系硕士研究生陈飞的学术论文《席勒美学中的时间问题》为"会诊对象",事先要求每位参加会议的学生在认真阅读论文的基础上撰写300字的论文摘要,在会上对同学们的摘要逐一进行点评,指出其中存在的学术写作规范方面的不足,还对每个与会学生的学术写作训练提出了针对性建议。

袁艾以自己一篇学术论文的论文摘要为例,详细分析了学术写作中应该注意的细节事项。她谈道,论文摘要的写作非常重要,论文摘要好比一篇学术文章的"门脸",好的摘要会吸引读者来深入了解这篇文章,而不合格的摘要则可能让读者对这篇文章望而却步或者视若不见。一篇合格的论文摘要,应该注意逻辑的清晰、观点的突出,要说明白这篇论文的创新所在与价值所在。论述一个问题,要尽量具体化,不能空泛。比如谈对一个问题有新的见解,一般需要首先简要介绍此前学界是怎么认识这个问题的,相比之下自己的突破与创新表现在什么地方,这个新的见解对解决这个问题贡献了什么。同时,在论文摘要写作中,要尽量避免使用一些文学化的、模糊化的词语,遣词造句力求精练准确。而且,论文摘要的写作不能是对文章内容的简单重复,而要在把握文章主旨的前提下,对文章的核心思想予以总结与概括。袁艾还鼓励与会同学多写一些书评,从写好书评开始,锻炼自己对学术论著的总结与概括、叙述与评论的能力。

随后,肖鹰教授做了发言。肖鹰谈道,通过阅读大量的博士论文,感觉现在的学术论文写作普遍存在两个病症:第一个病症是缺少规范意识,这正是召开"学术写作会诊"讨论会的原因所在,希望每一位学生都从严要求自己,严守学术写作的规范,不能天天与学术文章打交道,动起笔来却还是一个门外汉。第二个病症就是缺少问题意识。很多学术文章看起来洋洋洒洒,下笔千万言,但是读过之后总让人感觉没有"劲",就是因为这些文章缺少问题意识,没有发现问题、思考问题,进而解决问题。而缺乏问题意识,有时候是因为作者不愿意去发现问题,更多时候则是因为作者不能够去发现问题。之所以不能够在学术上发现问题,其原因则在于作者的视野不够、学识不够、思考不够。由此,肖鹰表示,在哲学专业体系中,一定要系统阅读一批历史确认了的经典著作,对诸如《庄子》《理想国》这样的哲学基石性著作,更须深入学习,直到刻骨铭心。只有站立在这些永恒的思想基石上,做学问才不会东倒西歪,才有终身受用的看家本事。学术写作能力不行,归根到底,还是因为没有把经典读透,缺少人类思想的伟大基因。

肖鹰还对与会学生提出学术写作的三点希望:第一是写作学术文章一定要思路清晰,逻辑缜密,努力做到无懈可击;第二是写作文章要努力做到有新意,有新意,文章才有意义;第三是多选择一些适合自己的经典范文来读,反复读,读明白,体会文章的精华,然后吸收进自己的学术写作之中。

在讨论会上,肖鹰向学生们讲述了自己的学习体会:"'太阳底下没有新鲜事',黑格尔特别推崇这句箴言。我上大学时读到黑格尔著作中对这个箴言的阐发,深受启示。哲学家所追求的,恰恰就是对既有和既知事物的新理解、新思考。哲学是思想的职业。归根结底,学术写作就是要在前人的贡献之上,思考与发现一点新问题,然后在这个问题上做探讨。"

研讨上,与会学生围绕"学术写作的规范要求""如何提高论文写作水平""如何做到学术论文的视野宽泛""如何让自己的论文受到不同领域读者的关注"等问题展开了热烈的谈论,大家都表示收获很大,对如何写好一篇学术论文有了新的理解与感悟,而且增强了提高学术写作能力的信心。

资料来源:李依环,文松辉.规范和思想是学术写作的"铁门槛":"学术写作会诊"讨论会在清华大学李文正馆举行[EB/OL].(2019 - 05 - 24)[2020 - 12 - 30].http://edu.people.com.cn/n1/2019/0524/C367001 - 31102074.html.

13.1　学术论文概述

13.1.1　学术论文的定义

学术论文是某一学术课题在实验性、理论性或预测性上具有的新的科学研究成果或创新见解和知识的科学记录,或是某种已知原理应用于实际上取得新进展的科学总结,用以提供学术会议上宣读、交流、讨论或在学术刊物上发表,抑或用作其他用途的书面文件。

学术论文的写作是非常重要的,它是衡量一个人学术水平和科研能力的重要标志。在学术论文撰写中,选题与选材是头等重要的问题。一篇学术论文的价值关键并不只是写作的技巧,也要注意研究工作本身。一篇有价值的学术论文在于选择了什么课题,并在这个特定主题下选择了什么典型材料来表述研究成果。科学研究的实践证明,只有选择了有意义的课题,才有可能收到较好的研究成果,写出较有价值的学术论文。所以学术论文的选题和选材,是研究工作开展前具有重大意义的一步,是必不可少的准备工作。

13.1.2　学术论文的分类

按研究的学科,可将学术论文可分为自然科学论文和社会科学论文。每一类又可按各自的门类分下去,如社会科学论文又可细分为文学、历史、哲学、教育、政治等学科论文。

按研究的内容,可将学术论文可分为理论研究论文和应用研究论文。理论研究,重在对各学科的基本概念和基本原理的研究;应用研究,则侧重如何将各学科的知识转化为专业技术和生产技术,直接服务于社会。

按写作目的,可将学术论文分为交流性论文和考核性论文。交流性论文,其目的只在于专业工作者进行学术探讨,发表各家之言,以显示各门学科发展的新态势;考核性论文,其目的在于检验学术水平,成为有关专业人员升迁晋级的重要依据。

13.1.3 学术论文的特点

1.科学性

学术论文的科学性就是要求作者在立论上不得带有个人好恶的偏见,不得主观臆造,必须切实地从客观实际出发,从中引出符合实际的结论。在论据上,应尽可能多地占有资料,以最充分的、确凿有力的论据作为立论的依据。在论证时,必须经过周密的思考,进行严谨的论证。

2.创造性

创造性是科学研究的生命,科学研究就是对新知识的探求。学术论文的创造性在于作者要有自己独到的见解,能提出新的观点、新的理论。这是因为科学的本性就是革命的和非正统的,科学方法主要是发现新现象、制定新理论的一种手段,旧的科学理论就必然会不断地为新理论推翻。因此,没有创造性,学术论文就没有科学价值。

3.理论性

学术论文在形式上属于议论文,但它与一般议论文不同,它必须有自己的理论系统,不能只是材料的罗列,应对大量的事实和材料进行分析、研究,使感性认识上升到理性认识。一般来说,学术论文具有论证色彩,或具有论辩色彩。论文的内容必须符合历史唯物主义和唯物辩证法,符合实事求是、有的放矢、既分析又综合的科学研究原则。

4.平易性

平易性指的是要用通俗易懂的语言表述科学道理,不仅要做到文从字顺,而且要准确、鲜明、和谐,力求生动。平易性是论文写作在形式和表达方面必不可少的写作原则,具体表现为论文文句流畅,叙述深入浅出,把深奥的问题尽可能明白无误地表达出来。

5.专业性

学术论文具有显著的专业性,作者常运用专业术语、专业性图表和符号表述论文的内容。专业性是区别不同类型论文的主要标志,也是论文分类的主要依据。

6.实践性

实践性是论文价值的具体体现。实践性还表现在内容上,即论文选题必须是作者本人在科学探索活动中发现的,支持主要观点的论据必须是作者通过观察、考察、实验等研究手段亲自获得的,有实验依据。

13.1.4 学术论文的框架结构

学术论文的结构一般由题目、内容摘要、前言、正文、结论、注释或参考文献等几部分组成。学位论文的结构稍复杂一些,一般包括题目、内容摘要、目录、摘要、问题提出、研究方法、研究内容、研究结果、结论与讨论、参考文献、附录、致谢等部分。以下就学术论文的主要部分加以说明。

(1)题目。

题目是论文内容的概括,旨在向读者说明研究的主要问题。标题有多种形式,可以明确点题,也可以只指出研究问题的范围,或是以问题的方式表述。一个好的学术论文题目应当准确概括论文内容,文字简练、新颖,范围明确。

(2)内容摘要。

在重点刊物上正式发表的论文一般应提供论文摘要。摘要是研究项目主要内容与结构的简介,其作用在于让读者通过这段简洁概括的文字,了解全文的主要内容和结论,从而决定是否值得读全文。一般研究报告的摘要在二百字左右,学术论文的摘要可在五百字到一千字之间。

(3)前言。

前言(序言、导言或绪论)写在正文之前,用于说明写作目的、问题的提出、研究的意义等。投稿论文的前言部分要简明扼要、开门见山、直截了当地阐明研究的目的和意义。长篇论文,包括学位论文,前言则可详细一些,甚至自成一章。学位论文的前言部分除阐明研究的目的和意义之外,还可以增加历史回顾、背景材料、文献综述、所涉及问题的分析和研究的基本理论和原则等方面的内容。

(4)正文。

正文部分占全部论文的大部分篇幅。正文部分必须对研究内容进行全面的阐述和论证。一般学术论文的论述方法有两种类型:一种是实践证明,即用作为实践结果的客观事实来检验、证实某种理论的可靠程度;另一种是逻辑证明,即用一个或几个真实判断来论证、确定另一个判断的真实性。逻辑证明由论题、论据和论证三个部分组成。论题,就是需要加以证明的问题;论据,是用来证明论题的一些判断;论证,是论题与论据之间的逻辑关系的证明方式。撰写一般学术论文,必须在充分掌握材料的基础上,对材料进行整理、综合、分析,经过概括、判断、推理的逻辑组织和逻辑证明,最后得出正确的观点。写作时以观点为轴心,贯穿全文用材料说明观点,使观点与材料相统一,用观点表现主题,使观点与主题相一致。

(5)结论。

结论是经反复研究后形成的总体论点。结论应指出所得的结果是否支持假设,或指出哪些问题已经解决了,还有什么问题尚待进一步探讨。有的学术论文可以不写结论,但应作以简单的总结,有的论文可以提出若干建议,有的论文不专门写一段总结性文字,而把论点分散到整篇文章的各部分。

(6)参考文献。

这部分包括参考的文章、书目等,附在论文的最后。

13.2 学术论文的写作流程与写作技巧

学术论文的写作流程大体可分为:材料准备、拟定提纲、写作初稿、修改论文与论文定稿五个环节。按照学术论文的研究方法不同,学术论文写作形式和格式也有所不同,但其写作规律与写作过程基本相同。

13.2.1 材料准备

选题确定之前,需要查阅文献资料,了解学科的研究历史与现状;明确在本学科中过去已经进行的研究与成果,了解本学科的研究现状,以便弄清现阶段的研究程度、尚未解决的问题。利用图书馆资源,查阅有关的报刊目录索引、专题目录索引与年鉴等工具书,并制作文献目录卡片,卡片内容包含作者、标题、杂志名、页码。单行本的信息要包含出版单位,报纸的信息包含发行的年月日。

(1)材料状况的评估。

在搜集材料时,首先要对材料的状况进行评估:一是了解材料是否充分;二是检查材料是否有误;三是自己是否能够驾驭材料。

(2)搜集材料需注意的问题。

在搜集材料时,要注意以下问题。首先,要尽量多地搜集材料,为写好论文奠定基础,材料越多越好;其次,要把材料分出主次;再次,要尽量占有第一手资料;最后,要对材料进行分析。此外,要对材料进行概括,抓住材料的共性特征,将杂乱的材料按一定规律统一起来,并且探究其原因,以期从中形成论点。

13.2.2　拟订提纲

这一步包括拟订题目与拟订提纲。根据自身的知识水平和查找到资料,选择合适的题目,然后列提纲,把写作思路形成文字。从提纲的内容来看,提纲常见的编写方式有以下两种。

1.标题式提纲

标题式提纲是以简短的语句或词组构成的标题形式,扼要地提示论文要点,编排论文目次。这种写法简洁、扼要,便于短时间记忆,是应用最为普遍的写法。

2.提要式提纲

提要式(中心句)提纲是把提纲中每一内容的要点用一句或几句话概括,对论文全部内容作粗线条的描述。提纲里的每一句子都是正文里某一个段落的基础。

那么,如何拟定论文提纲呢?论文的提纲最好在搜集材料的过程中就加以提炼,对搜集到的资料进行提炼、加工,形成一些论点,进一步分类、整理这些论点便可勾画出论文的提纲。

13.2.3　写作初稿

1.初稿写作的方法

(1)严格顺序法。

严格顺序法是论文最常用的写法,即作者按照研究课题的内容结构,根据一定的顺序,如论文的结构顺序或研究内容顺序等逐一展开论述。

(2)分段写作法。

分段写作法是指作者从最先考虑成熟的内容开始动笔,先完成此段内容的写作,其余内容在考虑成熟或进一步研究后再行写作。全文写完后,再进行前后对照检查,使前后文风格保持一致,层次间衔接紧凑、自然,避免冗余。

(3)重点写作法。

重点写作法是指从论文的核心章节开始写作。若作者对论文的主要论点及论据已经明确,但一气呵成的条件还不十分成熟,则可采用重点写作法。

2. 初稿的注意事项

初稿内容要尽量充分。初稿篇幅一般长于成稿,若初稿内容比较丰富则删改较易,而若内容需要漏项补遗或再加深入则相对较难。

行文要符合论文规范。论点、论据、论证等内容应项目齐全、纲目分明、逻辑清楚、详略得当。初稿中的符号、单位、图、表、公式的书写符合规范要求。

成熟的见解要顺利地表达。初稿发现论点上的问题要及时改动,而其他的小地方只要不是原则性错误则先不必花精力去修改。

书面应写得干净清楚,不可粗制滥造、马虎从事。观点、语法、文字均应认真,防止差错的发生。

13.2.4 修改论文

修改论文很难有一个固定的方法,每个人的思维方式、写作习惯不同,修改的方法自然不同。初稿写完,头脑往往仍处于高度兴奋状态或者疲惫不堪,思想也常常陶然于论文的内容或者混沌不清。此时急于修改,往往不容易发现主要问题。一个有效的方法是先把原稿搁置起来,让紧张的头脑暂时轻松一下,以后再改。

论文的内容是否完整,有没有遗漏的地方;文章的结构是否合理,逻辑关系怎样;文章的组织如何,前后顺序是否适宜,中间过度顺畅不顺畅;语言表达够不够精练,是否有需要推敲的地方;文章中标点符号的使用,以及论文引用、参考文献是否符合规范,这些都是在论文修改中要注意的事情。

13.2.5 论文定稿

1. 定稿的要求

学术论文的初稿写成以后,必须经过反复修改,才能最后定稿。文不惮改,反复修改的过程,其实是科学研究的继续和深入,是提高论文质量的有效措施,也是科学研究者严谨的科学态度,对读者和社会高度负责的体现。因此,学术论文的写作过程,不能轻视这一重要环节。初稿应达到以下几点方能定稿:观点正确,富有新意;论据充分可靠,论述层次清楚;逻辑性强,语言准确、生动,具有感染力,能为读者所接受。简单地说,论文修改的理想效果,首先是自己满意,其次是能让读者满意。

2. 定稿的形成

定稿是学术论文写作的最后程序。稿件经过反复修改后,作者已经感到符合有关要求,便可定稿。目前,无论是期刊论文还是学术论文一般都要求提交打印稿,因此,定稿的学术论文要严格按照有关的规范清稿、打印,并留存电子文件。

思考题

1. 简述学术论文的框架结构。
2. 简述学术论文的写作流程。

第14章
科技发明与科技成果转化

学习要点及目标

1.了解科学技术的含义和作用
2.掌握技术发明的含义和分类
3.掌握科技成果转化的含义和途径

导读

用科技创新绘制创业蓝图

"我一直觉得,西安的创业者和企业家更有家国情怀。"王鹏,陕西西安人,陕西西大华特科技实业有限公司董事长,兼任中国农药工业协会理事,中国农药科学与应用管理协会理事,中国植物源农药产业技术联盟副理事长。2015年获得"陕西省优秀青年企业家"称号;2016年获得"陕西省五四青年奖章"。

2003年,在国家实施农业结构调整和"粮食安全、食品安全"国家战略的大背景下,西安蓝溪科技投资控股有限公司与西北大学等重组成立了陕西西大华特科技实业有限公司(以下简称西大华特)。在大农业大健康融合发展的时代浪潮下,当时只有25岁的王鹏,主动扛起行业企业家的社会责任,引领这支年轻的团队。

那时的王鹏,虽已在商界和管理界领域小有成绩,但对于生物科技专业,还是个"门外汉"。在公司新生的艰难阶段,为了得到更多实地信息,打开市场,王鹏和团队对全国的县一个接一个地调研,有的地区偏远,没有航班,要坐23个小时的绿皮火车再辗转换车加步行才能到达,而获得的成绩是——如今,全国所有的县,他们已经走过了百分之七十。在这一步一个脚印的调研中,公司的发展目标变得无比明晰——充分发挥植物绿色防控作用,从源头上解决食品安全和粮食安全问题。

在王鹏的主导下,由西北大学化学系自主研发,并掌握完全自主知识产权的创制化合物噻霉酮实现在农业植保上的应用,成功将科研成果转化为农业现实生产力。2009年,噻霉酮产业化项目获得"国家发改委重大成果产业化项目"。2011年,西大华特率先引进中国科学院大连化物所"糖生物工程集成技术和研究成果",一期工程"COS—糖链植物疫苗"即高活性寡糖提纯和应用项目,现已通过国家相关部门验收并投入生产。

经过十几年的奋斗,如今的西大华特依托西北大学、清华大学、中国科学院等科研院校的技术实力,成为国内植保领域一枝独秀,尤其在细菌性病害防治领域,获得全国乃至世界的大量殊荣,并将技术生产力输出全球。

王鹏一直希望,让世界看到来自中国西安的生物科技力量——他带领团队建立起以西安为中心、辐射全国优质农作物产区的"6+2"优势大作物圈,并积极推动西大华特与全国及至世界高校、科研院所进行技术研发与转化合作。"创新力才能驱动企业的可持续发展。"王鹏用科技创新为自己和企业绘制了一幅创业蓝图。

王鹏说,这两年西安城市的快速发展,让自己对于企业未来更充满信心,"最近西安变化很大,推动很多改革举措,创业创新成为热潮,政府的'店小二'精神更让我们企业免除了很多后顾之忧。"他同时表示,西安城市发展的氛围需要每个西安人共同呵护与维护,"无论是企业还是个人,就如同这座城市的一个细胞,我们好,城市才会好。"

王鹏一直是在创业路上的奔跑者,他同样对那些年轻的创业者,不吝分享。连续5年,西大华特每年都会为40名大学生提供就业实习机会,每年录用大学毕业生50名以上。同时,还以博士后工作站的形式吸引更多的优秀人才来西安创业。

资料来源:孙欢,王冬旭.用科技创新绘制创业蓝图:访陕西西大华特科技实业有限公司董事长王鹏[N].西安晚报,2018-04-26(06).

14.1　科学技术

14.1.1　科学技术的含义及本质

社会上习惯于把科学和技术连在一起,统称为科学技术,简称科技。实际二者既有密切联系,又有重要区别,科学解决理论问题,技术解决实际问题。科学要解决的问题,是发现自然界中确凿的事实与现象之间的关系,并建立理论把事实与现象联系起来。技术的任务则是把科学的成果应用到实际问题中去。科学主要是和未知的领域打交道,其进展,尤其是重大的突破,是难以预料的。技术是在相对成熟的领域内工作,可以作比较准确的规划。

科技的本质就是发现或发明事物之间的联系,各种物质通过这种联系组成特定的系统来实现特定的功能。实现功能的方式尽量安全,尽量容易实现,尽量低消耗且高产出,尽量高效,尽量稳定,尽量可监测,尽量可调控。

14.1.2　科学技术的作用

1.科学技术是经济发展之本

科学技术一旦转化为生产力将极大地提高生产效率,从而推动经济快速发展,其作用大大超过了资金、劳动力对经济的变革作用。随着我国创新驱动作用日益增强,1996—2015年,我国劳动生产率持续高速增长,2007年达到高峰,增速为13.1%。受国际金融危机影响,近几年增速略有回落,但2011—2015年劳动生产率平均增速仍达7.3%。同时,与世界主要经济体比较发现,美欧日等发达经济体单位劳动产出水平大大高于我国,但增速持续回落。我国虽然单位劳动产出水平较低,但增速较快。这也反映出我国经济较有活力,未来增长潜力较大。

2.科学技术是强军兴军的核心引擎

当今世界,和平与发展是时代的主题。但冷战思维依然存在,霸权主义和强权政治仍是威胁世界和平与稳定的主要根源。实施科技强军战略是加强军队质量建设的必由之路,核心内容就是把依靠科技进步提高部队战斗力摆在国防和军队建设的战略位置,切实增强国家的军事科技实力,全面提高军队建设的科技含量。

3.科学技术是国家综合实力的重要体现

从产品品类的更新迭代,到经济结构的转型优化;从产业模式的置换再造,到管理方式的蜕变转身;从商业形态的进化升级,到文化理念的跃进升华;从微观层面的制度重塑,到宏观视域的强国富民,携带着巨大创新能量的科学技术已经并将进一步向人类经济与社会肌体进行更为宽泛与更加深入的渗透,其最终牵引出的是排浪式创新热流、普惠式智慧成果以及持久性改良动能。科学技术被称为是最高意义上的革命力量和有力杠杆,而科技创新则是影响与决定着一国的经济与综合实力的核心支撑。创新强则国运昌,创新弱则国运殆。

4.科学技术是推动社会进步的有力杠杆

纵观人类文明的发展史,每一次重大的科学技术革命,都会引起生产方式、生活方式、思维方式的深刻变革和社会的巨大进步。现代科技革命对社会发展的影响更为广泛,更为强烈。当今世界科学技术突飞猛进,一个国家、一个民族若能在科学技术上不断进取,就可能实现社会经济的跨越式发展。事实表明,我国制定并实施科教兴国战略,鼓励自主创新,推进国家创新体系建设,促进科技事业和社会主义建设事业蓬勃发展,是正确的战略决策。

14.2　技术发明

14.2.1　技术发明的含义

不断地认识自然和改造自然,不断地有所发现、有所发明,是人类的本质特征。人类利用天然条件创造了劳动手段和工艺,并在发明器物的过程中意识到外部世界的性质和自身的力量。技术发明就是利用成熟的理论研究成果,使其变成产品的活动。如爱迪生在1883年发现了被灼热的金属表面有电子发射出来的热电子发射现象,即所谓的"爱迪生效应",但没有想到它的应用。英国的弗莱明博士在多年研究"爱迪生效应"的基础上,于1904年发明了二极管,制成了产品,获得了专利。以后陆续出现的晶体管、集成电路等,也都是重大的技术发明。

14.2.2　技术发明的特点

技术发明不同于科学发现,发明主要是创造出过去没有的事物,科学发现主要是揭示未知事物的存在及其属性。

1.新颖性

技术发明是新颖的技术成果,不是单纯仿制已有的器物或重复前人已提出的方案和措施。一项技术成果,如果在已有技术体系中能找到在原理、结构和功能上相同的东西,则不能叫作发明。

2.先进性

技术发明不仅要提供前所未有的东西,而且要提供比以往技术更为先进的东西,即在原理、结构特别是功能效益上优于现有技术。发明总是既有继承又有创造,在一般情况下大都有先进性。

3.价值性

技术发明必须是有应用价值的创新,具有明确的目的性,有新颖的和先进的实用性。发明方案既要反映外部事物的属性、结构和规律,又体现自身的需要。发明者创造出新产品、新工艺前,已在观念中按功能要求预构所设计的对象,并在发明过程中不断地按优化的功能目标来完善其方案。

14.2.3 技术发明的分类

按创新程度不同,技术发明可以分为两大类,即开创性技术发明和改进性技术发明。

1.开创性技术发明

这种发明其新技术方案所依据的基本原理与已有技术有质的不同,又称为基本技术发明。如蒸汽机技术的发明开创了热能向机械能的转化,在基本原理上区别于仅有机械能转化的简单机械。立足于电磁感应原理的电力技术的发明开创了电能与机械能的相互转化。从利用链式核反应原理到利用核聚变反应原理,可取得开创性的核技术发明。近代和现代的开创性技术发明大都以科学原理的突破为条件,自觉地应用新的科学原理来解决技术问题。科学上的许多重大突破,将会导致技术上的开创性发明。

2.改进性技术发明

这种发明是在基本原理不变的情况下,对已有技术作程度不同的改变和补充,又称改良性技术发明。如电灯中用钨丝代替碳丝,用充氩代替真空,都是依据电热发光的同一原理。高压蒸汽机、汽轮机和多缸蒸汽机的发明,都是对蒸汽机技术的改进。改进性技术发明以开创性技术发明为基础,开创性技术发明靠改进性技术发明得到完善和发展。改进性技术发明可能以新的科学发现为前提,但在很多情况下是靠长期的经验积累和经验摸索。没有科学原理的根本性突破,也可能做出有重大价值的改进性技术发明。改进性技术发明与开创性技术发明的区分是相对的。

开创性技术发明往往导致技术系统的根本性变革,其意义重大。在技术发明中,数量最多的是改进性的。完善与基本技术有关的材料、结构、工艺和功能都会导致改进性技术发明。把一种基本技术移植、应用于多种对象,通常要求改变基本技术的某些环节,派生出另一些发明,这属于应用改进性技术发明。把多种已有技术结合起来组成一个前所未有的系统,实现某种新的功能,往往也需要对已有技术作改进而产生一些发明,这属于综合改进性技术发明。对产品的形状、构造乃至外观设计上的创新和改进,有时也具有发明的性质。

14.3 科技成果转化

14.3.1 专利概述

1.专利的概念

专利在《现代汉语词典》(第7版)中,是指法律保障创造发明者在一定时期内由于创造发明而独自享有的利益,属于知识产权范畴。

2.专利的类型

在我国,专利分为发明、实用新型和外观设计三种类型。

(1)发明。

一般而言,发明是应用自然规律解决技术领域中特有问题而提出创新性方案、措施的过程和成果。产品之所以被发明出来是为了满足人们日常生活的需要。发明的成果或是提供前所未有的人工自然物模型,或是提供加工制作的新工艺、新方法。机器设备、仪表装备和各种消费用品以及有关制造工艺、生产流程和检测控制方法的创新和改造,均属于发明。在知识产权领域,发明是指专利法所保护的发明创造的其中一种专利类型,是指对产品、方法或其改进所提出的新的技术方案。在专利领域中的发明有其规定的保护对象或者说保护客体。

(2)实用新型。

实用新型是指对产品的形状、构造或者其结合所提出的适于实用的新的技术方案。专利法中对实用新型的创造性和技术水平较发明专利要求较低,但实用价值大,在这个意义上,实用新型有时又被人们称为小发明或小专利。针对实用新型,在专利权审批上采取简化审批程序、缩短保护期限、降低收费标准等办法加以保护。关于实用新型,有些国家并没有将其列为专利保护的独立类型,而是将其放在发明专利中予以保护。另外有些国家,实用新型则列为专利保护的独立类型。

(3)外观设计。

外观设计是指对产品的形状、图案或其结合以及色彩与形状、图案的结合所作出的富有美感并适于工业应用的新设计。外观设计是指工业品的外观设计,也就是工业品的式样。

为了推动发明及其应用,国家以法律形式把发明确认为专利。在一般意义上,人们在技术活动中作出的有新颖性、先进性和实用性的创造和改进都属于发明。专利法要求发明具有新颖性,仅指提出了尚未公开的或前所未见的技术方案,有时只要求在本国有这种新颖性,这与技术发展史上的前所未有是有区别的。专利法所说的发明的先进性是指新方案比原有技术有显著进步,而不是细微的改进。新颖的外观设计也受法律的保护,可取得专利,但通常不认定为发明。专利法在判别发明的实用性时,包含社会价值和国情的考虑,对于违反国家法律、社会公德或妨害公共利益的发明创造,不授予专利权。对于药品、食品、核物质、疾病的诊断和治疗方法等方面的发明,一般不授予专利。

14.3.2 科技成果转化概述

1.科技成果概念

科技成果转化是指为提高生产力水平而对科学研究与技术开发所产生的具有实用价值的科技成果所进行的后续试验、开发、应用、推广,直至形成新产品、新工艺、新材料,发展新产业等活动。

科技成果转化的概念可分为广义和狭义两种。广义的科技成果转化应当包括各类成果的应用,劳动者素质的提高,技能的加强,效率的增加等。因为科学技术是第一生产力,而生产力包括人、生产工具和劳动对象。因此科学技术这种潜在的生产力要转化为直接的生产力,最终是通过提高人的素质、改善生产工具和劳动对象来实现的。从这种意义上讲,广义的科技成果转化是指将科技成果从创造地转移到使用地,使使用地劳动者的素质、技能或知识得到增加,劳动工具得到改善,劳动效率得到提高,经济得到发展。狭义的科技成果转化实际上仅指技术成果的转化,即将具有创新性的技术成果从科研单位转移到生产部门,使新产品增加,工艺改进,效益提高,最终经济得到进步。我们通常所说的科技成果转化大多指的是这种类型的转化,所讲的科技成果转化率就是指技术成果的应用数与技术成果总数的比。

2.科技成果转化途径

科技是经济增长的发动机,是提高综合国力的主要驱动力。促进科技成果转化、加速科技成果产业化,已经成为世界各国科技政策的新趋势。科技成果转化的途径,主要有直接和间接两种转化方式,并且这两种方式也并非泾渭分明,经常是相互包含的。

(1)直接转化。

科技成果的直接转化主要是指科技成果的供给方自行转化,或者供给方与需求方直接合作来进行科技成果转化。具体包括以下几种方式:①科技人员自己创办企业;②高校、科研机构与企业开展合作或合同研究;③高校、研究机构与企业开展人才交流;④高校、科研院所与企业沟通交流的网络平台。

(2)间接转化。

科技成果的间接转化主要是通过各类中介机构来开展的,机构类型和活动方式多种多样。具体包括以下几种方式:①通过专门机构实施科技成果转化;②通过高校设立的科技成果转化机构实施转化;③通过科技咨询公司开展科技成果转化活动。

14.3.3 科技成果转化相关主体的作用

提高科技成果转化率,需要政府、以及企业高校和研发机构三方同时发力,唯有如此才能研发出更适合实体经济发展的高科技成果,并进一步转化成高附加值的产品。

(1)政府的作用。

科技成果转化是一个复杂的系统工程,同时也是一项风险性事业。没有政府作后盾,没有政府资助,单个个人或企业很难做到。在科技成果转化过程中,政府作用是必不可少的。所以,科技成果转化,首先是政府要引导,要制定相应的政策。

政府应当在科技成果转化和推广过程中起到良好的引导作用。我国科技体制的一个很大的弊端,就是大量的科研机构独立于企业之外,长期形成了科技与经济相分离的局面,所以,目前科技成果转化面临大量问题。对于我国这种由计划经济向市场经济转换过程中的特殊阶段出现的特殊问题,各级政府应积极引导,大力支持企业建立自己的科研机构,尽快承担科技成果转化主体的重任,搞好科技成果的转化。政府有关部门应尽快制定有效的产业政策和相应的产业技术政策及产业结构政策,促使企业组织集团化,从而集中资金、人力和物力,发挥整体优势,提高技术开发,形成规模能力。

(2)企业的作用。

企业是科技成果转化和推广过程中的重要主体。企业可以自行发布信息或者委托技术交易中介机构征集其单位所需的科技成果,或者征寻科技成果的合作者,也可以独立或者与境内外企业、事业单位或者其他合作者实施科技成果转化、承担政府组织实施的科技研究开发和科技成果转化项目,还可以与研究开发机构、高等院校等事业单位相结合,联合实施科技成果转化。

长期以来,我国绝大部分企业仍然通过资金、人力投入来实现量的扩张,通过扩大规模来增加企业的效益,而以科技进步为主的内涵式扩大再生产还没有成为企业发展战略的主流。在市场经济的条件下,企业的生存和发展本质上取决于企业的技术创新、吸纳科技成果能力和经营能力,而不是仅靠资金、人力的投入扩大规模来实现量的扩张及效益的提高。要不断提高企业是科技成果转化主体的认识,勇挑重担,使企业寓科技成果于产品开发和发展生产之中,真正成为促进科技成果转化的重要途径。

(3)高校及科研机构作用。

高等院校、科研院所等科研单位是科技成果的供给主体。在科教兴国战略指导下,随着"211工程"、教育振兴行动计划的实施,我国高等教育取得了历史性的发展,高校科技创新工作取得了极大的进展。高校正逐渐发展成为基础研究的主力军、应用研究的重要方面军,以及高新技术产业化的生力军,高校科技工作已经成为国家科技创新体系的重要组成部分。在国家有关部门的大力支持下,高校及科研机构承担建设了一大批科技创新基地或平台,积极承担了国家科技攻关计划、"863"计划、"973"计划、国家自然科学基金以及国防军工等一系列科研任务,使高校总体科技实力、自主创新能力以及综合竞争力大大增强,知识贡献与社会服务能力大大增强,正在成为我国科技自主创新的强大力量。

(4)第三方技术服务机构作用。

第三方技术服务机构囊括了科研技术服务、产业技术服务以及后期工商管理、法律顾问等技术上的服务。在高端科学领域,科研成果的转化往往从立题已经开始了,在高精尖技术领域,一个团队要能够做到尽善尽美是很难的,由此而诞生的第三方技术服务平台能够为广大科研工作者提供一个良好的技术支持服务平台,确保研发阶段的顺利进行。

(5)中介机构作用。

自技术市场开放后,科技中介服务机构大量涌现。它们存在于技术市场化的全过程的各阶段,建立了技术供给方与需求方的联系,是技术与经济结合的切入点,是技术进入市场的重要渠道,对于技术市场化的进程有很大的推动作用。

科技中介主要有科技部和各地科委成果推广机构、技术成果交易会、技术商城、技术开发公司、大学科技园、创业园、孵化器、生产力促进中心等形式。

延伸阅读

以市场导向推动科技成果转化

科技成果转化改革步入深水区,未来的关键在于充分发挥市场在资源配置中的决定性作用,疏通技术和市场协同创新网络中的现实堵点。

科技部发布的全国技术市场交易快报显示,2019年我国技术合同成交额首次超过2万亿元。这一令人瞩目的成绩单,既反映了市场对技术的强烈需求,也显示出我国科技成果转化蕴藏的巨大潜能。

当前,国家把科技创新放在创新驱动发展的核心位置,大量激励成果转化、创新创业的改革举措密集出台,激发了全社会的创新活力。放眼全球,新一轮科技革命和产业变革正加速演进,技术成果直接转化为生产力和经济效益的周期缩短。从国内看,我国产业升级需求迫切,对技术创新成果应用的需求同样变得迫切起来。国际科技发展的态势和我国经济社会发展的现实背景,为促进科技成果转化、创造更好的技术市场生态环境,提供了重大机遇。

连年攀升的技术市场交易额十分喜人,但也应看到,我国科技与经济联系不够紧密的深层次问题仍有待进一步破解。随着科技成果"三权"的下放,以及股权激励、作价入股等措施实施,科技成果"有没有权转""有没有意愿转"已经不再是拦路虎。"有没有成果转"以及"是否转得顺",成为新的改革课题。科技成果转化改革步入深水区,未来的关键在于充分发挥市场在资源配置中的决定性作用,疏通技术和市场协同创新网络中的现实堵点。

促进形成科技成果转化良性循环,必须让市场在创新资源配置中起决定性作用。无论是围绕某一核心技术成果开发产品,还是将技术用于改进、提升产品或服务的特定性能,都不是单一的技术问题,而是一个涉及需求、定价、开发、设计、推广等多要素的复杂系统。这不是简单地对接洽谈就能实现的,而必须立足市场这个主场域,发挥市场对技术研发方向、路线选择、要素价格、各类创新要素配置的导向作用。唯有通过市场的手段,让技术得以作为一种市场要素自由流通,才能降低交易成本,让技术创新端和产品供给端紧密配合,对产业发展形成有力支撑。

在科技成果转化的链条上,每个节点、每个主体都不可或缺,企业、高校、科研院所等创新主体都应发挥好各自职责。一头是科研探索,一头是产业需求,二者有天然的差异。发挥市场在科技成果生态链条上的驱动作用,有助于建立以市场需求为导向的成果产出机制,引导高校、科研院所面向世界科技前沿、面向经济主战场、面向国家重大需求展开科技攻关。在鼓励自由探索的同时,科研立项应强化成果转化意识,从源头提高创新资源的利用效率,避免出现大量重复、低质量、缺乏转化价值的成果。

以市场导向疏通科技成果转化链条,还需处理好政府和市场的关系,厘清两者的职责边界。建立以企业为主体、市场为导向、产学研深度融合的技术创新体系,有赖于用好改革这个科技创新引擎的"点火器",完善政策支持、要素投入、激励保障、服务监管等长效机制,构建起、维护好支撑推动科技成果转化的生态环境。总体上来讲,相关管理部门应该有所为、有所不为,切实加强引导、当好裁判、做好服务。

习近平总书记指出,"中国要强盛、要复兴,就一定要大力发展科学技术,努力成为世界主要科学中心和创新高地。"唯有一个高效的科技成果转化生态,方可提供高质量科技供给,打通从科技强到产业强、经济强、国家强的通道,支撑现代化经济体系建设。把更多科技成果应用在经济社会发展主战场,充分涌流的创新力量必能助推中国号巨轮驶向光辉未来。

资料来源:喻思南.以市场导向推动科技成果转化[N].人民日报,2020-04-07(09).

思考题

1.简述科学技术的含义及本质。

2.科技成果转化的途径有哪些?

第15章
大学生创新创业竞赛综合案例

大学生创新创业竞赛的开展,有效地填补了高校第一课堂实践训练和工程应用方面的短板,对人才培养创新改革起到了积极的促进作用。本章主要介绍部分大学生创新创业竞赛综合案例,为读者在以后的学习与工作等方面提供一些借鉴。

15.1 中国"互联网+"大学生创新创业大赛案例

15.1.1 案例一:盐湖卤水绿色提锂技术领航者

【获得荣誉】第五届中国"互联网+"大学生创新创业大赛总决赛金奖

【参赛组别】主赛道师生共创组

【项目背景】

锂被誉为推动世界进步的重要能源元素,广泛应用于能源工业、航空航天工业、电器电子工业及医药制造等领域。其中,碳酸锂是常用的锂离子电池原料。2016年底,国家发布《全国矿产资源规划(2016—2020年)》明确将锂列为国家战略性矿产目录。在国家政策的支持下,伴随着新能源行业的蓬勃发展,锂电池汽车对电池级碳酸锂呈现出爆发式需求,电池级碳酸锂产业呈现出广阔的市场空间。

我国具有丰富锂资源,约占世界锂资源总量的22%,主要分布在西藏和青海地区的盐湖卤水中。然而,我国盐湖卤水具有水质特征复杂、锂品质低、镁锂比较高的特点,给锂资源的开发带来了巨大的难度。国内众多专家学者、科研机构及企业对此进行了大量研究工作,取得了一系列成果,但仍缺乏实质性突破。因此,我国目前对电池级碳酸锂的需求仍然大量依靠进口。

2019年市场综合价在7.8~8.2万元/吨左右。改善我国锂资源的供给结构有助于保证国家战略资源供给安全。资料显示,2025年我国各类新能源汽车的销量将达750万辆,据估算,届时我国仅新能源汽车所需电池级碳酸锂就将高达17万吨。与此同时,储能、核电与军工等涉及国家安全的领域,也对锂资源有较大的需求。因此积极开发我国锂资源十分必要。如图15-1所示。

膜分离技术是当代新型的高效分离技术,具有绿色环保、节能、占地空间小、分离过程不产生二次污染等优点。纳滤膜分离技术,其本身结构导致其对二价及多价离子的截留率明显高于其对一价离子的截留,因而可应用于卤水镁锂分离。利用反渗透、正渗透等膜分离技术可实现低锂卤水的富集浓缩。综上,膜分离技术为我国各种水质的盐湖卤水提锂提供了新的方法,也为其他有价金属提取提供了新的途径。

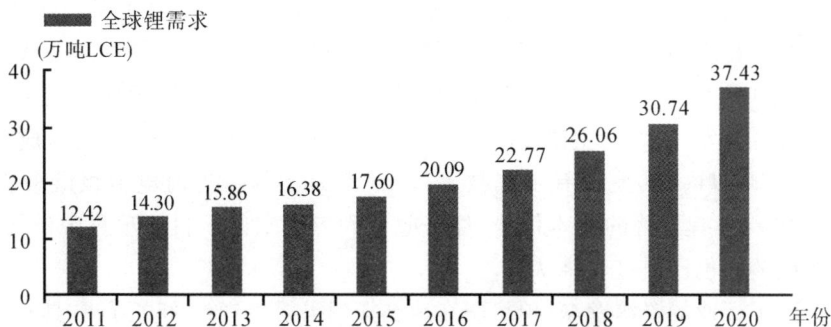

图 15-1 2011—2020 年全球碳酸锂需求情况及预测

该项目属于科技成果产业转化项目。项目的实施不仅可使纳滤膜、反渗透膜、正渗透膜在盐湖卤水提锂领域更好地发挥其应有的作用,同时还能提高企业效益,创造就业机会,因此具有重大的经济意义、社会意义和环境意义。

【项目介绍】

该项目依托由西安建筑科技大学、陕西省膜分离技术创新团队及相关企业成立陕西省膜分离技术研究院和陕西省膜分离技术研究院有限公司,构建"联合研发平台＋众创空间(专业孵化器)＋校园种子天使基金"产学研合作新模式平台,以陕西省膜分离技术研究院自主研发的"固相离子束缚(SPIB)技术＋膜分离技术"为核心工艺,对青海冷湖卤水进行锂资源提取,目标建成 10000 吨/年的电池级碳酸锂(碳酸锂含量≥99.5%)生产线,实现高校科技成果快速转化。该项目攻克了从高镁锂比、锂品质低的卤水中低成本高效提锂的世界级难题,并且提取过程绿色不产生二次污染,可显著提高企业受益,促进地区经济发展,创造就业机会,由此显示出了巨大的经济效益、社会效益和环境效益。

基于该团队研发的核心技术,陕西省膜分离技术研究院有限公司创新性地提出了"航母式"盐湖提锂新模式,即以冷湖生产线作为母港,采用搭载固相离子束缚技术的吸附车对青海和西藏地区高海拔、无法建厂的盐湖卤水进行锂资源提取,提取后回到母港进行电池级碳酸锂的生产。目前该吸附车已获批核心专利,并投入生产。

该项目的落成符合我国产业政策和相关规划,是调整产业结构、发展特色经济、振兴青海经济的有效途径;是增加就业以及再就业的需要;是发展民族产业、打破国外产品垄断的具体体现。同时,对西安建筑科技大学打造优势学科集群(环境科学与工程、材料科学与工程、冶金工程和化学工程与技术等)有着重要意义。由于该技术的先进性与适用性,未来陕西省膜分离技术研究院将进军江西省与西藏自治区的提锂市场。

陕西省膜分离技术研究院致力于科技成果转化,打破科学研究止步于论文发表的现状,以科研带动产业。该研究院重视人才集聚,团队多名硕博士毕业后均有意向留院工作,同时积极引进多学科多领域人才。该研究院将围绕贵稀资源绿色开发技术深入研究,继往开来,做盐湖卤水贵稀资源绿色开发的领航者,奋笔疾书,将科技论文书写在祖国的大地上。

【竞争分析】

由该研究院和西安建筑科技大学联合组成的研究团队拥有一支高素质的研发人才和高素质的专业工程应用专家队伍,具备多年从事膜分离技术研发的优势,能够根据不同的水质与要求开发出适宜的膜、膜组件以及膜分离设备,形成了以膜分离技术为核心的技术体系,具有丰富的成果转化与工程应用经验。该项目突破了行业的技术壁垒,针对被业内公认不具备商业化开发价值(锂浓度<0.3 g/L)的锂浓度仅为0.07~0.1 g/L左右、镁锂比高达1300∶1的盐湖卤水进行锂资源开发,应用自主研发的"SPIB技术+膜分离技术"核心工艺,成功将提锂成本控制在3万元/吨以内(其他现有工艺技术约5~7万元/吨,当前电池级碳酸锂市场价约7.8~8.2万元/吨),具有显著的技术优势、经济效益和应用空间。目前项目中试线已经建成,生产的电池级碳酸锂也已通过合格认证。

该项目突破了行业的资源壁垒,项目所在地已探明可溶性锂约250万吨,具有巨大的综合开发利用价值。

该项目所采用的核心工艺实现了全过程的清洁生产,同时可以解决西藏、青海等地区淡水资源不足,副产品镁盐及其下游产品可以替代进口并促进国内相关镁盐材料工业的发展。

综上所述,该项目具有较强的市场竞争力。

【营销策略】

市场营销划分为三个阶段,即市场进入和开发阶段、市场成长阶段、市场成熟阶段。在不同的阶段采取不同的销售渠道、销售方式和推广策略,以获得所期望的销售额。目前,项目一期工程(5000吨/年的电池级碳酸锂)已经建设完毕进入调试阶段,具有广阔的市场空间,后期将进一步开拓市场。

【管理策略】

创业公司按照建立现代企业制度的要求合理设置公司内部的组织机构,建立了分工明确、运转有序和有效制衡的公司法人治理结构和公司内部管理体制。创业公司实行总经理负责制,能够有效地实施该项目。

【财务分析】

该项目在建设期结束后即进入投产期,可实现满负荷运营。该项目经营期年均销售收入为80000万元,扣除总成本、增值税、销售税金及附加即为年利润总额。经计算,该项目经营期的年均利润总额为50000万元。所得税按利润总额的25%计取,该项目经营期年均应纳所得税金为12500万元,年均税后利润为37500万元。该项目总投资收益率为41.67%,具有一定营利能力。从全部现金流量看,各年累计盈余资金都大于零,说明该项目有足够的净现金流量维持正常运营,有较强的财务生存能力。

【发展战略】

陕西省膜分离技术研究院将以当前膜材料科学和膜分离技术中的关键问题和重大共性技术难点为重点,以膜材料及多功能膜制备的研发为核心,以中空纤维超滤膜、中空纤维微滤膜、平板(卷式)纳滤膜等膜材料的开发、膜的制备、组件化加工技术为主导,大力推进膜分离技术在环保节能、医疗器械和稀贵资源回收等领域的推广应用,不断提升在膜分离技术领域的科技创新能力和竞争水平。

团队将以盐湖卤水提锂项目为基础积累经验,不断深入优化提锂技术、工艺;同时,扩展回收资源领域,重点研发以膜分离技术为核心的新型资源绿色、高效开发和回收技术,后期进一步开展铷、铯、溴、碘稀贵金属及其他资源的综合开发及产品的销售,以创造更大的经济效益、社会效益和环境效益,更好地服务社会。

15.1.2　案例二：群用户终端饮用水水质提升监护设备

【获得荣誉】第三届中国"互联网＋"大学生创新创业大赛陕西省金奖

【参赛类别】主赛道创意组

【项目背景】

地下水以其稳定的供水条件、相对良好的水质，历来成为农业灌溉、工矿企业以及城市生活用水的重要水源，为人类社会必不可少的重要水资源，尤其是在干旱、半干旱地区的城市郊县和农村地区，地下水常成为当地的主要供水水源。

地下水供水系统通常将地下水消毒后直接供应，将其水质与我国《生活饮用水卫生标准》（GB 5749—2006）相比，虽然浊度、硬度等指标达到了国家标准的要求，但主要存在两方面问题影响居民对饮用水健康的担忧。一方面，地下水作为饮用水水源，普遍存在煮沸后出现大量沉淀或漂浮物，感官上不仅难以接受，而且可能存在诸多潜在危害，用户对此抱怨非常严重。供水企业认为供水水质达标，而用户认为水垢大对人体健康会产生影响，而自行购买家用净水器达到去除水垢的目的；另一方面，部分农村地区地下水浊度偏高，偶有浊度超标或饮用水发涩的现象，用户感官上难以接受，通常自行购买桶装水等措施避开浊度较高的供水阶段，影响了用户的正常饮用。如图 15－2、图 15－3 所示。

图 15－2　城镇烧水器具结垢情况	图 15－3　农村烧水器具结垢情况

我国居民的生活习惯以饮用开水为主，与西方国家饮水习惯存在明显差异，不考虑饮水习惯完全借用世界卫生组织的关于硬度指标限值又值得商榷。我国多数供水系统普遍存在烧开水形成的可见的漂浮物和沉淀，检测其浊度值可达到 7 NTU（远大于我国标准规定的 1 NTU），也不符合"不得有可见漂浮物"规定，见图 15－2、图 15－3。由于西方国家用户饮用生水，其中包含了大量游离态的钙镁离子，研究表明适量的钙镁离子对人体健康有益；而我国饮用开水时除了少量游离态的之外，主要是石头的主要成分碳酸钙和氢氧化镁，而饮用水垢即碳酸钙等对人体健康影响不利。此外我国普遍采用水壶和暖水瓶存储开水，使用一段时间后内壁结满一层白色水垢，除大部分为碳酸钙、碳酸镁外，还含有多种有害的汞、镉、铅、砷等元素，反复用来烧水、装水后，有害元素积累越来越多，并再次溶于水中，危害人体健康。云南地方病研究所调查表明云南喀斯特地区饮用高硬度水与结石病存在直接相关关系。因此保留水中游离态钙镁离子对人体有益，而烧水形成水垢对人体存在潜在威胁，寻求保留钙镁离子限制开水产生的水垢去除技术是符合我国居民用水习惯的合理选择。

【项目介绍】

1.设计原理

酸碱平衡曝气法去除水垢工艺,从控制碳酸氢根离子的角度出发,通过降低碳酸根离子达到减少水垢的生成目的,而且保留了对人体有益的钙镁离子,适用于总硬度达标但水垢高的原水,是一种既能去除水垢又能保留钙镁离子的方法。

该项目的产品目前是以酸碱平衡曝气工艺为基础开发的集成化的小型水垢去除设备(见图15-4),此外也会根据不同用户需求设计配套的大型设备。该设备采用的酸碱平衡曝气法去除水垢工艺,从控制碳酸氢根离子的角度出发,通过降低碳酸根离子达到减少水垢的生成目的,但保留了对人体有益的钙镁离子,适用于总硬度达标但水垢高的原水,是一种既能去除水垢又能保留钙镁离子的方法。

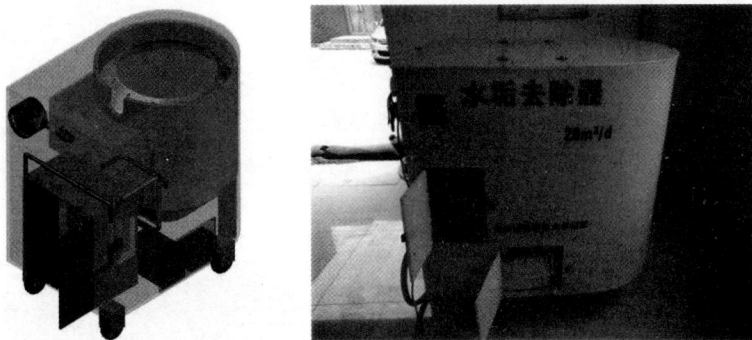

图15-4 设备构造图及实物图

2.产品功能介绍

如图15-4所示,该设备主体为直筒体结构,自下而上依次实现了药剂投加、水力混合、酸碱反应、鼓风曝气等一系列除水垢功能,与传统去除水硬度的设施相比,该设备可以通过水质特征,调节各种运行参数,除水垢效率高、水垢去除各单元衔接紧凑、组装维护方便、占地面积小,而且处理过程无废液产生,无污染物排放。

目前,城市一般采取集中式供水,通过输配水管网送到用户或者公共取水点的供水方式,包括自建设施供水。为用户提供日常饮用水的供水站和为公共场所、居民社区提供的分质供水也属于集中式供水方式。农村一般采取小型集中供水和分散式集中供水,分散式供水是分散居户直接从水源取水,无任何设施或仅有简易设施的供水方式。因此,集成化的小型水垢去除设备可以方便地嵌入小型集中供水系统,原水可以经过水垢去除设备处理泄压进入生活水池,再通过二次加压进入用户家中。该设备适宜向以地下水为水源的微小型供水系统和自来水供给的小区等终端用户推广。

3.App设计

创业团队已将该设备运行参数上传至App云端,通过互联网技术优化设备运行参数,提高用户体验感。通过App,创业企业可以完成以下事项:

(1)完成设备运行数据的回收,完善创业企业的数据库;

(2)通过数据的传输,创业企业可以根据实际情况优化设备运行参数,提高用户体验感;

（3）接收用户对设备运行的问题反馈沟通并以此进行设备维护（主要是阻垢剂的添加）。

用户可以通过 App 完成以下事项：

①未购买前，消费者可以直接在 App 获得产品的相关参数以及售前咨询，并可直接在 App 购买企业产品，并预约工作人员送货安装；

②产品运行过程中，用户每天只需要将设备连接 App 30 分钟就可以完成数据传输工作，也可实时监测设备的运行；

③当设备需要维护时，只需要在 App 上点击"维护"，并填写具体问题（如"加阻垢剂"），即可完成预约，工作人员将在 24 小时内进行产品维护。如图 15-5 所示。

图 15-5　设备 App 画面展示

【市场分析】

创业团队研发的系列地下水水质提升一体化设备直接经济效益是运行过程中较其他除垢方法节省的费用。产品运行成本较低，处理每吨水为 0.20～0.40 元，而石灰软化法为 1.30 元，传统离子交换法为 1.80 元，膜滤法为 1.50 元。对于供水企业来说，该设备具有良好的经济效益。对于设备生产和供应厂，初步估计，满足 150 人用水的单台设备，生产成本在 8 万～11 万元之间，与市场现售的 15 万～20 万的供水设备来比，具有良好的收益。SWOT 分析如表 15-1 所示。

表 15-1　SWOT 分析

	优势（strength）	劣势（Weakness）
项目	1.产品采用独创性技术研发，具有一定技术壁垒； 2.产品运行效果好，设备成本较低易维护； 3.产品顺应大健康投资热潮	1.团队成立初期，人员规模较小； 2.在市场中的知名度、资信等级都不高，销售通路亟待打通； 3.资金缺乏

续表

机会	SO	WO
1.国家已多次出台相关法规,推动整个水处理行业向更高水平发展; 2.我国城镇化水平迅速提高,健康的生活用水已成为城镇家庭的普遍需求; 3.当前生活饮用水处理行业订单量大,竞争相对较小	1.顺应国家未来规划,将生产的产品和服务做到最好; 2.核心产品针对的就是城镇生活小区饮用水水质提升设备,所以打开中小型城镇市场才是当务之急	1.团队会积极借助国家优惠政策,提高竞争力,扩大规模; 2.条件允许的情况下,团队将在中小型城镇市场建立庞大的营销网络,提高该产品的知名度; 3.用心做好每一项工程,用实力提高该团队的资信等级
威胁	ST	WT
1.新技术、新产品的不断涌现将使创业团队的竞争力下降,以至于处于不利地位; 2.国内水处理市场的竞争日趋激烈; 3.物价持续上涨,团队的运行成本升高	1.积极向合作方提供先进技术信息,使产品不断更新换代,保证团队的产品技术处于先进水平; 2.提高服务质量,同时扩宽营销渠道	1.认真做好项目可行性分析,提高抵御风险能力,从而提高企业竞争力; 2.对企业员工定期组织培训,提高工作效率,从而提高整个团队的业绩

【营销模式】

通过考察市场,根据对农村地区经济情况分析,该项目宜采取三种商业模式。

(1)企业或代理商直接销售模式,这一模式主要面向经济基础比较好的乡村地区。在这一模式中销售设备需要根据市场大小设置设备服务站,配有销售人员、技术人员及财务部门。

(2)商品桶装水销售的运行模式,即面向无法购买设备但是对设备又有需求的地区或用户,可根据需求可选择由村委员会统一购买设备安装到村里,由村委员会统一管理,或直接向用户零售过滤后的桶装水。该模式预计静态投资回收期为1.8年,具有投资低、收效快的优势。此外,还可与当地合作,生产特色商品水,如陕南的"富硒弱碱水"。

(3)与知名企业合作进行慈善活动,由企业购买产品捐赠给对设备有需求但经济水平比较落后的农村。这一模式一方面响应十九大振兴乡村计划的号召,使农民食用上优质饮用水,另一方面也可提高了企业的公益形象。

第一、二种模式作为盈利模式,第三模式属于公益模式。三种模式的搭配,既可建立更有利于产品打开市场,而且用户可以根据实际情况选择适合自己的模式。如表15-2所示。

表15-2 两种盈利模式对比

第一种模式		第二种模式	
设备成本	10万/台	安装成本	12万/台
零售价	15万/台	水费	0.25元/L 5元/桶(20 L,商品水)
阻垢剂费用	5~8元/天	预计日均用水量	20 m³/(天·台)
服务范围	2000人/天(仅饮用) 150人(生活用水)	阻垢剂费用	5~8元/天
其他	根据市场大小设置设备服务站	资金回收周期	1.8年
		其他	设置专人进行维护

【收益与融资】

通过前期的市场调研及居民平均收入调查,初步预计两种盈利模式的年利润在 500 万左右。因此,根据资本原则,市场估值约在 1 亿。根据一般市场融投资规则,出让 20% 的股权进行融投资,即融投资 1000 万。剩余股权分配如图 15-6 所示。

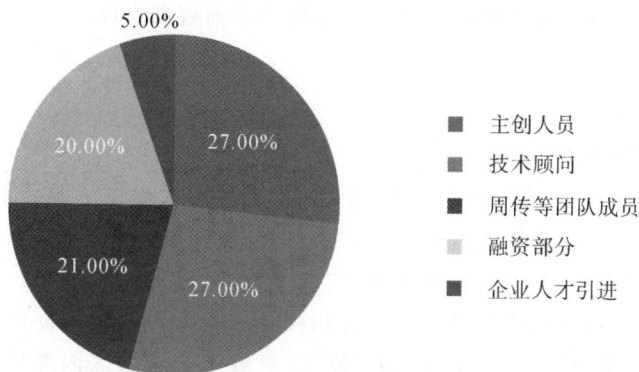

图 15-6　股权分配

随着互联网的快速发展,各个企业都需要有新鲜血液的技术人才来扩充团队的中坚力量,追求新想法、新技术。也正因为有新的人才,企业才会保持积极向上的姿态,带动整个团队,使其更加具有活力、激情。因此,在股权分配上,预留 5% 的股权用以吸纳人才。

15.2　"挑战杯"全国大学生课外学术科技作品竞赛案例

15.2.1　案例一:消除黑臭,澈水长流——基于西安市黑臭水体防治对策研究

【获得荣誉】第十六届"挑战杯"全国大学生课外学术科技作品竞赛一等奖

"首钢京唐杯"第十二届全国大学生节能减排社会实践与科技竞赛二等奖

【参赛组别】哲学社会科学类社会调查报告和学术论文("挑战杯")

社会实践调查报告类("首钢京唐杯")

【项目背景】

改革开放四十多年来,我国经济持续、快速、健康发展,工业化、城市化推动经济发展的同时,也伴随着诸多环境问题,主要表现为大气污染和水污染。尽管我国已将环境与资源保护作为基本国策之一,但环境保护形势仍然十分严峻,工业污染物排放总量大的问题还未彻底解决,城市生活污染和公众环保意识薄弱使得城市生态环境逐步恶化。其中,城市黑臭水体成为影响水生态、水环境质量和人民群众健康生活的重要生态环境问题。根据住建部网站公布的黑臭水体数据,截至 2017 年底全国 295 座地级以上的城市,有 220 座城市发现了黑臭水体。

2015 年国务院印发的《水污染防治行动计划》中就明确提出:地级及以上城市建成区黑臭水体控制在 10% 以内,到 2030 年全国七大重点流域水质优良比例总体达到 75% 以上,城市建成区黑臭水体总体得到消除。2018 年 11 月 30 日,西安市人民政府印发《西安市城市黑臭水体治理攻坚战实施方案》,并指出治理的远期目标为通过景观提升和水系联通工程,实现"八水绕长安"的盛景,实现长治久清,还市民水清岸绿、鱼翔浅底的美景。

因此,为了积极响应党中央的污染防治行动计划,深入贯彻落实"绿水青山就是金山银山"生态文明思想,有效改善西安市城乡生态环境,奏响西安市"追赶超越"新旋律;同时也为了满足人民日益增长的美好生活需要。此次调研充分发挥驻西安市高校专业学科优势,通过公众参与识别,大学生志愿者参与、监督的方式,对西安市黑臭水体情况进行实地调研,为相关部门制订整治方案,实现全面彻底治理城市黑臭水体提供基础数据支撑。

【项目介绍】

1.调研技术方案

(1)调研对象的选取。

历史上,西安"八水绕长安"为城市的农业用水、居民用水提供了源源不绝的资源,但随着气候变暖、社会水资源开发利用速度的剧增,"八水"也受到了污染与破坏。从2015年起,为了让"八水绕长安"盛景重现,西安市开启了恢复"八水绕长安"的工程项目。经过不懈努力,"八水绕长安"生态恢复工程也取得了良好的经济和社会效益。但是为了彻底让西安的水环境得到改善,确保2022年全面恢复"八水绕长安"盛景,对城市主建城区内黑臭水体的防治也是十分重要的。

此次排查的范围和对象为西安市新城区、碑林区、莲湖区、灞桥区、未央区、雁塔区、长安区、临潼区、曲江新区、西安市经济技术开发区、高新区、浐灞生态区、国际港务区等所辖城市建成区内的河流、湖泊、水库、沟渠、涝池、陂塘,以及旅游景区、企事业单位、居民小区、城中村内的渠、池、湖、景观水体等各类大、中、小、微水域中的黑臭水体,十三个行政区各类水体共计931个(排查过程中如有新发现的未在信息表中的水体,应当及时记录,并按照技术方案实施排查)。

(2)调研内容及方法。

根据对西安市水体黑臭状况预评估结果,对城市水体周边社区居民、商户或随机人群开展调查问卷,进一步判别水体黑臭状况。原则上每个水体的调查问卷有效数量不少于100份,如认为有"黑"或"臭"问题的人数占被调查人数的60%以上,则应认定该水体为"黑臭水体"。

通过对调查区域内不同类型的水体透明度、溶解氧和氮磷等水质指标进行现场测定,从而分析判定该水体是否为黑臭水体。具体的水质指标测定方法见下表15-3所示。

表15-3 水质指标及测定方法

序号	项目	测定方法	备注
1	透明度	塞氏盘测定	便携式设备现场原位测定
2	溶解氧	便携式溶解氧仪测定	雷磁JPBJ-608
3	氧化还原电位	便携式ORP测定仪测定	雷磁PHB-4
4	氨氮	快速测试包	日本共立氨氮快速测试包(0~20 mg/L)
5	pH值	便携式pH计测定	雷磁PHB-4

根据黑臭程度的不同,可将黑臭水体细分为轻度黑臭和重度黑臭两级。水质检测与分级结果可为黑臭水体整治计划制订和整治效果评估提供重要参考,如表15-4所示。

表 15－4 黑臭水体分级标准

特征指标/单位	轻度黑臭	重度黑臭
透明度/cm	25～10*	<10*
溶解氧/(mg/L)	0.2～2.0	<0.2
氧化还原电位/mV	−200～50	<−200
氨氮/(mg/L)	8.0～15	>15

注：* 水深不足 25 cm 时，该指标按水深的 40%取值。

在查阅历年资料后，根据用户直观感受、对黑臭水体关注点等方面展开公众识别调研，为现场调研提供预评估。以下是调研技术路线，主要从调研对象确定、排查识别流程、调研结果分析以及黑臭水体成因对策研究四个方面展开。其中，排查识别流程分公众识别、现场原位测定以结果汇总统计三步走，如图 15－7 所示。

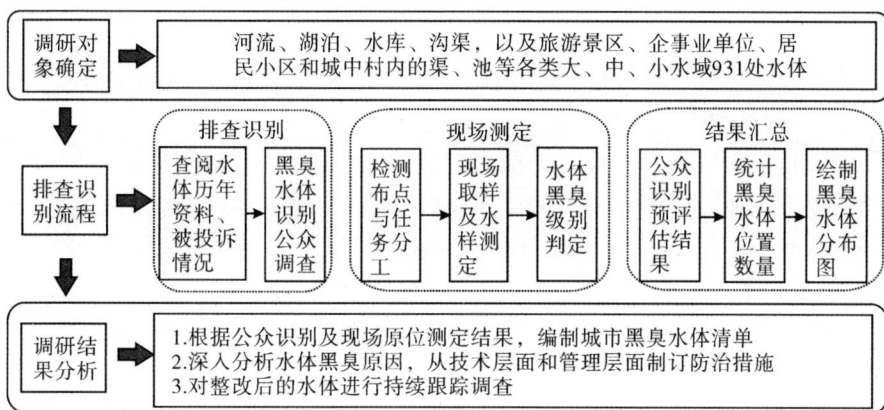

图 15－7 排查识别流程

2.调研结果

该项目在生态文明建设的大背景下，研究团队依托专业学科优势，对西安市的 931 处水体展开了系统排查工作。整个排查工作历时三个月，发放问卷 9000 份，调研范围覆盖 3629 平方公里，测定水样 6876 个。调查过程中遇到过各种阻力，但团队成员攻坚克难，用实际行动诠释着青年学子的使命与担当。

结合调研结果，团队提出太阳能冲氧曝气、景观水体与绿地灌溉系统节能交互设计两项治理措施。针对当前水体管理模式弊端，团队创新性地提出"政府-高校-公众"协同联动的全民盯防新模式，利用互联网技术构建黑臭水体综合防治全过程监管平台，实现黑臭水体及时反馈、及时治理与长效保持。团队将调研成果形成报告递交至西安市政府水务局并获得了高度的肯定，同时排查和整治工作受到了人民网、中国青年网等主流媒体的广泛关注与报道，并且在社会层面上也产生了热烈的反响。

该项目充分利用专业学科优势，针对当前严峻的城市黑臭水体问题提出了技术和管理模式相结合的整治措施，并且被政府认可落地实施，实现了产学研相结合。同时能够充分发挥公众与驻市高校在城市黑臭水体治理中的积极作用，具有较强的推广意义。该项目旨在号召青年学子积极践行生态文明建设,为实现美丽中国建设贡献智慧与力量。

15.2.2 案例二:无止桥土生土长公益团队

【获得荣誉】2018年"创青春"浙大双创杯全国大学生创业大赛金奖

【参赛组别】公益创业类

【项目背景】

根据住建部2010—2011年统计数据可知,我国现有6000万余人居住在土房子里,并且土房子在全国农村中占20%,在我国西部地区的农村中,土房子更达到60%的比例。然而,在如此大量的使用情况下,《2006—2010年中国大陆地震灾害损失评估报告汇编》中指出,现有的土房子却存在着以下几点问题:乡村现有的土房子中有93.75%没有达到抗震要求;新建房屋(砖混结构)成本高,保温隔热性能较差;当地的土房子建造缺乏一定的专业性;在当代人们的观念中,普遍认为土房子是落后的象征。

建造技术的更新及发展对房屋建设有着重要的推动作用,尤其当面对贫困地区民房的建设,低成本、高性能的住房对村民生活的改善起着至关重要的作用。

在大力提倡绿色建筑和农村扶贫的今天,该项目团队所实施推广的低成本、零污染、高抗灾、可推广的生土建筑拥有以下几个优点。

(1)就地取材,成本比砖混结构的民房建设最高可节省3/4。根据地域不同,该项目提出的生土建筑每平方米建设费用为300~800元,而普通砖混结构建筑每平方米高达1200元。

(2)冬暖夏凉,经多次实验,生土建筑冬季市内平均气温高于普通建筑10度以上,夏季低于普通建筑10度以上。

(3)抗震性能强,抗震指数为8.5,其墙体的抗压强度为1.3~1.5 MPa,远高于传统夯土墙(抗压强度0.3~0.5 MPa)。

(4)模板化建设,可推广性强。在指导老师带领下,团队自主设计的新型夯土模具大大简化了拼装及施工难度。

该团队对生土建筑已经有了成熟的技术支撑,面对我国农村关于土房子现有的一些问题,团队致力于乡村公益建设及生土民居改造,让贫困地区的人们都能够有安全舒适的居住环境。

【项目介绍】

无止桥土生土长公益团队项目,获住建部村镇司支持,以生土产品为项目核心,致力于农村土建筑文化的保护、革新与传承,实施绿色建筑的理念,助力乡村扶贫,推进乡村可持续发展。

八年间,团队基于所在高校建筑设计专业的优势,以及团队带头人作为住建部夯土实验室主任的专业科研能力,深入甘肃省会宁县马岔村建设了夯土示范房一座,村民活动中心一座,并在甘肃、江西、河北、贵州、福建等地与村民合作先后修建110余栋示范及推广农宅。在此期间,团队获得CCTV等多家媒体关注,被评为大学生"小平科技创新团队"、全国大学生暑期"百强实践团队"、陕西省大中专学生"三下乡"社会实践活动优秀团队等称号;并获得联合国教科文组织2017年度亚太地区文化遗产保护"创新设计奖"、住房和城乡建设部第二批田园建筑优秀实例之最佳探索实验创新实例一等奖等多项创新大奖。具体产品介绍如下。

1.公益性体现

团队产品着重于夯土民居改造及建设,以危房改造、合作房的形式从根本上改变贫困村民的居住场所,让村民住上成本低、性能好、环保的房屋;同时建设承载文化活动的夯土公共建筑推广房,为村民的集体活动提供场所,并将其作为文化输出与输入的载体。并且项目团队定期举行工匠培训,将生土技术传播给更多的人。

该团队先在甘肃省会宁县丁家沟马岔村成功修建了一处生土民居,随后在对部分村民培训建造方法后又成功与村民合作修建了六所示范房,解决了贫困家庭住房问题。在与村委会以及地区政府协商后又为当地村民修建了承载村中各项集体活动的村民活动中心。与此同时,在住建部村镇司的大力推动下,团队在甘肃、江西、河北、贵州、福建等地区通过驻场研究生指导,与熟练掌握技能的村民工匠一起先后修建了110余栋示范及推广农宅。团队时刻关注村民的使用及反馈。村民们普遍表示居住体验优于原有夯土房子。如图15-8、图15-9所示。

图15-8　团队组织修建的生土民居及村民活动中心

图15-9　团队于甘肃省会宁县马家岔村与村民共建的示范房

2.创业性体现

项目团队面向社会进行有偿建设服务,如提供建造生土景观小品、特色小镇、农家乐等。团队还建立了生土体验平台,用于推广相关生土产品,如图15-10所示。通过商业模式实现自我造血,完善团队自身的资金运转。

未来团队将针对更多地区进行宣传及公益建设,使人们从原有观念中改变土房子落后、不实用的想法,继续提高生土技术试验各项性能,为更多的农村提供价格更低、性能更强、操作更便捷的生土建筑,使乡村居民都能够居住在安全而舒适的环境中。

【营销模式】

团队要实现可持续发展,就必须拓宽收入来源渠道,不能只依靠捐赠与政府资助来勉强地维持日常运转,团队要共同努力、创造,运用其所掌握的知识、技能、创意等无形资本参与社会经济活动,通过多种经营方式获取较稳定的经营收入,并将营收盈余用于公益性事业上。

图 15-10　不同种类生土工艺品

1.建设类产品营销

(1)品牌带动营销。

随着市场环境的不断变化,客户对生土建筑的需求日新月异,这就要求项目团队不仅要提升专业化水平,同时也要大力进行品牌宣传。

(2)区域布局营销。

"立足西部,面向全国"是项目可持续发展的前提,要开拓更广的市场,就需要随着扩张区域的改变对营销工作进行相应调整。例如在产品设计上,根据当地土质、建筑风格等设计具有文化特色的生土建筑、景观,满足不同客户的不同需求。

2.服务类产品营销

为了生土培训、体验和文创产品的输出,项目团队将建立完善生土体验培训平台,通过线上线下的方式开展各类活动,让人们从中体会到传统生土技术与现代生土技术的不同,重新认识生土建筑的优势,改变"土房子是落后的象征"的思想观念。

【技术支持】

该项目获住建部村镇司夯土实验室和法国国际生土建筑研究与应用中心的技术支持,由穆钧教授及其生土建造团队与周铁钢教授的生土结构研究团队进行实验及技术更新,采用现代夯土技术;对材料进行优化,墙体抗压度为 1.3～1.5 MPa,远优于传统夯土墙体(0.3～0.5 MPa),与常规烧结砖砌筑墙体持平;同时,对工具设备进行改良,以改良后的气动捣固机作为夯土混合料的夯筑机具,其对土墙的夯击压力能达到 0.5 MPa 左右,可以通过调节空气压缩机的输气阀来控制,而成本仅为国外同类产品的 10%～20%;施工流程标准化,团队对测量放线、基槽开挖、地基处理、构造柱预埋、施工组织、土料准备、夯筑流程、模板架设做了优化以及标准化。

【竞争性分析】

1.成果展示

(1)2016 年建成 6 所甘肃省会宁县马岔村示范农房,见图 15-11;

(2)2017 年建成甘肃省会宁县马岔村村民活动中心,见图 15-12;

（3）万科西安大明宫楼盘现代夯土景观工程，见图15-13。

图15-11　示范农房　　　　图15-12　村民活动中心　　　　图15-13　景观工程

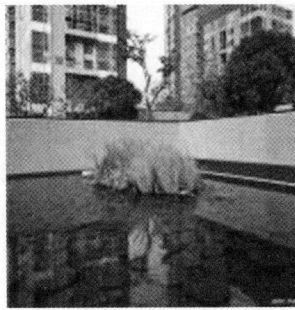

2.获奖情况

（1）团队获奖。

项目团队荣获大学生"小平科技创新团队"、全国大学生暑期"百强实践团队"称号、陕西省大中专学生"三下乡"社会实践活动优秀团队。

（2）项目获奖。

四川马鞍桥村灾后重建项目获联合国教科文组织"亚太区文物古迹保护奖"，被世界生土建筑大会授予大奖；马岔村村民活动中心获得住房和城乡建设部第二批田园建筑优秀实例之最佳探索实验创新实例一等奖。

甘肃省会宁县马岔村现代夯土农宅示范与推广项目荣获联合国教科文组织2017年度亚太地区文化遗产保护"创新设计奖"。

3.产品优势

（1）抗震级别最高达到8.5，远优于传统夯土墙体，抗震性能强，安全性高。

（2）就地取材，成本比普通建设低。

（3）房屋冬暖夏凉，冬天高10度以上，夏天低10度以上。

（4）模板化建设，可推广性强。

（5）贯彻落实可持续发展，充分提升了建筑的环保。

【团队战略】

1.战略模式

无止桥土生土长公益团队的战略模式是"乡村公益＋城市推广"和"驻点建设＋推广经营"。

2.短期战略计划

团队将该项目作为公益项目打造，以此提升团队公信力与认知度。

3.长期愿景

团队在未来将提供更多延伸服务，扩大公益规模，同时建立品牌产业试点，最终形成成熟的生土建筑平台，推动农村建设的可持续发展。

【财务分析】

团队的财务目标是通过创业团队的有效经营，在政府补贴、无止桥慈善基金及社会其他慈善机构及个人的支持下,对乡村危房进行改造,同时进行绿色节能建筑推广。团队以提供绿色、文化建筑为特色,并建设技术培训、生土体验平台,从而获取资金收入,为公益项目提供资金支持。团队将把净收益继续投入公益事业,最大限度地利用团队资金与人力资源。

团队对过去一年的财务数据进行了统计,列出了资产负债表、利润表、现金流量表,并解释了主要会计科目,分析得出团队目前运营良好且具有可持续发展的能力。目前,团队的资金来源除了政府补贴、捐赠收入外,还通过所在学校绿色建筑研究所承接景观小品等商业项目,以及为社会公众提供生土体验的方式增加团队收入来源。未来还将为有生土建筑需求的政府和企业提供有偿服务,通过服务平台推广生土体验等方式获利,这样团队将不依赖捐赠这种单一筹资方式。具有稳定的收入来源,能更好地有利于团队日常运营以及开展更多的公益项目。资金支出主要发生在建设成本、志愿者差旅、人员工资、办公费等方面。

15.3 全国大学生节能减排社会实践与科技竞赛案例

15.3.1 案例一:一种基于"烟囱效应"的零能耗城市污水管道增强通风系统

【获奖等级】

"首钢京唐杯"第十二届全国大学生节能减排社会实践与科技竞赛二等奖

【参赛类别】科技作品类

【项目背景】

城市污水管网作为城市污水的收集及输送设施,是城市公共设施的重要组成部分,是人类健康和水环境安全的重要保障。通风不畅的污水管道内会发生一系列生物转化,引起硫化氢和甲烷等有害气体的产生,会给市政维护和后续污水厂处理带来严重的问题。污水管道内硫化氢释放会产生恶臭,危害人体健康。硫化氢浓度超过 50 ppm 将使人受伤,超过 700 ppm 将致人死亡。每年都有因接触硫化氢而受伤或致死的污水管道工作人员,2015 年 6 月宁波市管道维修工人在管道内发生中毒事件,2 死 1 伤;2015 年深圳一工人检修时在管道内发生中毒导致死亡。此外,硫化氢是导致混凝土污水管道腐蚀的主要原因。据调查,污水管道每年的腐蚀速率可达到 2.5~10 mm。管道腐蚀导致的污水泄漏还会造成地下水的污染。甲烷是一种温室气体,其全球变暖潜力约为二氧化碳的 21~23 倍。污水管道排放的甲烷可能会增加约 48%~60%的温室气体排放。甲烷的产生和累积还会导致污水管道爆炸事故的发生,甲烷浓度达到 5%以上就可能发生爆炸,2014 年 2 月武汉市硚口区污水管道发生爆炸,造成 2 人受伤,车辆和道路受损,管道爆炸严重危害公众安全。

污水管道通风不畅引起的管道厌氧微生物大量繁殖是导致有毒有害气体产生并积累的直接原因。因此,改善污水管道内的通风环境,抑制厌氧微生物的繁殖,是减少有毒有害气体累积,降低污水管道运行风险的关键所在。目前污水管道通风的主要措施有以下两种。

(1)自然通气法。自然通气法主要是单一地利用建筑立管排水时带进的空气改善污水管道气体环境。打开排污管道的上风区窨井盖,也能加快有害气体扩散效果。该方法简单易行,但是作用效果差,影响范围小。

(2)鼓风通气法。鼓风通气法是通过在检查井或者管道口设置鼓风机,将新鲜空气或氧气输送到管道内部加强污水管道通风。这种方法虽迅速高效,但若想起到持久的控制效果需要设备长期运行,电能损耗大。并且在采用注入氧气的方法时,又有产生火灾隐患的可能性,安全性较低。

针对现有方法耗能大、通风效果不持久等问题,该项目作品结合建筑排水立管排水吸入空气的方法,基于烟囱效应理论,创新性地提出了将小区临街高层建筑的通气立管接入城市市政污水管道的方法,形成上游建筑排水立管、下游建筑通气立管与市政污水管道的直连的城市污水管道增强通风系统。该项目系统无须外加设备,可零耗能地实现连续改善污水管道气体环境,减少有毒有害气体的产生。

【项目介绍】

据调查统计,截至 2018 年,我国城镇污水管道总长度已超过 50 万公里,为降低污水管道运行风险,该作品在自主知识产权的排除管道有害气体技术的基础上,结合烟囱效应理论创新性地提出了将小区临街高层建筑的通气立管接入城市市政污水管道的方法,形成上游建筑排水立管、下游建筑通气立管与市政污水管道直连的城市污水管道增强通风系统。该系统利用建筑排水势能向污水管道中引入新鲜空气的同时,可在市政污水管道与通气立管内气体密度差及温度差的作用下,将管道内原有气体排出,促进管道通风,减少有毒有害气体的产生。

城市污水管道增强通风系统如图 15 - 14 所示,将临街高层建筑通气立管、排水立管与市政污水管道相连为一体,利用排水立管内水流下降时的能量,推动管道内气体不断向下游移动,同时利用与下游检查井相连的通气立管来增强空气流通,在市政污水管道与通气立管内气体密度差及温度差的作用下,将管道内的有害气体经由通气立管排放到大气当中,促进污水管道内部气体更新,降低城市地下污水管道内甲烷和硫化氢的积累含量,保障了污水管道运行安全。

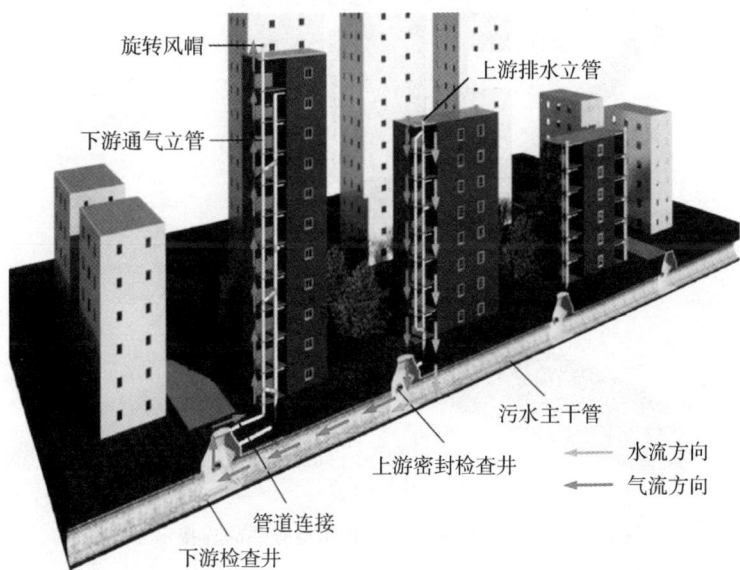

旋转风帽
上游排水立管
下游通气立管
污水主干管
上游密封检查井
管道连接
下游检查井
水流方向
气流方向

图 15 - 14　城市污水管道增强通风系统示意图

1.系统结构设计

如图 15 - 15 所示,城市污水管道增强通风系统主要包括上游临街高层建筑物的排水立管、上游排水立管连接管、上游密封检查井、市政污水管道主干管、下游临街高层建筑的通气立管、下游封闭式井盖、下游通气立管连接管等构件。该系统无须重新建设，只需在原有市政污水管道的基础上加以改造，调整部分检查井的结构就可实现增强通风的功能，容易推广应用。

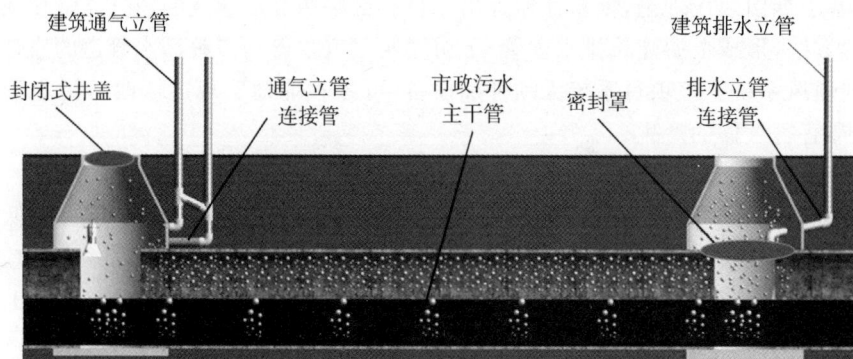

图 15-15　城市污水管道增强通风系统管道连接示意图

（1）上游通气系统设计。

临街建筑物排水立管与市政污水主干管的连接如图 15-16 所示。连接管与排水立管通过 60°弯头连接，然后接入污水主干管内。建筑内有用户排水时，污水在排水立管内从上而下自由跌落，一方面可以将外界的新鲜空气吸入排水立管中，随水流一起排入市政污水管道；另一方面，排出的生活污水可以推动市政污水管道的水流向下游流动，同时带动管道内部的有毒有害气体一起向下游移动，有利于下游通气立管进一步将气体排出污水管道。

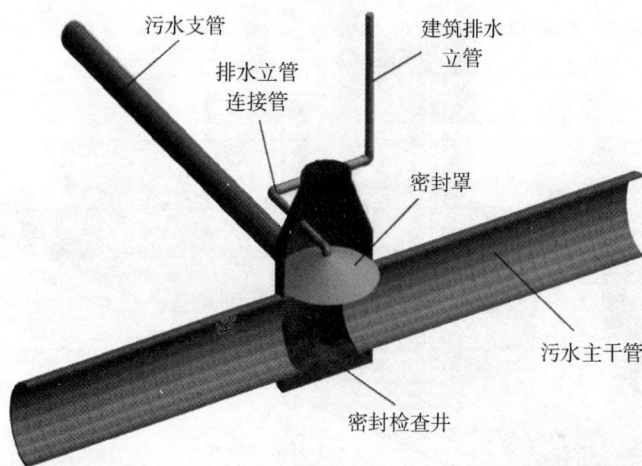

图 15-16　上游排水立管与封闭检查井的连接示意图

（2）下游排气系统设计。

有害气体随污水由上游扩散至下游的过程中，会逐渐在下游发生累积。为了防止有害气体通过井盖上的孔洞逸散出来，污染地表气体环境，需要对检查井进行密封处理。考虑井盖上的孔洞一般是为了方便维修检查井或污水管道时开启井盖而设置的，因此需要采用特殊方法进行封堵。如图 15-17(a)所示，该设计中采用特制的封闭帽将开孔暂时堵住，在不影响地面交通和市政维护的基础上防止有毒有害气体从检查井处溢出。

封闭帽的结构如图 15-17(b)所示,封闭帽呈伞状,下端可以放进开启孔内,上端为一球冠,球冠内有一个圆形的凹槽,凹槽内放有用于提起封闭帽的挂钩,挂钩与一根金属的轴连接在一起,金属轴被固定在凹槽内的表面可以转动。当需要打开开启孔时,利用挂钩将封闭帽提起即可进行检查井的安装和维修。这样既保证了检查井的正常功能,又可防止有害气体从检查井处溢出,有利于系统整体功能的实现。

下游同样采用连接管将高层建筑的通气立管接入检查井,使得井内的高浓度有害气体可以在"烟囱效应"的作用下经由通气立管排至外界环境中。高层建筑的通气管末端设置有旋转风帽。风帽高出屋顶的距离需大于 2 m。当风向为水平时,风帽会发生转动,风帽背面的负压可以提供垂直方向的抽吸力,促进通气立管内部的气体排放;辅助管的设置可以强化抽吸效果,加快通气管内部的气体运移速度。旋转风帽与通气管的连接方式如图 15-18 所示,将旋转风帽下端和通气立管分别固定上金属片,采用铆钉或者螺丝将二者固定在一起。

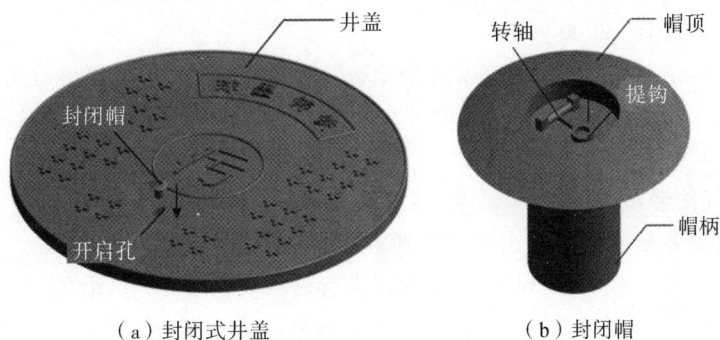

（a）封闭式井盖　　　　（b）封闭帽

图 15-17　封闭式井盖及封闭帽示意图

图 15-18　旋转风帽与通气立管连接方式示意图

【成本核算与经济效益】

以长度为 1000 m,直径为 300 mm,充满度为 0.5 的市政污水管道为例,对提出的城市污水管道增强通风系统进行了建设及运行维护成本核算。同时,对比自然通气法和鼓风通气法,可以分析得出该系统在改善污水管道通风状态方面的经济优势。

1.成本核算

城市污水管道增强通风系统主要是基于现有的建筑排水系统、通风系统和市政污水管道进行改造建设,改造过程中管径为 100 mm 的 PVC 连接管共 100 m,按每米 50 元计算,共 5000 元,金属制检查井密封罩 200 元,井盖密封帽 20 元,通气立管旋转风帽 200 元,共计设备费 5420 元。系统施工费用按 5000 元计,则所设计的城市污水管道增强通风系统建设改造费用共 1 万元。系统建成后,运行过程中不耗能,没有额外的运行费用。系统定期维护费用约 3000 元/年。

2.经济效益对比分析

(1)自然通气法经济效益。

自然通气法主要是单一利用原有建筑立管排水时带进的空气自然改善污水管道气体环境。系统仅需管径为 100 mm 的 PVC 连接管共 50 m,按每米 50 元计算,共 2500 元,系统施工费按 3000 元计,则整体建设费用共需 5500 元。自然通风法没有额外的运行费用,系统仅需作简单维护,维护费用约 2000 元/年。

自然通风法经济效益较好,但通风效果差,一次排水吸入的空气仅可改善 32 m 的市政污水管道气体环境,且通入的气体在市政污水管道内消耗快,不能完全改善污水管道的通风环境。

(2)鼓风通气法经济效益。

鼓风通气法主要是分为向污水管道中通入空气和通入氧气两种方法。

①鼓风通空气法。对 1000 m 的污水管道进行通风,按每隔 200 m 安装一台鼓风机,共 5 台进行计算,选用 9-19 型高压离心风机,每台鼓风机单价 980 元,则鼓风机设备总价为 4900 元。设备维护与检修费用约为 5000 元/年。鼓风机功率为 3.0 kW,用电价格按 0.5 元进行计算,每天鼓风时间按 8 h 进行计算,则选用的鼓风机每台每天耗电 24 度,5 台鼓风机每年耗电为 43800 度,则每年的电费总支出为 21900 元。

如果希望通过鼓风通空气法长期改善污水管道气体环境,需连续鼓风运行,其耗电量大,电费高,经济效益一般。

②鼓风通氧气法。鼓风通氧气法同上述鼓风通空气法,对 1000 m 的污水管道进行通风,需花费设备费 4900 元,电费 2 万元/年,设备维护与检修费用为 5000 元/年。每立方米纯氧价格为 90 元/立方米,若以 1000 m 管道中有 50% 的气体空间考虑,每天通入占管道气体体积 20% 的纯氧连续运行,则每天需通入纯氧约 7 立方米,则每年氧气的消耗费用约为 23 万元。因此该方法运行费用总共约为 25 万元。

鼓风通氧气法由于通入的是纯氧,因此一次通气效果好。但长期运行耗能大,消耗的纯氧多,价格高,不经济。此外通入氧气时具有一定的安全风险,推广度较低。

3.经济效益总结

以 1000 m 市政污水管道为例,如表 15-4 所示,自然通风法结构简单,运行成本低,但通气效果差。鼓风法中鼓风机支出 4900 元,电费支出为 21900 元/年,若用纯氧通风,纯氧一年支出为 23 万元,能耗和成本均较高。该作品中城市污水管道增强通风系统,仅需前期管道改造费用 1 万元和后期运行维护费用 3000 元,运行过程中不耗能,通风效果好,是一种节约能源且经济效益高的通风方法。

表 15－4　不同污水管道通风方法的技术与经济效益对比

控制有害气体的方法	建设费/元	运行费/(元/年)	维护费/(元/年)	经济性	通气效果
增强通风系统	10000	0	3000	好	好
自然通风法	5500	0	2000	好	很差
鼓风通空气法	4900	21900	5000	一般	一般
鼓风通纯氧法	4900	251900	5000	差	好

与现有方法相比,自然通气法中一次吸入的空气可改善 32 m 的污水管道气体环境,而该系统在污水管道与外界气温差为 2 ℃的条件下,可改善 2730～3120 m 的污水管道的气体环境。在鼓风通气法中,作用于 1000 m 污水管道每天需耗费 120 度电,而该系统无须外加设备且不耗能,一年可节省约 4 万度电,按每度电 0.5 元计算,一年共节省电费约 2 万元。因此,城市污水管道增强通风系统可提高污水管道的安全性,延长污水管道的使用寿命,具有明显的节能和经济优势。

15.3.2　案例二:太阳能光伏旋转式热压通风高效节能窗

【获奖等级】

"荣威新能源杯"第九届全国大学生节能减排社会实践与科技竞赛三等奖

【参赛类别】科技作品类

【项目背景】

近几年来,我国建筑行业发展迅速,与此同时建筑能耗总量也在逐年增加,建筑能耗占我国能耗总量的 32%。建筑能耗的 40%左右都用于空调和冬季采暖。因此,降低空调和采暖的能耗,是建筑节能领域的关注焦点。

暖通空调能耗最直接的影响因素是建筑围护结构保温隔热性能的优劣,外窗是建筑隔热保温性能的薄弱环节。随着建筑节能、外窗节能等相关领域的发展,普通玻璃被加工成中空玻璃、镀膜玻璃、高强度 LOW－E 防火玻璃、采用磁控真空溅射放射方法镀制含金属层的玻璃等,但现有的窗户节能技术尚难兼顾夏季隔热降温、冬季有效增温的季节性使用矛盾,因此,团队们将节能重点放在窗户的改进升级上。

【项目介绍】

1.设计概况

图 15－19、图 15－20 所示分别为太阳能光伏旋转式热压通风高效节能窗的示意图和结构分解图。

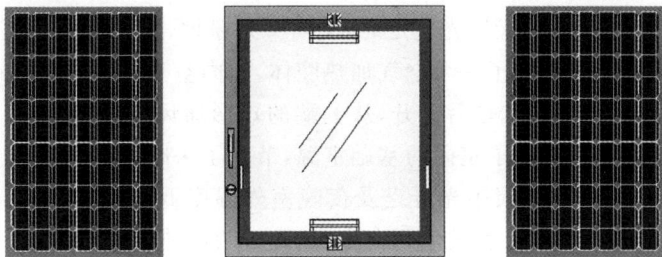

图 15－19　太阳能光伏旋转式热压通风高效节能窗示意图

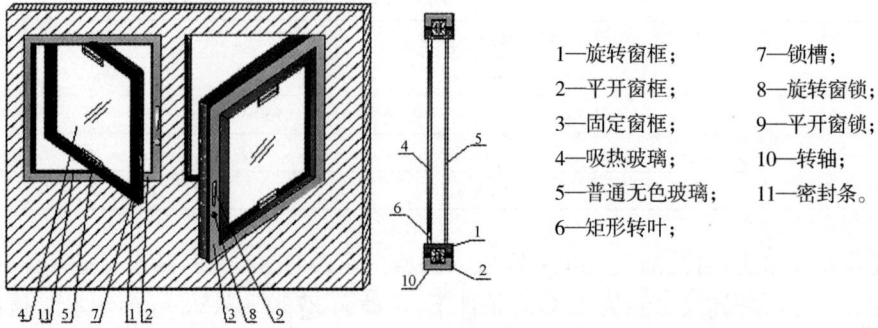

1—旋转窗框;	7—锁槽;
2—平开窗框;	8—旋转窗锁;
3—固定窗框;	9—平开窗锁;
4—吸热玻璃;	10—转轴;
5—普通无色玻璃;	11—密封条。
6—矩形转叶;	

图 15-20　节能窗结构分解图

该小组研发的节能窗(规格 1.8 m×1.5 m),选用 5 mm 厚整体着色吸热玻璃和 5 mm 厚普通无色玻璃,吸热玻璃组分如表 15-5 所示。

表 15-5　吸热玻璃组分

组分	SiO_2	Na_2O	CaO	MgO	Al_2O_3	K_2O	Fe_2O_3	CuO	Co_2O_3
比例%	72.32	13.96	7.19	3.95	2.07	0.097	0.25	0.15	0.013

吸热玻璃的光学参数为:可见光透光率56.2%,太阳辐射透过率50.2%,吸收率43.9%,反射率5.9%。普通无色玻璃的光学参数为:太阳辐射透过率80%,吸收率13%,反射率7%。吸热玻璃吸收的热能 24.2%辐射到外部空间,11.6%向普通无色玻璃辐射,而普通无色玻璃对此波段的红外线是无法透射的,且其吸收率较低,则普通无色玻璃发射的辐射热量可近似忽略。

2.节能原理及使用方法

参见图 15-21(1),夏季室外温度高、太阳辐射强时,关闭平开窗框,打开矩形通风口,转动旋转窗框,使吸热玻璃朝向室外,由于吸热玻璃能够吸收太阳光谱中的红外线部分,而普通无色玻璃对吸热玻璃发射的红外波长是无法透射的,因此在两层玻璃之间形成了一个空气加热腔体,室外空气从吸热玻璃下端矩形通风口进入腔体,由于热压作用,空气被加热后上升,从上端的矩形通风口排出,带走腔体中的热量,从而减少了进入室内的热量,降低了室内的基础室温,节约了空调能耗。

参见图 15-21(2),冬季白天阳光充足时,关闭平开窗框,转动旋转窗框,使吸热玻璃朝向室内,同理在两层玻璃之间形成了一个空气加热腔体,室内空气从吸热玻璃下端矩形通风口进入腔体,由于热压作用,空气被加热后上升,从上端的矩形通风口排出,带走腔体中的热量,从而增加了进入室内的热量,提高了室内的基础室温,节约了采暖能耗。

参见图 15-21(3),冬季白天阳光匮乏及夜晚室外温度低时,关闭平开窗框,转动旋转窗框,使吸热玻璃朝向室外,普通无色玻璃朝向室内,此时两层玻璃之间已不存在空气流动,相当于增加了一层空气层热阻,使窗体的保温性能增加,减少了室内的热损失。

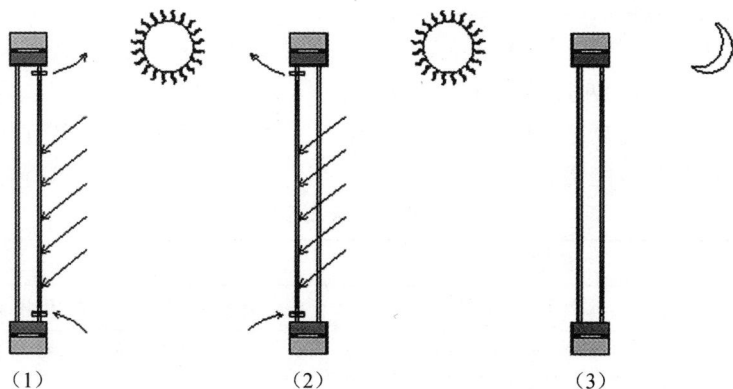

（1）　　　　　　（2）　　　　　　（3）

图 15-21　节能窗工作模式图

3.智能模块

光伏单晶硅太阳能电池板为图 15-22 中所示系统和电机供电,电机可控制旋转窗的旋转。

智能控制窗帘闭合工作流程如下:首先,单片机初始化,传感器采集信号,当室外温度达到 32 ℃,且光照达到 2000 lx 时,即认为此时室外条件不利于人的正常工作与休息,单片机发出指令,控制电机模块驱动窗帘闭合。调整后,通过窗帘遮光可以将室内光强将控制到 600 lx 以下。

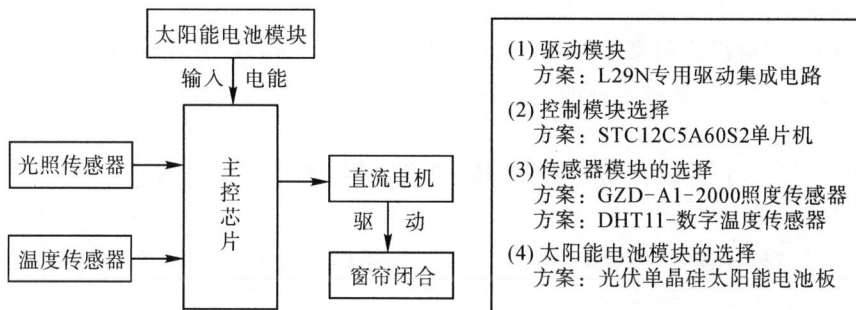

图 15-22　智能模块

单块光伏单晶硅太阳能电池板为 80 W 的电池板,外加 12 V 20AH 的蓄电池、12 V 5 A 的控制器和 300 W 的逆变器。充满电的情况下,可以供 4 个 20 W 的灯使用 5 个小时以上。由于太阳能电池板输出直流电,经过简单的降压处理,还可以供给手机以及电子产品充电。

【设计创新及应用】

低辐射 Low-E 玻璃辐射率可低至 0.04,这种玻璃会释放 4% 的能量,反射 96% 的入射长波红外辐射。在采暖不足的季节,低辐射 Low-E 玻璃让太阳光谱范围内所有的能量穿过窗户,并阻挡来自室内的热辐射流出。所以,低辐射 Low-E 玻璃是北方寒冷地区降低采暖负荷的最佳选择。

热反射玻璃是镀膜玻璃的一种,它具有对太阳能的反射作用,是空调建筑节能玻璃的主要品种之一。热反射玻璃的主要优势在于其反射太阳可见光和红外光的功能,从而可以大大降低夏季室内的空调负荷。所以,热反射玻璃可在夏热冬暖地区发挥巨大作用。

我国幅员辽阔,南北气候差异性显著。根据气候差异性,在不同的地区,采用不同的镀膜或涂层,如表 15-6 所示。寒冷地区在普通玻璃上引入低辐射 Low-E 涂层。在夏热冬冷区,仍采用普通透明玻璃。在夏热冬暖区采用热反射镀膜玻璃代替普通玻璃。这样做,可以最大程度上发挥出该设计的节能优势。

表 15-6 气候分区及涂层选择

气候分区	涂层选择	代表城市
寒冷区	低辐射 Low-E	哈尔滨、吉林、长春、银川、西宁
夏热冬冷区	普通玻璃	北京、上海、杭州、西安、成都
夏热冬暖区	热反射镀膜	广州、厦门、海口、三亚、南宁

【可行性分析】

(1)个人角度。

家庭可安装两扇节能窗于卧室,每扇节能窗(规格 1.8 m×1.5 m)每年可以节约 378 KWh 电能,可节约电费 189 元。节能窗可以优化居住环境,并且带来可观的经济效益。

(2)企业角度。

政府加大对节能和绿色产品的采购,加之居民节能减排意识增强,会增加对企业节能产品的购买;财政帮扶节能技术改造与创新,加之对节能产业和节能产品减税或免税,可为企业创造可观的经济收益。

(3)国家角度。

节能窗的使用可以为国家节约电力资源,减少二氧化碳排放,有效缓解夏季用电和冬季供热压力,并推进二氧化碳减排目标的实现,也可为国家带来巨大的潜在收益。

15.4 全国环境友好科技竞赛案例

本节仅选取"拓扑簇合材料物化性质设计及含铬废水处理机制研究"作为典型案例作以介绍。

【获得荣誉】第十四届环境友好科技竞赛一等奖

【参赛组别】科技理念类作品

【项目背景】

我国是一个严重缺水的国家,由于人口基数大,导致人均淡水资源占有量不足 2300 m³,仅为世界人均量的四分之一,是人均水资源缺乏的国家之一。随着我国经济的高速发展,市政废水及工业废水大范围排入水环境,由此造成水体污染现象极为普遍。最直观表现为重金属污染,而重金属污染物进入人体富集后将产生极大的危害,如脏器衰竭(镉)、呼吸道系统损伤(铬)、神经系统破坏(铅)等。此外,大部分重金属摄取超标都会引起人体不同组织癌变。在陕西省内很多地区都分布有大量的有色金属矿采选业、冶炼业、电镀业及其他涉及重金属化学原料及化学制品制造业,具有极高的重金属环境危害风险。因此,水体中重金属的深度去除研究具有重要的实际意义。

近年来,国内外对水体中重金属污染的控制作了大量的研究。在国外,常见的重金属污染修复技术有膜分离法、化学沉淀法、植物修复法,以及集成多去除机理的可渗透反应墙技术等,这些技术在实际应用过程中展现出了优秀的重金属污染物去除能力。其中,吸附法作为化学工程中常见的一个物质分离提纯手段,在环境工程领域可用于去除液相内大部分常见的污染物,如营养盐、重金属、固体悬浮物、染料、色度/浊度等。但在应用时也普遍存在缺陷制约其发展,如活性炭类依靠比表面积去除污染物的材料(常用于去除液相的色度及悬浮固体等)在针对液相中离子的去除时去除效率较低、粉末类吸附材料在去除行为后固液相较难分离以及去除容量不足,单位质量吸附剂能分离的污染物极其有限等问题。结合了吸附作用的工艺在深度处理重金属污染物时具有明显的优势,在该方面应重点进行基础研究使相关技术方法在重金属污染物控制过程中发挥其潜力。

对于常见含铬废水而言,其成分复杂,除重金属污染物以外还存在大量的阴离子以及天然有机物。而重金属特性复杂,以铬为例,处于中间价态的铬[Cr(Ⅲ)]通常无害或是人体所需的微量元素,而处于高价态的铬[Cr(VID)]通常都有非常强的毒性。自然水体中即便存在微量的铬,长期摄取也会对自然界中生物造成危害,最终影响人类健康。

【项目介绍】

针对电镀、皮革、印染等行业含铬废水排放特点及传统处理手段,该项目提出拓扑簇合材料物化性质设计及合成策略;研发拓扑结构高性能还原固定材料,设计含铬废水铬污染物"还原-分离"协同作用机制,构建铬污染物超低排放及化学污泥零产生过程,通过分析及实验评价,验证理论可行性。

以金属有机框架材料为前驱体,该项目设计高性能还原性吸附剂的合成策略。通过控制前驱体阳离子组分及微观结构,可以实现对目标功能材料物化性质的控制。依照策略设想,成功合成出孔结构发育良好的目标材料。通过场发射扫描电子显微镜、透射电子显微镜、X射线衍射和BET分析,对项目研究的拓扑簇合材料进行了表征。结果表明,策略指导下合成的拓扑簇材料在还原性、比表面积、孔结构及磁学性能等方面表现出了显著的优势。批实验研究表明,该材料对含铬废水中的Cr(VI)具有极强的还原-吸附去除能力。通过对液相pH、反应温度、等温模型及动力学过程等进行了详细分析,结果表明在酸性条件下(pH=2),材料对废水中的Cr(VI)的去除能力达到354.6 mg/g,反应可在2 h内完成。此外,所合成材料也展现出了良好的再生性能。在针对实际地表水及实验室含铬废水时,同样表现出了良好的性能。

【结果与展望】

该研究通过金属有机框架材料前驱体的设计,配合适宜的热处理手段,得到了具备大比表面积、孔结构、还原性及铁磁性的拓扑簇合材料。通过多种手段对项目研究材料的物理化学性质进行了详细的表征。使用特定元素对废水中的Cr(VI)进行去除,并展现了理想的物理化学性质及优异的Cr(VI)去除能力。项目团队通过一体化还原—吸附—分离完成传统含铬废水处理工艺的多个技术步骤,流程简单、操作方便、出水水质高、固液分离效率高、化学污泥零排放。该研究为高性能吸附剂的设计及合成提供了理论基础及实例,具有显著的科学价值。下一阶段项目团队将通过实验研究优化并拓展其在富营养化控制及持久性有机物降解方面的性能。

附 录

附录 1　历届中国"互联网＋"大学生创新创业大赛概况

届数	总决赛时间	承办单位	获奖名单
第一届	2015 年 10 月 19—21 日	吉林大学	
第二届	2016 年 10 月 13—15 日	华中科技大学	
第三届	2017 年 9 月 16 日—9 月 18 日	西安电子科技大学	
第四届	2018 年 10 月 13—15 日	厦门大学	
第五届	2019 年 10 月 9—15 日	浙江大学	
第六届	2020 年 11 月 17—18 日	广州大学	

附录 2　历届"挑战杯"全国大学生课外学术科技作品竞赛获奖名单及"创青春"全国大学生创业大赛金奖名单

第十四届"挑战杯"全国大学生课外学术科技作品竞赛获奖名单

第十五届"挑战杯"全国大学生课外学术科技作品竞赛获奖名单

第十六届"挑战杯"全国大学生课外学术科技作品竞赛获奖名单

2014 年"创青春"全国大学生创业大赛金奖名单

2016 年"创青春"全国大学生创业大赛金奖项目名单

2018 年"创青春"浙大双创杯全国大学生创业大赛金奖项目名单

附录 3 "大学生创新创业能力培养与实践"课程教学大纲

参考文献

[1] 杨雪梅,王亮.大学生创新创业教程[M].北京:清华大学出版社,2017.

[2] 孙惠敏,陈工孟.全球创新创业教育研究报告[M].北京:经济管理出版社 2016.

[3] 刘海春,谢秀兰,娄会东,等.中外创新创业教育理论与实践[M].广州:广东高等教育出版社,2016.

[4] 张子睿.大学生创新创业能力提升[M].北京:中国林业出版社,2017.

[5] 黄德昌,展爱云,赵军辉.新工科视域下的大学生创新创业能力培养模式的探索与研究[M].北京:中国林业出版社,2018.

[6] 钟登华.新工科建设的内涵与行动[J].高等工程教育研究,2017(03):1-6.

[7] 李华,胡娜,游振声.新工科:形态、内涵与方向[J].高等工程教育研究,2017(04):16-57.

[8] 郑庆华.以创新创业教育为引领　创建"新工科"教育模式[J].中国大学教学,2017(12):8-12.

[9] 崔庆玲,刘善球.中国新工科建设与发展研究综述[J].世界教育信息,2018(04):9-26.

[10] 邵德福,李春江,马晓君.地方高校新工科人才创新创业能力培养模式研究[J].科技创业月刊,2017,30(19):62-64.

[11] 刘军.高校"创新创业"教育的内涵、问题与改革路径探析[J].高教学刊,2017(10):31-32.

[12] 刘玉威,毛江一.创新创业教育与专业教育融合发展分析[J].北京教育(高教),2017(12):64-67.

[13] 张明辉,赵地.大学生创新创业能力培养策略的研究[J].科技经济导刊,2018,26(03):118.

[14] 张香兰,程培岩,史成安,高萍.大学生创新创业基础[M].北京:清华大学出版社,2019.

[15] 全寿昊.企业资产管理与预算管理有效结合的路径探讨[J].中国商论,2019(06):83-84.